世界文學
經典名作

人類的故事

The story of Mankind

[美]亨德里克・威廉・房龍 著
辛 怡譯

火柴的故事

The Story of Matches

房龍與人類的故事

房龍對歷史的理解，要勝過寫出《世界簡史》的威爾斯先生一千倍，而且他以同樣富有趣味和更多的幽默進行寫作。他寫出了一本偉大的書，一本恆久的書。

——查爾斯‧比爾德

房龍的筆，有一種魔力，乾燥無味的科學常識，經他那麼的一寫，無論大人小孩，讀他書的人，都覺得娓娓忘倦了。

——郁達夫

《人類的故事 The Story of Mankind》是由荷蘭裔美國學者房龍的歷史著作，書中的文字及插畫皆出自房龍之手。該書在一九二一年出版，並於一九二二年獲頒第一屆紐伯瑞兒童文學獎，以表揚其對兒童文學的卓越貢獻。

《人類的故事》原是房龍寫給兩位孫子的歷史故事集。書中以短篇章節，敘述西方文明是如何從原始人類發源，並發展出書寫文字、藝術、建築以及主要的信仰，直至近代民族國家的興起。

房龍表示他寫作篩選歷史題材時，總是會不斷問自己：該歷史人物或事件是否至關著後代人類歷史走向？因此書中的文字總是簡單而親切，篇章簡短而適量。

房龍早年的生活並不順利，成爲暢銷作家前曾以教書爲業。由於他的史學觀偏向通俗與自由的詮釋，不符合史學界一板一眼嚴謹的研究方式，因此被同僚視爲並不符學術界標準，指責他的教學對學生並無裨益，使他因壓力而去職。

房龍首部著作銷路亦不理想。一九二〇年他應書商之約寫了一部《古人類》的書，雖然銷售情形不差，但仍不足以扭轉他的經濟狀況。後來，他在第二任妻子的鼓勵下，創作了《人類的故事》，在美國出版界一炮而紅，大受歡迎，接著他又寫了《人類的家園》《寬容》《聖經的故事》等名作，自此邁入暢銷作家之林。

《人類的故事》是房龍代表性的著作之一。作者用形象及流暢的文字，讓讀者看到了人類數千年的文明發展史。故事開始於遠古時代，之後講到埃及和美索不達米亞文明的淵源、希臘與羅馬時代的璀璨，再沿著宗教發源的這條線索講述中世紀社會的發展……可以說，這是一部在全球暢銷不衰的經典作品，也是一部人類故事的魔法書！

原序

給漢斯吉和威廉：

在我十二、三歲那年，我的叔叔——我對讀書和畫畫的喜愛都是源於他——許諾要帶著我進行一次難以忘懷的探險之旅，即：他要帶我一同爬上鹿特丹老聖勞倫斯大教堂（1）的塔尖。

於是，在一個陽光明媚的日子裡，教堂的司事拿著一把與聖彼得的鑰匙一樣大的大鑰匙開啓了那扇神祕大門。他說：「如果你回來後又想出去，只要按一下鈴就行。」滿是鏽跡的鉸鏈發出了沉悶的聲音，將我們與鬧市隔離開來，把我們鎖在一個全新的，與世隔絕的世界裡。

這是我有生以來第一次遇到可以聽見的寂靜。在我們登上第一段樓梯時，我所瞭解的少得可憐的自然知識又多了一項——可以摸到的黑暗。一根火柴指引著我們應該如何向上走。我們抵達了第二層，然後再上一層，然後又上了一層，直至我們已經弄不清到底走到了第幾層——緊接著總還會有下一層。忽然間，我們的周圍充滿了光亮。這一層與教堂屋頂的高度一致，它被作爲倉庫使用。在幾英寸厚的塵土下面，堆放著無數象徵著神聖信仰的物品——這些東西全部都是幾年前生活在這座城市中的虔誠的男女們丟棄的。這些物品曾經被我們的祖先們當作掌管生死的神器，可如今卻成了一堆廢棄的垃圾。神人的雕像也被勤勞的老鼠築成巢穴，機警的蜘蛛在一個張開雙臂的聖人胳膊上編織了一張大網。

又上了一層樓，我們才知道剛才的光亮是從哪裡來的。一扇又高又大的窗戶敞開著（窗子上安裝了粗壯的鐵欄杆）讓這間高高的空無一人的房間變成了數百隻鴿子的棲息地。鐵欄杆中間吹來一陣陣清風，空氣中充斥著一股奇特又動聽的音樂聲。這聲音便是我們腳下的鬧市裡發出的，只不過距離已經將這些喧鬧聲淨化了。大型車輛發出的轟隆聲，馬蹄發出的嗒嗒聲，起重機和滑輪發出的咕嚕聲，以及任勞任怨的蒸汽機發出的滋滋聲（它們用數以千計的不同方式為人們做著工作）——這些聲音都融合在一起，成為一種柔和美妙的低吟聲，與鴿子們發出的陣陣咕咕聲互相呼應。

樓梯到這裡為止，再往上便是梯子。上了第一節梯子（這一節梯子很陳舊而且表面光滑，我們必須要用腳不斷試探）後，又見到了一個嶄新的壯觀的景物——城市大鐘。我彷彿見到了時間的心臟。我能夠聽見秒針急促跳動的沉而有力的脈搏聲——一下、兩下、三下，直至跳到六十下。緊接著傳來震動聲，好像每一個齒輪都停止不動，一分鐘好像被無窮無盡的時間割捨掉了。大鐘不停歇地重新開始下一分鐘：一分鐘——兩分鐘——三分鐘。最終，隨著一陣震動的預警，眾多齒輪相互摩擦產生的猶如打雷一般的聲響，從我們的頭上呼嘯而過，對全世界宣告中午來臨了。

往上走一層是鐘樓。有精緻的小鐘和它們令人恐懼的姊妹。位於中央有一個大鐘——我在午夜時聽見它發出的聲響，總會覺得非常恐怖，因爲那是在對人們發出火災或者水災的警報。在莊重嚴肅的孤寂裡，它好像在回憶過去六百年的事情（在長達六百年的時間裡，它見證了鹿特丹人的喜怒哀樂）。它被一群排列整齊的小鐘緊緊包圍，好似古老的藥店當中整齊擺放的藍色藥瓶。每隔兩個星期，它都會爲生活在這裡的人們演奏動聽的音樂，在那天，人們會出來趕集，買賣物品，探聽一下世界上都發生了什麼奇聞軼事。可在沒有人注意的角落裡，還屹立著一個大黑鐘——與它的同類相距甚遠，肅穆又莊重——這是宣告死亡的喪鐘。

繼續往上爬便是漆黑一片和一些梯子，相較我們之前爬的更加艱難。突然間，新鮮的空氣和遼闊的天際都展現在我們眼前。我們終於來到了塔樓的最高點，頭頂上是藍天，腳下便是整個城市——城市小得好像玩具一樣，城市裡的人們就好像是螞蟻一樣來來回回地忙碌著，所有人都一門心思地思考著自己的事情。石頭城牆以外的地方，是一片廣闊的田野。

這是我第一次俯瞰這個大千世界。

自從那次之後，只要有機會，我就會爬到塔樓的頂端獨自尋找樂趣。即便爬樓梯很費勁，可是我卻覺得付出這些力氣很值得。

而且，我深知我能夠得到什麼樣的回報。我能夠看到大地和藍天，能夠聽見我的看大門的朋友給我講故事——他居住在塔樓下面一個背風的小屋子裡，負責照看大鐘，就好像是這些大鐘的父親一樣。此外，他還要負責發出火警警報。不過他平時生活很悠閒，在那時，他會點燃煙斗，然後陷入沉思。大概50年以前他曾經讀過書，雖然跟沒有讀過書一樣，但是由於在塔尖上生活了這麼多年，他從周圍的廣闊世界當中也學習到了很多知識。

他很瞭解歷史，歷史在他眼中是鮮活的。「那裡，」他指向河道的轉彎處跟我說，「就是那，我的孩子，那片樹林你看到了嗎？就在那裡，奧蘭治公爵（2）鑿開河堤，灌溉土地，救活了萊頓。」又或是，他對我述說關於老默茲河的趣聞，講述這寬闊的河流是怎樣從一個便利的港口，變成一條四通八達的水路，承載著德·魯伊特（3）以及特隆普的船隊，開始最後一次遠近聞名的航程——為了讓所有人都能夠在海上航行，他們犧牲了自己。

我們還一起看那些環繞在庇佑它們的教堂周圍的小村莊，很多年前，那間教堂便是神聖守護者的家。往遠處看，我們還能夠看見代爾夫特的斜塔。距離斜塔塔尖很近的位置，沉默者威廉（4）遭到暗殺，同樣在那裡，格勞秀斯（5）學會了如何編寫拉丁語句。再往遠處看，便是低矮的高德教堂，那裡是伊拉斯謨（6）早期的家。這個男人所擁有的才智比大多數國王的千軍萬馬都要強大，伊拉斯謨——這個在孤兒院裡長大的人的名聲已經傳遍全世界。

最後是浩瀚無邊的大海與陸地的銀白色的分界線。在我們的腳下，有著與大海截然不同的景物：各色各樣的房頂、煙囪、房子、花園、醫院、學校、鐵路，這些便是我們口中的家。可是這座塔樓卻讓我們改變了看待古老家園的眼光：喧鬧雜亂的道路與市場、工廠與車間，這些都成了展現人類能力與意志的表徵。在這裡最好的事物，莫過於緊緊圍繞在周圍的輝煌的歷史。當我們

在北方有一片名叫斯維斯約德的土地，那裡有一塊巨石高高聳立，它的高度和寬度都是100英里。每隔1000年，就會有一隻小鳥飛來，在這塊石頭上磨礪自己的喙。就這樣，巨石被磨光了，而永恆中卻只過去了一天。

再次回歸到正常生活中需要解決的問題時，這些輝煌的歷史則會成爲我們解決問題的動力。

歷史猶如經驗堆積的高塔，是由時間在過去日子裡的廣闊田野上建造起來的。想要攀上這座古老高塔的塔尖，俯瞰它腳下的景觀，並不是一件容易的事情。塔裡沒有安裝電梯，但是年輕人的腿腳很強健，它們可以支撐年輕人登上去。

現在，我將開啓大門的鑰匙送給你們。

等你們歸來時，一定能夠瞭解我爲什麼如此狂熱了。

亨德里克・威廉・房龍

〔編按〕

1．鹿特丹聖勞斯大教堂，建於一四四九～一五二五年，是鹿特丹僅存的中世紀建築，也是第一座全石材建築的大教堂。

2．奧蘭治公爵，即奧蘭治親王威廉三世，他於一六七二年任荷蘭省、澤蘭省的執政長官，一六八九年即位爲英格蘭國王、愛爾蘭國王。

3．德．魯伊特，荷蘭史上最優秀的海軍上將，他與英、法作戰勝利而拯救了荷蘭，一生致業於海上，全部奉獻給國家。

4．沉默者威廉，威廉一世，奧蘭治親王，是反抗西班牙哈布斯堡王朝統治的領導者，曾任荷蘭共和國第一任執政長官。

5．格勞秀斯（一五八三～一六四五），是出生於荷蘭台夫特的學者，他是國際法與海洋法的鼻祖。

6．伊拉斯謨（一四六六～一五三六），是文藝復興時期尼德蘭著名的人文主義思想家和神學家，也是北方文藝復興的代表人物。

目錄

第一章　表演平台的佈置

我們在一個巨大疑問的籠罩下生活。

我們是什麼人？

我們從什麼地方來？

我們要去哪裡？

漸漸地，我們帶著堅持不懈的勇氣，把這個疑問一點點推向遙不可及的邊界，超出地平線——在那裡，我們期待尋找到想要得到的答案。

我們並沒有走太遠。

我們所瞭解的事情依舊太少，不過我們達到的境界是：我們已經可以（非常精準地）推理出許多事情。

在第一章中，我將（依照我們如今掌握的知識）跟你們講，第一次人類出現時，表演平台的佈置究竟是什麼樣的。

假設我們用一條長線來表示生存在地球上的動物們，那麼在長線最頂端的那條細細的線條，就代表人類（或者與人類十分相近的生物）生活在地球上的時間。

人類是最後一個上台的，但也是第一個利用腦子來實現征服大自然的目標的。這便是我們要研究人類的目的，而不去研究貓、狗、馬或者其他種類的動物——即便從這些動物的本身來講，每種動物都有屬於自己的精彩的進化史。

（據我們所知）——起初我們生活的這個行星就是一個著火的巨大球體，是浩瀚太空當中的一個小小的煙雲。漸漸地，幾百萬年過去了，地球的表面全部都燒光了，外殼被一層薄薄的岩石包裹住，連綿不斷的大雨沖刷在這塊毫無生氣的岩石上，打磨出質地堅硬的花崗岩，並且將泥沙全部帶入山谷之中——在被熱氣籠罩的地球上，這些山谷躲在了高聳的大山當中。

當太陽劃破天空時，最終的一刻也到來了，它見到這個小行星上有許多小水坑——這些小水坑最後則變成了地球東西半球上的浩瀚大海。

後來有一天，一件令人稱奇的事情發生了。原本沒有生命的東西，竟然創造了生命。

連綿不斷的雨

第一個帶有生命的細胞在無邊無際的海水中漂蕩。

在幾百萬年的歲月中，它都沒有目的地在水中漂流。可是在這段漫長的日子裡，它逐漸養成了一些習慣，讓它可以在環境惡劣的地球上存活下來。在這些細胞裡，有一些喜歡在湖泊以及水坑的漆黑的地方生活。它們在沉積在水中的泥巴裡生根（泥巴是隨著雨水從山上流下來的），最終它們成爲植物。其他細胞喜歡到處遊蕩，逐漸長出怪異的帶有關節的腿，猶如蠍子似的，開始在海底爬著移動，它們被植物以及好像水母一般的淺綠色生物包圍著。還有另外一些細胞（包裹著鱗片），依靠著游泳的姿勢，由一處轉移到另一處捕食。慢慢地，它們讓海洋裡到處都是各種各樣的魚類。

與此同時，植物的種類也漸漸多了起來，它們開始尋覓新的居所。海洋裡的地方已經滿足不了它們了。它們不想與水分開，於是在沙灘與山底找到了自己的新家。每天兩回，潮汐來時大海裡的鹽水將它們吞沒。而其他時間裡，這些植物則需要去儘力適應不舒服的環境，爭取在空氣稀薄的地球表面活下來。它們花費了幾個世紀的時間來適應，總算掌握了怎樣在空氣中也能生活得好像在水裡那麼自在。它們逐漸變大，變成了灌木叢和樹林。最終，它們學會了怎樣開出鮮豔的花朵，來吸引每天忙個不停的大黃蜂以及鳥類，然後通過它們將種子散佈在遙遠的地方，直至綠色的草原包圍整個地球，或者地球沉浸在樹木茂盛的樹蔭下。

一些魚類逐漸離開海洋，試圖用肺部呼吸，同之前用鰓呼吸時似的。我們管它們叫「兩棲動物」，是因爲它們無論在陸地上生活還是在水裡生活都同樣自在。在你眼前的小路上跳過去的第一隻青蛙就可以告訴你，兩棲生活是多麼自由自在。

這些動物離開水之後，漸漸地適應了陸地上的生活。有一些變成了爬行動物（這類動物類似蜥蜴一樣爬行），和昆蟲一起享受著安靜的森林。爲了可以在軟綿綿的土地上跑得更快，它們的腿漸漸變得強壯，體型也逐漸變大，直到全世界都被這樣一群巨大的生物霸占（生物學手冊裡記載的魚龍、巨龍、雷龍），它們可以長到三、四十英尺，可以像逗小貓一樣耍大象玩。

爬行動物的家族中有一些成員逐漸適應了在樹上生活（當時大樹的高度通常在一百多英尺）。它們移動時已經不需要靠腳了，但同樣可以快速地從一根樹枝過渡到另外一根樹枝上。所以，它們將身上的一些皮膚演變成猶如降落傘一樣的東西，它連接著身體的一側和小腳趾。漸漸地，它們用皮膚製成的降落傘的表皮長出了羽毛，尾巴也成爲改變方向的操縱桿，在樹與樹之間飛翔，成爲貨眞價實的鳥類。

之後，出現了一些奇怪的事情：所有體型龐大的爬行動物在短期內全部死亡。我們不瞭解發生了什麼。或許與氣候變化有關，或許與它們體型太過龐大有關，它們不會游泳、走路以及爬行，所以面對高大的蕨類植物和樹木，也沒有辦法吃到嘴裡，只能硬生生餓死。不管原因是什麼，具有上百萬年歷史的巨大爬行動物王國宣告滅亡。

之後，整個世界又被截然不同的生物占領。它們是爬行動物的後代，可是它們和爬行動物完全不同，因爲它們依靠母獸的乳房來哺育下一代。所以，現代科學把它們叫作「哺乳動物」。它們沒有魚鱗，沒有鳥一樣的羽毛，它們的全身長滿毛髮。無論怎樣，哺乳動物進化出一些特殊的生活習性，它們相較於其他動物更有優勢。母親將幼仔的卵藏在身體裡，直至出生爲止。而其他的所有動物——那個時候——全部都讓自己的幼仔置身於嚴寒、酷暑或者隨時可能遭受野獸攻擊的處境裡。哺乳動物會將幼仔留在自己的身邊，在它們無法適應外界生活、無法對抗天敵時，保護著它們。這樣一來，哺乳動物的幼仔活下來的希望更大，因爲它們可以在母親那裡學習到更多本領。假設你之前見識過母貓教導小貓怎樣照顧自己，教會它們洗臉、抓老鼠的話，你就會明白這是怎麼回事了。

可是，與哺乳動物有關的話題我不想多說，因爲你們瞭解得已經很多了。它們就生活在你們的周圍。無論你們在街道上還是在家裡都可以見到這些夥伴們，而且你們在動物園的鐵籠裡，還可以看到一些不是很瞭解的它們的遠房親戚。

現在，我們來到了一個重要的交界處：人類遠離了混沌、生死交疊的生物群體的大軍，開始利用自己的智慧來創造自己種族的未來。

其中一種哺乳動物很特別，它尋找食物和居住地的本領要遠遠高於其他同類。它會利用自己的前肢抓住獵物，通過訓練之後，它進化出一雙猶如手一樣的爪子。通過不計其數的鍛鍊後，它掌握了將重心轉移到兩條後腿上的本領（這個動作難度很大，雖然人類掌握這個動作已經有長達一百多萬年的時間，可是每一個人出生時都要從頭開始學習）。

這種生物似猿似猴，而且比它們都要高級。它是最有能力的捕食者，無論什麼氣候都能夠生活。爲了讓生活更加安全，它們拉幫結夥地一起活動。它們還掌握了發出奇特喊聲的本領，警告幼仔附近有危險。過了幾十萬年，它們掌握了用咽喉發出聲響交流的本領。

這種生物——或許難以置信——它們就是我們最早的「類人」祖先。

第二章　我們的祖先

對於第一個「眞正」的人類，我們知道得很少。我們從未見到過他們的影像資料。從某些古老的土壤深處，我們找到了他們骨頭的碎塊。這些骨頭與一些早已經滅絕的動物殘骸埋在一起。人類學家（那些知識淵博的科學家們，用盡一生的力量來研究動物世界中的人類）得到了這些骨頭的碎塊，以此作爲根據精準地描繪出我們原始祖先的樣貌。

人類的曾曾祖父是長相特別醜陋，沒有任何吸引力的哺乳動物。他的身材矮小，和現代人相比要小上很多。炎炎烈日和刺骨的寒風，將他的皮膚磨煉成了深褐色。他的頭、手臂、腿腳以及軀幹的絕大部分都長有濃密的毛髮。他的手指很細但是很有力量，他的手與猴子的爪子極爲相似。他赤裸著身體，除了從呼嘯的火山看到過如泉水一樣湧出的火焰（火山流過大地

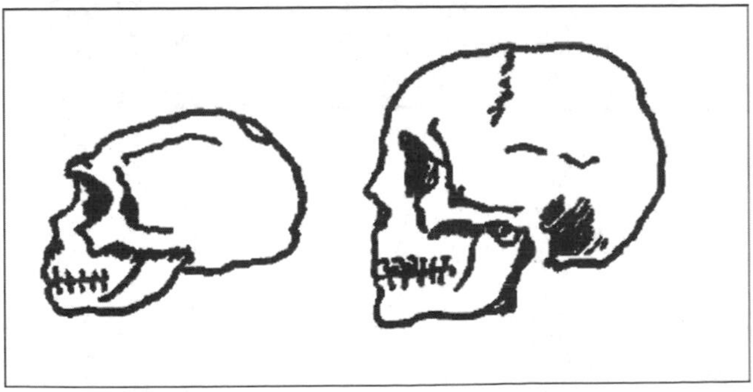

人類頭骨的演變

時濃煙滾滾、岩漿四溢），他從未見過任何火焰。

陰暗潮濕的深林便是他的棲息地，猶如當今的非洲矮人。每當飢腸轆轆時，他便把植物的葉子和根莖生著吃下，又或許在憤怒的小鳥那裡偷走鳥蛋，給他的孩子充飢。有時候，通過長時間的持續追捕，他也會捕捉到一隻麻雀或者一隻小野狗，又或者是一隻野兔。他直接生吃這些東西，因爲他不知道這些食物煮熟之後會更加美味。

在白天的時間裡，原始人到處閒逛，尋覓吃的東西。

當黑夜籠罩著大地，他將自己的妻子和子女藏在樹洞裡或者巨石的後面，因爲他的周圍都是一些猛獸——黑夜降臨，野獸們便會出來閒逛，爲自己的另一半以及子女尋找食物，而且它們很喜歡吃美味的人肉。這個世界就是這樣：要麼你吃掉別人，要麼別人吃掉你。因爲整個世界都充斥著恐懼和磨難，所以活得很不安逸。

夏季時，他要被熱辣辣的太陽暴曬；冬季時，他的子女也許會在他的懷抱裡被凍死。當他負傷（捕捉動物時難免會造成骨折或者扭傷），假設沒有夥伴協助他，他也會死得很慘。

動物園裡有很多動物喜歡發出一些怪叫，人類早期時同樣如此。也就是說，他會沒完沒了地反覆說著同樣的、聽不清楚的話語，這是因爲他喜歡聽自己講話。隨後他漸漸發現，遇見危險時，他可以通過喉嚨發出聲音來提醒同伴，他可以發出一些微弱的尖叫——大概就是「這兒有隻老虎」或是「這裡發現5頭大象」之類的。之後，其他人也會回覆一些叫聲，這些叫喊聲的含義是「我們也注意到它們了」，或者是「讓我們快點離開它們，並且藏起來」。基本上這些就是所有語言的根源了。

可是，正如我之前講過的那些，有關根源的事情，我們知道得太少了。人類早期沒有工具，也不會建造房屋。他們的生生世世，只留下了幾根鎖骨以及一些頭蓋骨的碎片，證明他們曾經在這裡生活過。這些骨頭向我們傳達，幾百萬年之前，世界上曾生活著一批哺乳動物，他們與所有動物都有所不同。他們可能是某一種類人猿進化而來的，他們掌握了後腿行走的本領，還會用前肢當作手來使用。他們或許同我們的直系祖先有著密不可分的聯繫。

關於這些原始的事情，我們知道得太少了，還有一些事情一直都處在黑暗裡。

第三章　史前的人類

——史前的人類開始自己創造工具。

早期的人根本不懂得時間是何物。他不會記錄生日、結婚紀念日或者死亡忌日。他不知道什麼是天、星期以及什麼是年。從大體來看，他瞭解季節是怎樣循環的，因爲他已經意識到，寒冬過去後，溫暖的春季即將來臨。隨後春季轉變成酷熱的夏季，果子也成熟了，野稻穀的稻穗也能食用了。之後，當陣陣大風將樹上的葉子刮落時，意味著夏季結束了。之後，一部分動物已經開始爲漫長的冬眠做準備了。

可是，就在這個時候，一件非同一般、驚世駭俗的事情發生了，這是一件與氣候有關的事情。炎熱的夏季比以往來得遲了很多，果實無法成熟，曾經山頂上滿是綠草，可如今卻被皚皚白雪覆蓋。

之後的一天清晨，有一群和當地人截然不同的野人種族從高山地帶遊蕩下來。他們的體型偏瘦，預示著他們正在忍饑挨餓。他們說著當地人無法理解的語言，好像在表達他們很餓。這裡的食物不足以供給當地人和新來的人。當新來的人想要多住幾天時，發生了恐怖的相互毆打對方的事件，有一些人的全家都被殺害了。剩餘的人則躲到了山坡上，可是卻死於隨後來臨的暴風雪。

生活在森林裡的人們很害怕。白天的時間很短，夜晚相較之前更冷了。最終，處於兩座大山中間的一個裂縫中的一塊綠色的小冰塊迅速變大。就這樣，一塊超級大的冰塊滾落到山底，碩大的石頭也被帶進了山谷裡。伴隨著幾十聲如雷一般的響聲，冰塊、泥漿、大塊的花崗岩來勢洶洶地朝著正在熟睡的生活在森林裡的人們身上砸去，他們瞬間被砸死。很多百年老樹也被壓進了熊熊大火當中。緊接著，天空飄起了雪花。

這場雪一連下了好幾個月，這裡的植物全部都凍死了，動物們也都紛紛逃去南方，追尋溫暖的日光。人類背上自己的小孩，隨著這些動物一起逃亡。可惜人類與動物相比跑得太慢了，要麼快點想出好主意，要麼迅速走向死亡，他們必須要在這兩個選項裡挑一個。他們好像更想選第一個，因爲他們需要想出主意在恐怖的冰川期活下來——類似的冰川期共計四次，地球上的人類幾乎都難逃厄運。

首先，人類需要衣服來禦寒。他們掌握了挖洞的技術，而且還會用樹枝和樹葉將洞口蓋住，利用這些陷阱來捕捉熊和土狼。之後，他們再用大石頭將它們砸死，把它們的毛皮製成衣服供自己和家人穿著。

接下來，便是房屋問題。這個很容易，很多動物都喜歡在黑暗的洞穴中居住。人類也以它們的做法作爲參考。他們將野獸從暖和的巢穴中趕出去並霸占洞穴。

即使是這樣，這種氣候對於很多人來說還是太殘酷了。老人和小孩的死亡速度快得可怕。之後，一位天才掌握了怎樣使用火。一次，他在外邊狩獵時，恰巧遇見了森林大火。他清楚地記得自己差一點葬身火海。火一直都被視爲敵人。現如今，火成了好友。他將一根乾枯的樹枝扯進洞中，再用森林中的餘燼將樹枝點燃。洞穴瞬間變成了一間舒服的小房子。

之後，一天夜晚，有一隻死雞掉進了火中，人們將它從火堆裡拿出來時，它已經被燒熟了。人們發現雞被火燒過之後的味道更加鮮美。從那以後，人們摒棄了與別的動物同樣的吃生食的習慣，改吃熟食了。

就這樣過了千百年，只有那些頭腦特別聰明的人存活了下來。他們每時每刻都要與寒冷和飢餓對抗，這也迫使他們去想辦法製造工具。他們學會了怎樣用石頭製成斧子，怎樣打造錘子。他們被逼無奈，開始儲藏大量吃的東西，以此來應對漫長的冬季。他們發現黏土可以製成碗和罐，就將它們放在陽光下晾曬變硬。就這樣，差一點將人類全部殺死的冰川期，反而成了教導人類的偉大老師——因爲它逼迫人類使用大腦想辦法。

第四章　埃及人的象形字

——埃及人發明了寫字方法，所以歷史才開始有文字記錄。

我們這些生活在歐洲荒原上的祖先，迅速掌握了很多新技能。甚至可以說，只要再多一點點時間，他們就會摒棄原有的野蠻的生活方式，從而創造出文明來。只不過，他們的隱居生活很快就結束了。外界發現了他們。

一個旅行者從沒人知道的南方來到這裡，他翻山越嶺、遠渡重洋，發現了這些居住在歐洲大陸上的野人。他從遙遠的非洲來。他的家位於一個叫作埃及的地方。

在西方人還在夢想著使用刀叉、車輪、房子的時候，尼羅河流域的人已經早在幾千年前就進入了文明的高級階段。所以，我們把我們的遠祖暫時放在山洞裡，先去研究一下地中海的南岸以及東岸，那裡坐落著人類最早的學校。

我們從埃及人那裡學會了很多東西。他們是傑出的耕種者，通曉灌溉技術。他們擅長修建廟宇，後來古希臘人效仿他們，建成了世界上第一座教堂（直至今天我們依舊在教堂裡禱告）。他們創造出一套曆法，它被證實是測量時間最準確的工具，經過改良後一直沿用到今天。在所有的發明當中，最關鍵的是埃及人懂得如何將語言保留下來，傳給後代。他們創造出了書寫本領。

現如今，人們看報紙、雜誌以及書籍，理所當然地認爲人類原本就懂得閱讀和寫字。可實際上，發明文字時已經很晚了。想像一下假設沒有文字資料，我們只能猶如貓狗一樣教導幼仔最基本的事情，不會寫字，就沒有辦法學會上一代貓狗總結出的生活經驗。

公元前1世紀，羅馬人剛剛來到埃及時，便發現了河谷當中有各種各樣的奇怪圖案，好像與這個國家的歷史有關係。可是羅馬人並不關心其他的異域文化，所以並沒有探究那些奇怪的圖案的由來。無論是埃及的廟宇中還是宮殿裡，牆壁上和很多莎草紙❶上，全部都可以見到這種圖案。僅剩的一位知道如何描繪圖案的埃及祭司也早在幾年前就已經去世了。被剝奪了獨立權的埃及成爲人類儲存歷史文獻的倉庫，沒人可以破譯這些祕密，它們好像也沒有什麼實用價值。

17個世紀過去了，埃及對世人來說依然充滿了神祕。就在一七九八年時，法國的一位名叫拿破崙·波拿巴的將軍進入非洲東部，打算攻打英屬印度殖民地。最後，他因爲沒有辦法渡過尼羅河而慘敗，可是這場有名的遠征卻偶然地將古代埃及象形字的問題解決了。

事情的經過是這樣的。有一天，一名駐守在尼羅河口羅塞塔河邊的年輕的法國軍官過膩了枯

❶莎草紙，用當時在尼羅河三角洲盛產的紙莎草的莖製造出來的一種紙。

燥的日子，於是來到尼羅河谷的廢墟中搜尋，以此來打發時間。可是你們瞧，他找到了一塊奇特的怪石，上面佈滿了埃及物品上的圖案。可是這塊黑色的玄武石表面的圖案卻與之前找到的截然不同，它表面雕刻了三種文字，其中就有古希臘文。古希臘文大家都很瞭解，所以他認定：「只要將古希臘文與古代埃及人的圖案進行對比，就可以把圖案背後隱藏的祕密解開。」

他的想法看上去很容易，可是這個祕密卻是在二十幾年後才被揭曉的。一八〇二年，一位叫作商博良❷的法國教授開始對羅塞塔河石頭上的古希臘文以及古埃及圖案進行對比和研究，直至一八二三年，他才宣告完成了14幅圖案的破譯工作。不久之後，他便因積勞成疾去世了，不過古埃及文字的基本含義已經被世人知曉。現如今，我們對尼羅河流域的歷史知道得遠比密西西比河要多很多，這是因爲我們擁有可以穿越古今的文字記載。

古埃及人創造出的象形字在歷史的舞台上扮演著重要角色，一部分像形字經過演變後成了我們字母表中的文字。所以，我們還是有必要知道一下，五千年以前的古代人究竟使用了什麼樣的巧妙方法給後代們保留下了語言資料。

你應該聽說過符號語言。絕大多數發生在美洲平原的印第安部落的事情都採用小圖案記載下來，用來表示特殊的信息內容，例如一次狩獵捕獲了幾頭野牛，一共有多少個獵人參加，諸如此

---

❷商博良，法國歷史學家、埃及學家、語言學家。

類。通常這些符號都很容易理解。

古埃及文字卻不是很容易讓人理解的符號文字。生活在尼羅河兩岸的聰明人，早已經跨越了語言的基礎階段。他們繪製的圖案所表達的含義要遠遠比圖案本身更加抽象。我嘗試向你們講解一下。

假設你是商博良，面對一大堆佈滿象形字的莎草紙時，見到有一幅圖案上畫著一個人手裡拿著一把鋸子。「對的，」你也許要說，「它一定是代表著一個伐木工正在砍樹。」隨後你又見到了其他莎草紙上記錄著一個82歲壽終正寢的女王，在這一段話當中，「手裡拿著鋸子的人」的圖案再次出現。很明顯，女王已經82歲了，拿鋸子的人肯定不是她。所以這圖案一定有別的意思。

法國人商博良最終還是解開了這個祕密。他發現，當時埃及人已經掌握了如何使用「語言文字」——雖然這種叫法是現代人創造出來的，但重點是裡面包含了口語的「聲音」，這樣所有語言都可以變成書面語言，方法就是在段落裡添加一些標點、直線以及「S」就行了。

再來聊聊手裡拿著鋸子的那幅圖案。「鋸」（saw）可以代表木匠鋪當中的一種工具，或者可以代表「看」（see）這個動詞的過去式。

千百年的時間過去了，這個字發生了變化：最早它只代表圖片上的工具。之後原來的意思改變了，成為動詞過去式。幾百年之後，埃及人將這兩種意義全部拋棄，這個圖案只用來

表示字母「S」。我用下面的句子舉個例子來表明我的意思。一句現代英語假設使用象形字來書寫，或許會變成左上方這樣：

既可以代表你臉上那兩隻可以看見東西的圓球，也可以代表「I」（我），指正在說話的人（eye和I發音相同）。

圖案，可以理解成一隻採蜜的蟲子，或者表示動詞「to be」（bee與be發音相同）——它代表存在。再深入一些，它還可以代表動詞「be-come」或者「be-have」的前部分。在之前舉的例句當中，接在它後面的圖案是，它不僅可以代表「葉子」（leaf），還可以代表「leave」（離開）以及「lieve」（欣然地），它們的發音一模一樣。之後又是前面提到過的「eye」。

這段話的末尾是一幅長頸鹿的圖案，它是從古老的符號文字演化而來的，象形字也是從符號文字演化而來的。

現在你可以毫不費力地讀懂下面這段話了：

「I believe I saw a giraffe.」（我相信我看見了一隻長頸鹿。）

古埃及人用高人一等的智慧發明出這種語言系統，然後利用上千年的時間不斷完善，直至可以方便快捷地記載所有東西。他們利用這些「方框中的文字」與夥伴們相互傳遞消息、記下交易記錄、記錄國家的歷史，以此來告誡後代。

第五章　尼羅河流域

——尼羅河流域是人類文明的第一道曙光。

人類的歷史其實就是一部因爲飢餓而不停地尋找食物的歷史。什麼地方有豐盛的食物，人類就會去什麼地方生活。

尼羅河流域因爲糧食產量極高而享譽盛名。人類一窩蜂似的從非洲、阿拉伯沙漠以及西亞地區趕往埃及，想要爭奪那裡豐富的食物資源。入侵者組織了一個全新的民族「雷米」（代表「人」的意思），如同希伯來人自以爲是「上帝的子民」似的。他們應該感恩命運能夠把他們引向這個地勢狹長的地區。每年的夏季，尼羅河會將大片谷底變成湖泊，當河水漸漸消退後，整片耕地上都會覆蓋厚約幾英寸的沃土。

埃及這條充滿仁愛的河，發揮著如同上百萬人的力量，滋養著人類社會最初城市中的居民。當然，河谷當中並不是所有的田地都有豐富的水源，只不過有些地方，人們會使用小型運河以及升降機打造出運輸水源的渠道，將尼羅河中的水引向高處，之後再由繁複的灌溉系統將水運送到田地當中。

史前時期的人類一般每天都會從24小時當中抽出16個小時的時間來蒐集食物，而埃及農民以及城市居民的生活卻很悠閒。他們將剩餘的時間花費在製作很多具有裝飾性，但是卻不實用的小東西上。

事情不僅僅如此。在某一天，埃及人突然意識到，他的腦子竟然還可以想一想除了吃飯、睡覺、爲孩子尋找棲身之所以外的事情。這個時候，埃及人逐漸嘗試思考一些與平日生活沒有關係的事情：天上的星星是從哪裡來的？令人恐懼的雷聲是誰製造出來的？尼羅河定期發大水究竟是誰操控的，人們甚至還通過潮水的出現與消退來制訂曆法？他自己到底是誰？類似他這樣神奇的生命，長期飽受死亡和病魔威脅，可是爲什麼每天還過得那麼開心快樂呢？

他提出了很多相似的疑問，一般總會有人客氣地走過來儘力回答。埃及人將這些樂於回答問題的人稱作「祭司」，他們因此成爲埃及人思想上的導師，擁有極高的社會地位。他們因爲博學多才而承擔著管理文獻資料的崇高責任。他們覺得，人活這一輩子如果只想著自己的好處，是無法得到好結果的，因此他們將注意力轉移到了下輩子，到了那個時候，人的靈魂便會朝著西方大

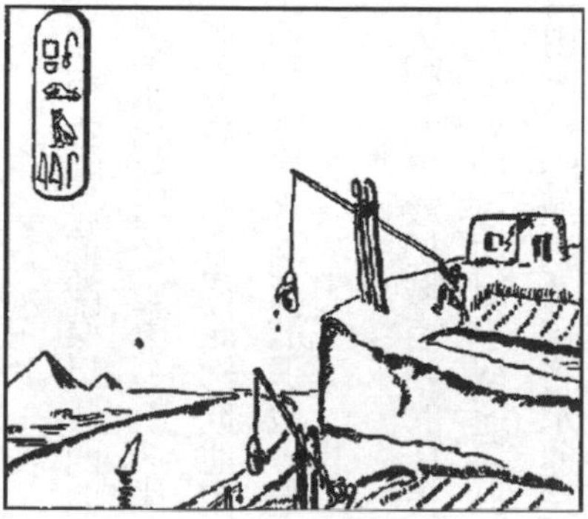
尼羅河流域

山之外的遠方飄去，直至來到奧西里斯的居所，他是管理人類生死的神靈，靈魂會向他匯報自己的所作所為，以便他來做出最終的判決。實際上，祭司將伊西斯❸以及奧西里斯管理的來生的王國的重要性誇大其詞了，導致埃及人都將這一生視為來生的過渡，甚至還將充滿生氣的尼羅河流域變成滿是死亡氣息的葬身之地。

更奇怪的是，埃及人認為肉體只不過是靈魂的居所，靈魂需要通過肉體才能夠前往奧西里斯的國家。所以，只要有人去世，逝者的親屬們都會將香油塗滿整個屍體，然後再將屍體浸泡在碳酸鈉溶液裡幾個星期，之後再在屍體中塞入樹脂。波斯語管樹脂叫「木米埃」（Mumiai），所以被塗上了香油的屍體就稱為「木乃伊」（Mummy）。木乃伊全身裹滿了特製的麻布，然後被安放在一個特別定製的棺木當中，最終被送往墓穴。埃及人的墓穴真可以稱為「家」，裡面陳列著各種各樣的傢俬、用來打發等待最後判決時間的樂器，甚至還擁有廚師、麵包師以及理髮師的雕塑，以此來確保這個陰暗的家的一家之主可以安逸地享受美食，並且保持莊重的外形。

這些墳墓最早被安放在西部山脈的石頭鑿出來的洞裡。之後埃及人往北部遷徙，所以墳墓不得已只能修建在沙漠中。可是沙漠當中有很多凶殘的野獸，還有盜墓賊會毀掉木乃伊，並且搶奪墳墓中的隨葬品。埃及人為了防止盜墓賊對逝者做出不敬的事情，只能用石頭堆砌墳墓。這些原

---

❸伊西斯，埃及神話中大神奧西里斯的妻子。

本不大的小石堆漸漸變大，因爲有一些富人總喜歡將它建造得比窮人的更高更大，所以大家都互相競爭攀比，想要看看誰的石堆砌得最高最大。公元前三千年時，古埃及第四王朝的胡夫法老王創造了最高紀錄。古希臘人將胡夫法老王稱爲切普斯，將他的墳墓叫作金字塔（pyramid，埃及語中pir-em-us代表「高」的意思）。

胡夫金字塔的高度有五百多英尺，占地面積大約爲13英畝，相當於聖保羅大教堂三倍大，我們都瞭解，聖保羅大教堂是基督教世界裡占地面積最大的建築物。

在漫長的20年當中，有超過10萬人被強迫做勞工，他們由尼羅河對岸搬來沉甸甸的石頭——我們無法知道他們究竟是怎麼辦到的——在茫茫沙漠中搬運石頭，然後將石頭托舉到適當的地方。國王麾下的建築師和工程師創作的這個傑作簡直讓人歎爲觀止：金字塔底部與國王墓室相連的窄小的通道，雖然受到上萬噸石頭的擠壓，但是至今都沒有變形。

建造金字塔

第六章　埃及的故事

——埃及的起起伏伏。

尼羅河有時候是人類最要好的夥伴，有時也會變成一位嚴厲的老師，將「同心協力」的寶貴精神教給兩岸的居民。這裡的居民必須要互相協作建造溝渠來鞏固堤壩，因此他們懂得要怎樣和鄰居友好相處，因此，他們組成的協作團體迅速發展成一個王國。

在衆多居民當中，總會出現一個比其他人都強大的人，於是便順理成章成爲首領。西亞鄰邦對這片物產豐富的土地產生了嫉妒進而想要霸占，他又迅速變爲一位軍事首領。之後又發生了很多事情，他最終成爲從地中海沿岸延伸至西部山脈這片廣闊土地的國王。

對於那些每天在地裡埋頭苦幹的農民來說，法老們（法老是指「居住在大房子當中的人」）的政治競賽根本引不起他們的關心。只要他們不用向法老支付大量苛捐雜稅，他們就會如同接受奧西里斯統治那樣，死心塌地地臣服於法老們的統治。

可是之後事情又有了轉變，其他地方的入侵者闖了進來，搶走了原本是埃及人的財物。經過了長達兩千年與世隔絕的生活後，一支來自阿拉伯的名爲希克索斯❶游牧部落攻打埃及，並成功統治尼羅河流域長達五百年。他們受到了埃及原住民的憎恨，埃及人也同樣憎恨希伯來人。這群希伯來人一直在沙漠當中徘徊，隨後也抵達了歌珊地❷，他們做了侵略者的走狗，替侵略者收稅或者服侍他們。

公元前一七〇〇年時，底比斯❸的百姓聯手造反，通過長時間的爭鬥後，總算將希克索斯人驅趕走，埃及重拾自由。

一千年以後，亞述人統治了整個西亞，埃及也變成了薩丹納帕路斯❹這個強悍的王國的一部分。公元前7世紀，埃及又一次重新獨立，對住在尼羅河三角洲薩伊斯城的國王俯首稱臣。公元

---

❶ 希克索斯，從亞洲侵入埃及的游牧部落，最早住在敘利亞和塔勒斯坦附近，公元前18世紀後半葉時，攻陷尼羅河三角洲，公元前16世紀上半葉埃及人成功地將其趕出國境。

❷ 歌珊地，《聖經》裡記載以色列人在離開埃及之前，一直在下埃及生活的地區。

❸ 底比斯，中王國和新王國時期的埃及國都，古埃及的政治、經濟、宗教的集中營。原來叫作瓦塞，希臘人叫作底比斯。距離現今開羅南面大概七百公里遠的盧克索村。

❹ 薩丹納帕路斯，亞述的最後一個國王。

前五二五年，波斯❺的國王岡比西斯❻統治埃及。公元前四世紀，亞歷山大大帝❼征服了波斯，埃及再一次成爲馬其頓❽帝國中的一個省。之後，亞歷山大大帝麾下的一名將軍自立成爲新埃及托勒密王朝的統治者，將首都定在了新建的亞歷山大城，埃及這時才處於預備獨立的狀態。

公元前三十九年，羅馬人最終還是成功入侵了埃及。埃及的最後一位女王克里奧佩特拉❾竭盡全力想要拯救國家。對於羅馬將軍來說，克里奧佩特拉漂亮的臉蛋要比六、七支埃及大軍更加

---

❺波斯，古時候的伊朗。

❻岡比西斯，指岡比西斯二世（公元前五二九年—公元前五二二年在位），是魯氏二世的兒子。公元前五二五年攻陷埃及，一直在埃及居住至公元前五二二年，當得到消息有人想要謀朝篡位後，匆忙回到波斯，中途自己不愼用劍將自己割傷，最後因爲傷口感染不治身亡。

❼亞歷山大大帝，古時候馬其頓的國王，是一位傑出的軍事家。出生在馬其頓的首都培拉，早前跟隨亞里士多德學習。成爲國王后平息了希臘城邦的動亂。公元前三三四年，率領大軍侵略亞洲及非洲地區，征戰長達10年。公元前三二三年因病死在了巴比倫。詳細內容見本書第二十章。

❽馬其頓，公元前5世紀—公元前4世紀的奴隸制國家，位置在巴爾幹半島的北面，生活在那裡的百姓主要來自於希臘的多利亞、色雷斯以及伊利里亞。

❾克里奧佩特拉，就是通常所稱的埃及豔后。

可怕。羅馬的兩位將軍❿很快就被她迷倒。可是在公元前三十年，凱撒大帝的侄子及繼位的奧古斯都大帝⓫親自來到亞歷山大城。與他的叔叔完全不同，他對這位漂亮的女王絲毫不感興趣。他一口氣擊敗了女王的大軍，只不過沒有殺了她，打算將她做勝利的祭品。克里奧佩特拉得知這個消息後，馬上吃毒藥自殺了。埃及終於淪爲羅馬帝國統治的一個省。

❿指的是羅馬統治者凱撒大帝和將軍安東尼。

⓫奧古斯都大帝，羅馬帝國的第一任帝王，他創立了元首制，是凱撒大帝的侄兒，原名爲蓋約·屋大維。

第七章　美索不達米亞平原

——美索不達米亞，另一個東方文明的中心。

我要把你帶到直入雲端的金字塔頂向下望，請你試想自己有一雙猶如雄鷹一般銳利的眼睛。在無盡遙遠的地方，在滿是黃沙的無垠荒漠以外，你將見到點點綠色。那裡正是夾在兩條大河中間的河谷，同時還是《聖經・舊約》當中所說的天堂。古希臘人將這個充滿神祕氣息的地方叫作「美索不達米亞」，意思是「兩條河流之間的國家」。

這兩條河流分別是著名的幼發拉底河（古巴比倫人稱它爲「普羅圖河」），以及底格里斯河（也叫作「迪科羅特河」）。它們的源頭是亞美尼亞山脈（傳說諾亞方舟在此停泊）上的層層白雪，然後逐漸流向南方平原，直至波斯灣滿是淤泥的兩岸。它們最大的功勞是將西亞這塊不毛之地變得肥沃。

尼羅河谷最吸引人的地方在於它可以給人們提供取之不盡的食物，兩條河流之間的土地之所以會引起不同民族的爭搶，也是因爲這個原因。這片土地曾被不同的民族占領，無論是從北方來的山民或是從南方沙漠來的遊客，都一邊宣稱自己就是這片土地的合法主人，一邊開展絕不讓步的爭搶，戰爭持續多年。

一般來說，只有身材魁梧凶悍的人才能夠有幸活下來。也正是這個原因，我們說兩河之間的地方孕育出一個英勇善戰的民族。這個民族所締造的文明，無論是從哪個方面來說，都絲毫不遜色於偉大的古埃及文明。

第八章　蘇美爾人和楔形文字

——蘇美爾人（也譯為蘇美人）。他們在泥板上刻楔形文字，告訴我們有關閃米特民族的故事——即亞述與巴比倫王國的軼事。

15世紀是地理大發現的時期。在當時，哥倫布想要尋找一條可以去往震旦之島❶的路，沒想到無意中竟然發現了未知的新大陸。一位來自奧地利的主教組織了一支探險隊，朝著東方前進，打算找到奧斯克大公的故鄉，結果卻鎩羽而歸。整整過了一輩人以後，西方人才第一次來到莫斯科。就在這時，一位來自威尼斯的名叫巴貝羅的人在西亞文明的殘骸裡有了新發現，他在回國之後便發表了報告，宣稱找到了全新的奇特文字，這些文字被刻在設拉子❷廟宇的岩石上面，還有的刻在了不計其數的被烘乾的泥板上。

❶ 震旦之島，當時的歐洲人對中國的稱呼。

❷ 設拉子，如今伊朗法爾斯省的省會，盛產酒。

可當時，歐洲人將全部精力都投入做其他事情上，根本沒有精力涉及此事，直至18世紀末，一位來自丹麥的名叫尼布爾的測量員才將第一批「楔形文字」帶回來——把它叫作「楔形文字」，是因爲字母的形狀猶如楔子。

30年過去了，一位來自德國的名叫格羅特芬德的教授極具耐心地破解了裡面四個字母D、A、R以及SH，並表示這就是波斯國王大流士的名字。又經歷了20年，英國一位名叫亨利·羅林生的官員發現了貝希斯吞銘文❸，這個發現成爲破譯西亞楔形文字祕密的有效思路。

和破譯楔形文字的工作相比，商博良從事的工作要簡單得多：埃及文字最起碼還帶有圖案，可是生活在兩條河流之間的土地上的蘇美爾人卻讓人意想不到地沒有在泥板上刻有可以表達意思的圖案，演化出一套與之前象形文字完全不同的「V」字形體系。打個比方：一開始時將「星星」用釘子刻在泥板上時，圖案的樣子如。蘇美爾人好像覺得它太複雜了，不久之後，爲了表示更加複雜的「星空」，上面的圖案便被簡化成，這樣就不太容易理解了。

❸貝希斯吞銘文，是如今流傳下來的最重要的波斯銘文，記載的是波斯帝國國王大流士的功績。

同理，「牛」也從演變成，「魚」從演變成了。「太陽」最初的圖案是一個非常簡單的圓圈，可後來卻演變成。假設蘇美爾人創造的楔形文字沿用至今的話，怕是要將變成。

這種記錄人類思想語言的文字體系看上去很複雜很難理解，可是蘇美爾人、巴比倫人、亞述人、波斯人以及所有入侵過這個地方的民族都懂得這種文字，並且一直使用長達三十幾個世紀。兩條河流之間的區域經常爆發戰爭。起初，一群來自北方山區的蘇美爾人霸占了這片土地，他們是一群白種人，來到這裡之後他們仍然保持著像過去一樣的習慣，喜歡去高高的山頂祭拜神靈，所以他們在平原地區堆砌出山丘，並在山丘的頂端建造祭壇。他們不懂得如何建造樓梯，所以只能在祭壇的周圍建造一圈傾斜向上的長廊。現如今我們在大型火車站見到的一層層的傾斜的長廊，大概就是現代工程師受到了蘇美爾人建造祭壇長廊的啟發。我們一定還從蘇美爾人的創意發明當中得到了更多靈感，只不過還沒有發現而已。之後蘇美爾人被進入河谷的其他民族徹底同化，可他們的祭壇卻始終屹立在那裡。許多年以後逃亡至巴比倫的猶太人見到了祭壇之後，稱它們爲「巴比利塔」，也叫作「巴別塔」。

公元前40世紀時，蘇美爾人便來到了美索不達米亞，不過很快便對阿卡德人俯首稱臣。阿卡德人的故鄉位於阿拉伯的沙漠，隸屬「閃米特人」（通常我們叫他們爲閃族人）的分支——之所以管他們叫作「閃族人」是因爲他們被認定是諾亞的長子閃的後人。大概過了一千年，一個名爲亞摩利人的閃族部落吞併了阿卡德人。亞摩利人的國王名叫漢謨拉比，他在巴比倫城爲自己建造了一座奢華宏偉的皇宮，並且向臣民們頒佈了一套法典❹，因此巴比倫王國才能夠成爲古時候治理最好的古國。從那時開始，《聖經·舊約》中記載的赫梯人將這片富饒的土地全部搜刮乾淨。可是不久之後，赫梯人又被信奉沙漠之神阿舒爾的亞述人取而代之。這些強橫凶暴的亞述人霸占了整個西亞以及埃及，然後強行對百姓收取苛捐雜稅，進行殘酷的剝削，這使他

巴別塔

❹即《漢謨拉比法典》，至今爲止發現的古代奴隸社會第一部比較完整的律法。

尼尼微

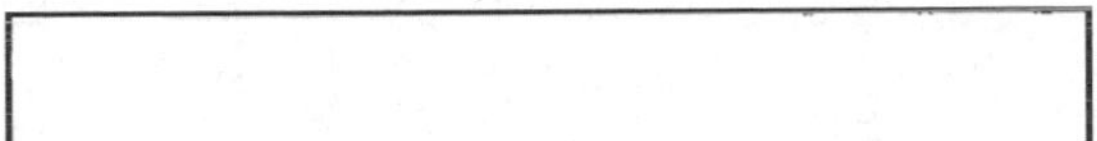

聖城巴比倫

們的國都尼尼微城變成了一個幅員遼闊又威嚴的帝國中心。這樣的情況一直持續到公元前7世紀末，另外一支名爲迦勒底人的閃族部落重新建造了巴比倫，並讓該城市成爲當時地位顯赫的都城。迦勒底人的國王是遠近聞名的尼布甲尼撒，他極力推動發展科學研究，其中許多天文學和數學的基本理論一直沿用至今。

公元前五三八年時，波斯的一支游牧的野蠻部落侵犯了這片古老的沃土，推翻了迦勒底王國，可是二百年之後，他們也被亞歷山大大帝推翻。亞歷山大大帝英明睿智，一下子將這片彙集了多個閃族部落的富饒土地占爲己有，並將其作爲古希臘的行省。可不久之後，羅馬人又來了，之後土耳其人也趕來分享勝利的果實。美索不達米亞這個曾經的世界文明中心，經歷了滄海桑田之後，最後淪爲一個空寂無人的荒原，只有屹立不倒的祭壇和石丘，彷彿在對世人講述著它們往日的無限風光。

第九章　猶太人首領摩西

——有關猶太人首領摩西的故事。

公元前20世紀的一天裡，一支實力較弱的閃族部落告別了幼發拉底河口烏爾地區的故鄉，來到了巴比倫廣闊的牧場。他們在那裡被國王軍隊驅逐出境，所以他們只能繼續朝著西方流亡，期盼可以找到一塊還沒有被人占領的地方來創建自己的家園。

這支到處流亡的游牧民族便是希伯來人，我們也管他們叫猶太人。他們在外居無定所地遊蕩了多年，最終在埃及生根落戶。他們與埃及人共同生活了長達五個多世紀。後來他們的家園被希克索斯這群強盜占領（我曾在埃及的故事當中提及過），通過聽命於希克索斯人，他們才能夠保全自己的牧場。可埃及人通過長時間的抵抗，最終將這群強盜全部趕出尼羅河流域，因此他們和猶太人之間的友情也就此終結。埃及人將猶太人視爲奴隸，逼迫他們建造金字塔，並派了軍人看管他們，以防猶太奴隸偷偷溜走。

猶太人在埃及過著水深火熱的日子，總算有一天，猶太人的首領換成了一位年輕人，他下定決心要帶著族人逃離苦難，這個人便是摩西。摩西小時候一直生活在沙漠當中，他學會並繼承了猶太祖先的傳統美德——與華美的城市保持距離，不被舒適奢侈的生活所迷惑。

摩西一心想要自己的族人能夠再次過上平凡安逸的生活。他在埃及軍隊的追擊中成功逃脫，帶著族人們來到了西奈山腳下的一塊寬闊的區域。由於長期生活在沙漠當中，所以摩西對雷電與風暴的神靈都懷抱敬畏之心。這位神祇的位置高於九天，負責管理牧民們的生命、光明和呼吸。在西亞地區，這位神靈受到很多人的敬仰，並被稱爲「耶和華」。摩西大力傳道，耶和華也迅速成爲希伯來人唯一的神。

有一天，摩西突然從猶太人的居住地消失了，有人見到他離開時身上帶著兩片粗重的石板。當天下午，天空烏雲密佈，緊接著呼嘯的狂風夾雜著豆大的雨滴砸了下來，整個西奈山頂都處於黑暗之中。過了很長時間摩西才歸來，他手裡的石板上面密密麻麻地刻滿了神賜予的文字，就是耶和華利用雷電傳達給他的以色列子民的指示。從那個時候起，耶和華便成了猶太人信奉的獨一無二的眞神，猶太人將在耶和華十誡的約束下過著聖潔的生活。

猶太人跟著摩西在沙漠當中長途跋涉。摩西傳授給自己的族人如何在沙漠中生存，有哪些注意事項，以免他們在酷暑乾涸的沙漠當中生病死去。在沙漠中連續走了很多年後，猶太人總算找到了一片肥沃的土地。這片土地被稱爲「巴勒斯坦」，翻譯過來的意思是「法利賽人的國家」。法利賽人隸屬克里特人的分支，他們從海島上被驅逐出去之後，便在西亞沿岸落戶生根。但是不幸的是，現在的巴勒斯坦早已經被另外一支名爲迦南人的閃族部落占領。不過猶太人仍然進行了入侵，並且在當地建立了屬於自己的城市。他們在當地修建了耶和華神廟，將神廟的所在地取名爲「耶路撒冷」，翻譯過來的意思是「安寧的住處」。

這個時候猶太人的首領早已經不是摩西了。他幸運地在臨死之前見到了位於遠方的巴勒斯坦山脈，之後便再也沒有睜開他那雙精疲力竭的雙眼。他一心一意地信奉著耶和華。他帶領自己的族人擺脫了奴役生活，尋找到新的安樂家園，享受著自由快樂的生活。

除此之外，摩西做出的貢獻還有，他身體力行將猶太人打造成第一支唯獨信奉一神的民族。

摩西望見聖地

第十章　腓尼基人和字母

——腓尼基人是字母的發明者。

腓尼基人是猶太人的鄰居，同時也是閃族分支。很久很久以前他們便在地中海海岸居住，而且還建了兩座牢固的城堡，即：泰爾、西頓。他們用了極短的時間就將西部沿海的貿易牢牢掌控在手中。他們的船隊定期開往希臘、意大利以及西班牙做生意，有時候還會橫穿直布羅陀海峽，前往錫蘭群島進購錫金屬礦石。他們將自己在各個地方建立的交易地點叫作「殖民地」，現如今我們的大多數海港城市，基本上都是很早以前由腓尼基殖民地演變而來的，最著名的莫過於加的斯[1]以及馬賽。

[1] 加的斯，西班牙西南部濱海城市。

腓尼基商人

腓尼基將全部可以用來換錢的物品進行交易，而且良心上從來都不會不安。按照他們鄰居的話來講，腓尼基人根本不知道誠實和正直是什麼東西。他們一生的信仰是，只要能將錢包塞得鼓鼓的，就是作爲一位公民的榮耀。這樣的人生觀，令他們的朋友少得可憐。不過，他們卻爲人類的文明留下了最寶貴的遺產，拼音字母就是他們發明創造的。

腓尼基人很瞭解蘇美爾人的楔形文字，但是他們卻認爲那些亂七八糟的圖案既難看又複雜。作爲商人的他們，做任何事情都講究實用和效率，所以他們才不會浪費幾個小時的時間去描繪兩三個意義不大的符號文字。在利益的驅使下，他們發明出一種比楔形文字更加優秀的全新文字體系。他們從埃及人那裡拿來幾幅象形字的圖案，並簡化了蘇美爾人發明的楔形文字，通過整合後，文字漂亮的外形被捨棄了，但是繁雜的文字卻變成了22個簡練的字母。就這樣，文字更具多樣性而且更容易使用。

很久以後，這些字母通過愛琴海傳入了古希臘。古希臘人將自己發明的幾個字母安插了進去，隨後又將這些字母傳入了意大利。羅馬人對字母的外形作了簡單的修正之後，又教會了西歐的野蠻人如何使用。那些野蠻人便是現如今歐洲人的祖先。根據這些來看，這本書不僅沒有使用埃及人發明的象形字，也沒有使用蘇美爾人發明的楔形文字，而是使用了腓尼基人創造出來的拼音字母編輯完成的。

第十一章　印歐人

——屬於印歐族的波斯人征服了閃族和埃及。

在世界文明史上，埃及、巴比倫、亞述和腓尼基曾存在了將近三千年。可是時光飛逝，這些依靠著河谷而繁榮起來的古代民族，最終也都逐漸沒落了。伴隨著這些古老民族的逐漸消亡，有一支朝氣蓬勃的新興種族逐漸出現在人們眼中。我們稱這支民族爲「印歐族」，因爲他們不僅征服了英屬印度地區，同時還統治著整個歐洲大陸。

這些印歐人和閃族人雖然都是白種人，但是他們使用的語言卻截然不同的。印歐語言是除匈牙利語、芬蘭語和西班牙北部的巴斯克方言之外所有歐洲語言的母語。

當我們第一次聽說有關印歐族的事情時，他們已經在裡海沿岸生活了幾個世紀了。終於有一天，他們不再安定於沿岸的悠閒生活，而是想要走出家鄉去探索新的世界。他們有的人遷到了西亞的高山裡面，在伊朗高原四周的山峰上定居，被叫作雅利安人。其他的人向著太陽落下去的地方走去，橫跨整個歐洲平原並決定在那裡定居。這段歷史，你將在我講的希臘和羅馬的章節裡看到具體的解說。

現在，我們繼續從雅利安人的行跡說起。一部分雅利安人跟著他們的導師查拉圖斯特拉（又名瑣羅亞斯德）從高山裡的居住區搬離，順著印度河一路下去，一直走到大海邊才定居下來。

那些留在西亞群山沒有遷移的雅利安人，經過長期的發展而逐漸演化成了米底亞人和波斯人。古希臘史書最先記載了這兩個名字。早在公元前17世紀，米底亞人便建立了米底亞王國。居魯士（即居魯士二世，他建立了古波斯帝國。）是安善部落的首領，他封自己爲波斯國國王，在征服了米底亞王國之後開始向四周擴張，不久，他和他的子孫後代就征服了西亞和埃及的全部。印歐族的波斯人高大威猛，趁著打勝仗的聲勢一直向西進攻。然而在幾百年之前，已經有另外一支印歐部落統治了歐洲的希臘半島和愛琴海島嶼，隨後這兩支強大的隊伍便開始爭鬥起來。

這就是家喻戶曉的三次希波戰爭。波斯國王大流士和薛西斯也都曾對希臘半島發起過戰爭，都希望能夠以駐紮在這裡爲契機，從而獲得在整個歐洲大陸上的一席之地。

可惜的是，波斯人的進攻總是失敗。雅典的海軍也因此向世界宣告了他們的強大。雅典的水兵們每次都能特別巧妙地截斷波斯軍隊的供應站線，讓他們被迫退回到自己的亞洲老家。亞洲和歐洲歷史上第一次眞正的交戰便是希波戰爭，其中一方是經驗豐富的老者，一方卻是剛剛成年的小夥子。在這本書的其他章節裡面，我們可以經常看到雙方之間斷斷續續的戰爭。

第十二章　愛琴海文明

——愛琴海人將古老的亞洲文明帶到了尚處在野蠻狀態中的歐洲。

海因里希・施利曼❶小時候最喜歡做的事情，就是聽父親講述特洛伊的故事。當時他就下定決心，等他長大了一定要去希臘尋覓特伊洛的遺址。施利曼的父親是德國梅克倫堡州一個貧困的鄉村牧師，但他並不過分看重自己的身世。去尋覓特洛伊需要大量的花銷，所以他開始拚命地掙錢，而後又向考古發展。幸運的是，他在很短的時間內就掙到了能讓他建立起一支專業探險隊的錢。於是他就信心滿滿地開始了這次探險。他帶領著探險隊向小亞細亞的

❶ 海因里希・施利曼，德國考古學家，邁錫尼文明遺址和古希臘特洛伊城遺址發現者。

特洛伊木馬

西北角進發，因爲他堅信那裡便是故事中的特洛伊古城。

在小亞細亞，施利曼發現了一座小丘，上面長滿了雜亂的野草。傳說，那便是埋葬普里阿摩斯❷的特洛伊城的所在。施利曼瞬間熱血沸騰起來，在沒有對這座小丘進行任何考察的情況下便開始挖掘了。這股熱情促使他奮力挖掘，很快他挖的壕溝就徑直穿過了他尋覓的特洛伊古城，就這樣，深深埋藏在地底的另一座城市廢墟呈現了出來，這座城市可是比《荷馬史詩》中描述的特洛伊城還要古老一千年。然後發生了一件很有趣的事情：假如施利曼只發現了幾把磨光了的石錘或幾個做工粗糙的陶器，並不會引起人們的驚詫，可能人們通過這些物品聯想到比古希臘人還要早得多的史前人類。然而施利曼找到的並不是那麼簡單的東西，恰恰相反，那都是一些精緻美麗的雕像、貴重罕見的珠寶和有著希臘獨特風格圖形的花瓶。施利曼由此做出了大膽的推測：在特洛伊戰爭開戰前一千年的時候，愛琴海沿岸就曾居住著某個神祕莫測的種族，而且他們早就進入高度文明時代，在很大程度上趕超了古希臘文明——極可能是希臘人入侵之後，降服了他們的部落，滅盡或融合了屬於他們的文明。後來，科學研究人員對施利曼的推測也表示贊同。19世紀70年代末，施利曼又對這座邁錫尼城❸的古老遺址進行了考察，在一道小圓圍牆裡的石板底下，他

❷ 普里阿摩斯，特洛亞戰爭時期在任的特洛伊國王。

❸ 邁錫尼城，位於伯羅奔尼撒半島，其文明屬於愛琴文明。

再次發現了令人驚訝的埋藏於地下的奇特寶物，這依舊是那些比希臘人早一千年的神祕部落的人留下來的。邁錫尼人在希臘的沿海地區構建了很多的城市，他們築造的城牆非常高大且非常堅固，古希臘人尊稱這些建築為「泰坦之神作」——泰坦即遠古時期古希臘傳說中喜歡把山峰當作小球玩的巨神。

考古學家經過不斷探索，終於揭開了這些傳說的神祕面紗。這些早期藝術品的製造者和這些穩固城堡的建造者並不是什麼有魔法的神人，而是生活在克里特島和愛琴海諸島上普普通通的水手和商人。他們用勤勞的雙手把愛琴海創建成了一個商業貿易中心，讓高度發達的東方文明世界與發展緩慢的歐洲荒原之間開始了以物易物的商業交流。

位於阿爾戈利斯的邁錫尼

一千多年間，這個海濱國家的建築技藝一直在高速發展。他們最重要的城市是克諾索斯，建築在克里特島北部海岸，就其衛生設施和適宜居住的環境來說，比起現代城市的建設都毫不遜色。克諾索斯王宮裡有著非常縝密的排水設施，普通住房裡也配有火爐，這裡還最早出現了使用浴缸的情況，並且已經十分普及。克里特王宮中螺旋式樓梯和寬闊的會堂都非常著名，在宮室的下層還建有一個巨大的貯存葡萄酒、食物和橄欖汁的地宮。最早到達這裡的古希臘人在看到這個迷宮的時候，瞠目結舌，因此就有了克里特「迷宮」的傳說故事。「迷宮」是我們對於通道煩瑣複雜的建築的統稱，它們經常會讓旅客在這些閉塞的建築裡找不到方向。

然而到了後來，這個繁榮的愛琴島竟然在旦夕之間全部覆滅，期間到底發生了什麼，目前爲止我們還沒有弄清楚。

克里特人有著較完備的文字體系，可是迄今爲止我們還是無法破解已經出土的克里特碑文，因而我們無法依據這些文字來揭開他們詭秘的歷史情況，唯一的辦法就是通過愛琴海沿岸殘留的遺跡來想像當初到底發生了什麼。這些遺跡說明，愛琴海文明是遭到蠻橫的歐洲北部民族的入侵才毀於一旦的。如果我們的推測是正確的，那麼克里特人和愛琴海文明就是被那些蠻橫的古希臘人——剛剛侵占了位於亞得里亞海與愛琴海中間的岩礁半島的游牧民族摧毀的。

愛琴海

第十三章　古希臘人

——在愛琴文明正在蓬勃發展時，印歐族的赫愣人進入了希臘半島，並將其據為己有。

當金字塔經歷了時光的洗禮逐漸走向陳舊，當古巴比倫的國王漢謨拉比沉眠於大地已六百年，這時，一支人口稀少的游牧部落爲了尋找新的牧區，離開了多瑙河畔的家園，開始向南方行進。他們把自己稱作赫愣人❶，這是以丟卡利翁❷和皮拉的兒子赫愣的名字命名的。在他們的神話傳說中，有這樣一個故事：很多年以前，人類突然變得邪惡起來，這讓宙斯——奧林匹斯山的衆神之王惱怒異常，他發洪水把人世給沖毀了，丟卡利翁和皮拉夫婦是世間僅存的兩個人。

至於早期赫愣人發生了什麼事情，我們很難去一探究竟。修昔底德是古代世界最偉大的歷史

❶古希臘人的祖先。

❷古希臘傳說中的神，大神普羅米修斯之子。

希臘半島上的愛琴海人城堡

眾神居住的奧林匹斯山

學家之一，他的觀點是，他的這些祖先並沒有什麼值得著重講述的歷史成就。我們能夠知道的，就是赫愣人無比野蠻，幾乎與野獸無異。他們總是非常殘忍地對待敵人，經常把敵人的屍體扔給牧羊犬吃。他們蠻不講理，經常去侵犯住在希臘半島的原住居民佩拉斯吉人，燒殺搶掠、無惡不作。在赫愣人進攻薩利和伯羅奔尼撒山區時，亞加亞人曾經助他們一臂之力，而且作戰非常勇猛，赫愣人就專門作了歌曲，對他們的英勇事蹟進行吹捧。

有時候，赫愣人也會從高聳的石頭山上遙望屬於愛琴海人的城堡。但是他們卻不敢輕易地去攻占這些城堡，因爲他們對愛琴海人的金屬兵器心生畏懼。他們很清楚，憑藉自己這些簡陋的石斧，想要從裝備優良的愛琴海人那裡占便宜簡直是痴心妄想。

幾個世紀之間，他們就在一個又一個的谷地和山坡裡遊走、征戰，直至用野蠻的方式把整個島都占領之後，才結束了他們的游牧生活，開始安定下來。

至此，古希臘文明開始發端。原本的古希臘農民，搖身變成了愛

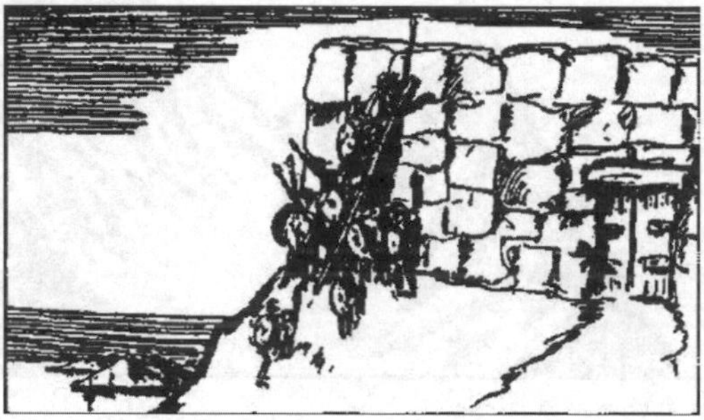

赫愣人占領愛琴海人的城市

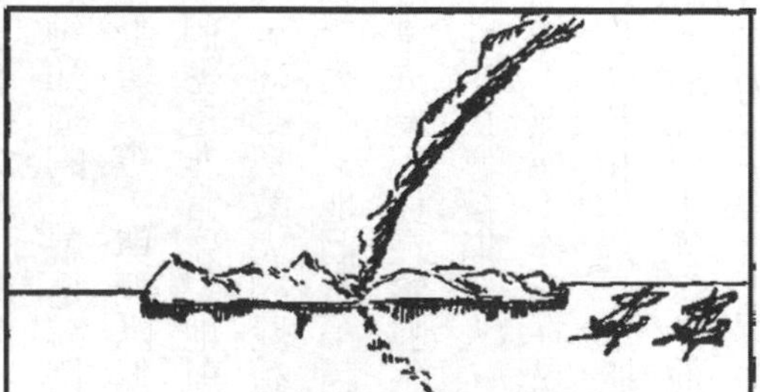

克諾索斯的覆滅

琴海人的鄰居。有一天，他們實在按捺不住好奇心，就前去拜訪那些看起來十分孤傲的愛琴海人。從這些居住在邁錫尼和泰倫斯高牆後面的奇人那裡，他們學會了很多切實可行的知識。作爲學生，他們可以說非常合格。一開始，愛琴海人從巴比倫和底比斯學來了製造和利用鐵器。現在，愛琴海人把這些技術傳授給了他們。慢慢地，他們又學會了如何航海，並嘗試著駕駛著自己的船隻出海遠行。

但是，這些人把全部有用的技能都掌握了之後，就開始恩將仇報，用愛琴海人教他們製作的武器裝備，把愛琴海人又驅趕回了愛琴海島嶼。之後，他們又駕船去攻打愛琴海島嶼。公元前15世紀，赫愣人對克諾索斯城進行了掃蕩。就這樣，赫愣人在成功登上歷史舞台一千年後，最終主宰了整個希臘、愛琴海和小亞細亞沿岸。公元前11世紀，赫愣人成功占領了特洛伊，這屬於古代文明的最後一個商業貿易中心。於是，歐洲文明的歷史大門正式開啓。

第十四章　古希臘的城邦

——古希臘的城邦就是各自獨立的國家。

現在的人們都很喜歡「大」，都以「大」爲榮。我們總爲能夠住在擁有「最大」的海上軍隊並出產「最大」的橙子和土豆的「最大」的國家而感到驕傲。我們喜歡生活在擁有百萬人口的繁榮大城市裡，甚至連墓地都想挑一個「最大」的。

古希臘人如果知道我們現代人的這些想法，肯定會認爲我們瘋了。他們追求的是一種「適度」的生活原則，對數量、規模沒有嚴格的要求。古希臘人對這種適度的追求不是光說不做，而是融合在了生活的每一個細節之中。他們的文學作品、精妙絕倫的建築物和穿戴都體現著適度的原則，連人們最喜歡的戲劇也是這樣——若哪個劇作家違背了適度原則甚至創作出了一些低俗的戲劇畫面，那他必定會受到觀衆的厭惡。古希臘的政治家與運動員也被人們嚴格要求要遵守適度原則。曾經有一位強悍的長跑選手來到斯巴達城，吹噓自己單腳站立的時間會比任何一個希臘人站得都久。希臘人對此不屑一顧，並把他趕出了斯巴達。要知道，誰能比一隻平凡的鵝單腳站立得更久呢？

也許你會想說：「適度與節制是一種美德。但為什麼在古代世界中，只有古希臘人培育並發展了這種美德？」很顯然，這個問題的答案涉及了古希臘人的生活方式。

埃及或兩河流域的平民都被稱為神祕主宰者的「臣民」，這位至高無上的主宰者總是住在離平民百姓很遙遠的、護衛森嚴的宮殿裡，有的人甚至一輩子也見不到他。古希臘有上百個小型的自由城邦，這裡的人們被稱為「自由國民」，但人口數量最多的城邦也就和當代的一個小村落差不多。當一個烏爾農民說自己是巴比倫人時，也就暗示了他是許許多多個向西亞國王納貢者中的一個。當古希臘人驕傲地說自己是雅典人或者是忒拜人時，那他所提及的那個地方便是他的家園，也是他的國家。古希臘城邦沒有統治者，事情都由百姓做決定。

對古希臘人來說，祖國是他出生的地方，是他在雅典城的牆廊下與小夥伴們玩捉迷藏、度過歡樂童年的地方，是他父母安息的聖地，也是高大城牆內他與妻子兒女快樂生活的場所。毫無疑問，人們在這種環境下所養成的思想言行肯定與其他地方的人是不一樣的。巴比倫人、亞述人和埃及人是他們各自國家中的滄海一粟，而古希臘人與周圍環境、他人有著直接的密切接觸。每一個人都彼此熟悉而且都是這小城邦裡的一分子，他能察覺到他那些聰敏的鄰居時刻在注視著他。不論他幹什麼事情，如寫戲劇、雕刻大理石塑像，甚至是譜什麼曲寫什麼詞，他知道他的努力成果會被鄉人鄰居以專業的眼光來評價。在這種意識之下，任何事情他都是力求做到最好。自小接受的教育讓他清楚地知道，如果缺乏節制的品格，那結果就是離公衆要求的完美漸行漸遠。

在這種嚴格環境的鍛鍊下，古希臘人取得了卓越的人類文明成就，前無古人，後無來者。他們創立了新的政治管理制度、新文學樣式與典範的現代藝術理念，讓後代人讚歎不已。他們的城市雖然只相當於現代城市的四、五個小街區，但他們卻在這種環境下創造了奇蹟。

後來又變成什麼樣了呢？

公元前4世紀，整個文明世界被馬其頓的亞歷山大大帝所征服。戰爭剛剛停息，他就急不可耐地要把眞正的古希臘精神傳遞給他的臣民。他把古希臘精神從彈丸之地帶到了新征服的遼闊帝國，使之發光發熱。可古希臘人一旦遠離了他們常見的廟宇，遠離了熟悉的故鄉風情，那美妙的均衡感和那卓越的適度精神也隨之銷聲匿跡。他們變成了平凡的工人，只能造一些粗製濫造的產品。當古希臘城邦喪失獨立自由的地位，淪爲強國的附屬品之時，便是古希臘精神的消亡之日了。

第十五章　古希臘人的自治

——古希臘人邁出了自治的第一步，儘管異常艱難。

早先的古希臘人在財產上的貧富差距並不大，每個人擁有的牛羊在數量上都相差無幾，並且每個人都有一個屬於自己的小土屋，可以自由出入。當有公共事務需要大家商討的時候，所有的村民都會聚集到市場上參與討論。村民們通常會推選出一位民意最高的主事，以此來保證每個人都可以有機會來表達自己的想法。如果遭遇外來侵略，人們就會推選出一位強壯且勇敢的男子來指揮軍隊，而給他統領權的民眾，也一樣有在戰後免去他軍事領導權的權力。

慢慢地，原來的小村莊變成了初具規模的小城鎮，這時差距就顯現出來了，有人一輩子都在忙忙碌碌辛勤工作，有人卻庸庸碌碌好逸惡勞，有人善良真誠卻頻遭災禍，有人則通過詐騙他人來斂取

希臘城邦

財富。於是城邦裡市民的貧富差距出現了，他們中有的人越來越富有，有的人卻越來越貧窮。

這時，另一件事情也悄然在變。以前那些憑藉自己的能力被民衆推選出來的軍事領導人消失了，取代他們的是貴族，就是那些在社會貧富差距逐漸增大時取得了大量土地和財富的暴發戶。貴族擁有很多普通民衆無法擁有的權利：他們可以去地中海東部的市場上購買結實銳利的武器；可以利用很多時間來練習使用武裝器械；可以住在牢固的城堡裡，僱用他人爲自己打仗。他們爲了爭奪城邦的統治權不斷鬥爭，一方勝利了，其他的貴族就要接受獲勝方的號令，直到哪一天又有一位狼子野心的貴族把他驅逐甚至殺死爲止。

這種靠軍隊打仗來攫取城邦領導權的貴族，就是所謂的「僭主」。

公元前7世紀到公元前6世紀，這種僭主領導制幾乎遍及了每個古希臘城邦。儘管他們中一部分人確實有些領導能力，可是時間長了，最終大家還是忍無可忍。於是大家聚集在一起，開始討論關於變革的事情，由此誕生了世界上最早的民主制度。

公元前7世紀初，古老的僭主制被雅典人廢除，於是，更多的自由公民獲得了管理城邦的權力——從前他們的祖先亞加亞人也曾享有過這種權力。民衆推選了一位名叫德古拉的公民，來制定一部法律，目的是幫助窮人免受有錢人的壓榨。令人惋惜的是，德古拉是一名專業律師，並不瞭解民衆生活。他主張犯了罪就應該受到懲罰，不管輕重緩急，都要一刀切。他的立法工作一完成，雅典人民就發覺他制定的法律條例太過苛刻，根本無法施行。按照德古拉的法律條文規定，偷個蘋果也要被處死，如果眞的實施了這部法律，那可能連處死罪犯的繩子都不夠用了。

雅典人急切地想要尋找到一位更加宅心仁厚的法律制定者，功夫不負有心人，最終他們找到了最合適的人選梭倫（雅典執政官，生活在公元前六世紀初。制定了第一部具有民主思想的法典）。梭倫不僅有高貴的出身，以前還拜訪過很多國家，甚至曾研究過各個國家的政治體制。於是在深入瞭解之後，梭倫爲雅典人民寫出了一部完全適合古希臘人「適度」原則的法律。這部法律不僅最大限度地改變了窮人的生活境況，而且還注意維護了貴族的利益——畢竟在戰亂時期，窮人們還是要依賴貴族擔負起重要責任的。因爲法官沒有工資可拿，所以一般來說擔任法官的也都是貴族。爲了避免窮人遭受貴族法官瀆職的迫害，梭倫特別進行了規定，如果有民衆對法官的裁決有意見，可以向由30位雅典公民組成的陪審團提出上訴。

梭倫法典的主要意義是，它促使每一位雅典公民都關注城邦事務，並參與其中。這樣他們就沒有理由待在家裡去推卸社會責任：「哦，今天我確實是沒有時間！」或是「你看今天天氣不好，我今天還是不出門了！」城邦的每一位民衆都應承擔起自己的責任，積極參加大衆議會，爲整個社會的穩定發展做出貢獻。

所有「民衆」一起打理公務的時候，肯定會有很多的閒聊和空話，肯定很難成功；同時有些人也肯定會爲了個人利益，在議事時互相抨擊或無理取鬧。但是民主制度還是給了雅典人民自主寬鬆的生活空間，讓他們可以憑藉自己的能力去自由生活，這肯定是它最棒的成果了。

第十六章　古希臘人的生活

——古希臘人是如何生活的。

你肯定會有疑問，一直在忙於參與社會公衆事務的古希臘人，是怎麼抽出時間來顧全家庭和生活的？這一章的文字或許可以解答你的疑惑。

古希臘民主制曾規定，管理城邦的權力只屬於自由公民。可是每個古希臘城邦裡的自由公民均只占一小部分，其他大部分卻都是奴隸和外來人。

只有在兩國開戰需要更多軍人等爲數不多的情況下，公民權才會被古希臘人短暫地給予那些「粗魯」的外來人。公民的自由身分是依據血統來定的，假使你有幸成爲一名雅典公民，那全依賴於你祖輩和父輩雅典公民的身分。但是你的雙親若都不是雅典公民，即使你是一位特別有作爲的生意人或是戰功赫赫的將士，你這一生依然只可以成爲一個沒有城邦管理權的外鄉人。

自從古希臘城邦不再受僭主的壓迫後，就開始實行民主制度，爲自由公民爭取福利。雅典城裡奴隸與公民的比例是5：1，甚至是6：1。這些奴隸每天都忙碌著爲自由公民打理工做事宜和操持家務。就我們這些當代人來說，要做好這些涌常也會用掉全部的時間和精力。因此可以說，沒有了奴隸，城邦根本無法正常運轉。

城邦內的廚子、糕點師和蠟燭匠人都是由奴隸充當，就連理髮師、木匠、珠寶匠、教師和圖書管理員也是。他們負責守著僱主的生意，讓僱主可以無後顧之憂地在城邦會議上爭論戰與和的重要問題，又或是能放心地到劇場欣賞埃斯庫羅斯❶新寫的悲劇，或者是去和大部隊共同聲討敢對宙斯產生懷疑和不敬思想的歐里庇德斯❷。

雅典的上流社會和現今的俱樂部有異曲同工之處，自由公民就像是俱樂部裡的會員，奴隸則充當固定的服務員，需要根據自由公民的要求提供服務。因此只有成爲俱樂部的會員，才可以得到服務。

這裡所提的奴隸自然和《湯姆叔叔的小屋》❸裡生活困苦、地位低下、一窮二白的奴隸不同。當然古希臘的奴隸也要耕種田地，工作的確特別辛苦。另外也有一些家境普通的自由公民迫

---

❶ 埃斯庫羅斯，古希臘悲劇作家，代表作有《被縛的普羅米修斯》。

❷ 歐里庇得斯，古希臘悲劇作家，一生的作品將近一百部，與索福克勒斯和埃斯庫羅斯並稱爲「希臘三大悲劇大師」。

❸ 《湯姆叔叔的小屋》，一部反對奴隸制的小說，作者是美國作家斯托夫人。

於生計，也要給貴族打工。有時候雅典的一些奴隸比大部分生活在最底層的自由公民還要有錢。由於古希臘人都追求適度原則和克制自我，所以絕不會用羅馬人的方式對待奴隸——羅馬奴隸的人身權利爲零，他們被視爲做工的工具，出了問題就會被直接扔進鬥獸場餵野獸。

古希臘城邦制度的發展離不開奴隸制度，這是古希臘城邦文明發展的重要保證。

奴隸們還和如今的商人或者專業技工一樣，承擔著一些工作。現代人總是爲家務發愁，覺得它占用的時間太多了，而希臘人則不同，他們會把用來做家務的時間儘力壓縮，因爲他們對生活並沒有很高的要求，只要悠閒舒適就可以了。

寺廟

希臘人居住的房屋十分簡樸，即便是有錢的貴族，也會住在土房子裡。在他們的土屋中，是絕對找不到現代人認爲應該享受的各種舒適條件的。他們的土屋非常簡單，只有四面土牆加一個屋頂，有一扇大門通往街道，不過沒有窗戶。廚房、客廳和臥室圍繞著一個露天的庭院，院子裡通常會有一個小噴泉，讓環境變得寬敞明亮，也可能有一些雕塑和植物。如果天氣晴朗，大家都會喜歡聚集在院子裡：在院子的一個角落裡，奴隸廚師爲大家烹飪美味佳餚；在院子的另一個角落裡，奴隸教師在教孩子們背誦字母和乘法口訣；在院子的一端，女主人帶著女奴隸裁縫，一起縫補男主人的外衣。在古希臘，女主人一般不出門，否則會引起別人議論紛紛。在隔壁的辦公室，農莊的奴隸主剛剛把賬本送來，男主人正在仔細對賬。

飯菜做好之後，一家人就會圍坐在一起吃飯。飯菜都比較簡單，用不了多長時間就能吃完。現代人會將吃飯當成休閒或者娛樂，而古希臘人卻把吃飯當成不可避免的事情。他們的主食是面包和葡萄酒，有時候也有一點肉和蔬菜。在他們看來，喝水對身體不利，所以只在實在沒有葡萄酒可喝時，他們才會喝點水。有時候他們也會邀請朋友一起吃飯，但是絕對不會出現現代人的大吃大喝的情況，這會讓他們反感。他們的聚會主要是爲了交談，一般不會縱情吃喝。

古希臘人的衣著也非常儉樸。他們愛乾淨，頭髮和鬍鬚都梳理得非常整齊。他們喜歡運動，經常出現在運動場上。與亞洲人的追求時髦不一樣，他們平時只穿一件白袍，看起來就像現代的意大利軍官，十分氣派。

當然，他們也很喜歡自己的妻子佩戴一點首飾，但是從來不會在公共場合炫耀。就算女人偶爾外出，打扮也很簡單。

總之，古希臘人的生活不但節制，而且非常儉樸。他們認爲，椅子、桌子、書籍、房子、馬車都需要花費大量時間來照顧，非常浪費時間，占有它們的人最終會淪爲它們的奴隸。古希臘人所追求的，就是精神上的自由，相比而言，物質追求不但不重要，反而會成爲拖累。

第十七章 古希臘人的戲劇

——戲劇作為人類第一種大衆娛樂形式的起源。

很早之前，收集和編寫民歌是古希臘人用來歌頌他們偉大的祖先的方式。古希臘人的祖先把佩拉斯吉人驅逐出希臘半島的英勇事蹟和占領特洛伊城的赫赫戰功，都是編寫這早期民歌的經典素材。行吟詩人在街道上唱詠，居民紛紛從家裡跑出來聽，成了這些民歌最初的演唱形式。但是，這些最初被傳唱的民歌並沒有發展成現代人生活中不可缺少的戲劇。戲劇的由來非常獨特，這需要用專門的一章來講解。

希臘人尤其喜愛遊行，所以每年向酒神狄俄尼索斯祝禱的遊行，他們都會大肆張羅熱熱鬧鬧地操辦。酒神的受歡迎程度從他們對葡萄酒的喜愛中就可見一斑。他們認爲水只會讓游泳者或者海上航行的人受益。

相傳，酒神居住在一處葡萄園裡，和一群名爲薩提爾的半人半羊的奇怪動物一起生活。正因爲如此，在身上披上羊皮，模仿山羊叫是參加遊行的人們的必要裝扮。山羊歌手之所以被寫作

「tragos-oidos」，就是將古希臘語裡山羊「tragos」一詞和歌手「oidos」一詞組合了而已，而後來又衍生出了悲劇一詞「tragedy」。如果只從戲劇的立場討論，悲劇是指結局悽慘不幸的戲，它不同於歌頌歡樂事情的喜劇「comos」，後者總會有一個圓滿結局。

你或許會有疑問，這些山羊歌手的雜亂歌聲是如何發展成了享譽千古的高尚悲劇的呢？實際上，由山羊歌手發展爲《哈姆雷特》的過程並不繁雜。你們且聽我娓娓道來。

最初，觀衆們被山羊歌手的咩咩叫聲吸引，站在路邊圍觀嬉笑。幾次之後，人們便失去了觀看的興趣。古希臘人認爲僅次於醜陋、疾病的事情就是簡單乏味，因此，他們迫切希望能有一種更加生動有意思的表演來替代這種無聊單純的山羊叫聲。

後來，一個有趣的主意誕生了，它是被一位來自阿提卡地區伊卡利亞村的聰明青年提出來的，並獲得了大家的認可。在他的安排下，羊人合唱隊的一位成員走出隊伍，站在隊伍前面，開始和遊行隊伍前排吹奏牧神潘之笛的樂隊領隊進行對話。這位合唱隊隊員被允許走出隊伍，揮舞雙手做出手勢並且大聲說話。（也就是說，當別人在唱歌時，他負責「表演」）。他大聲地問完問題後，樂隊領隊就會依據作家寫在莎草紙上的答案回答問題。

這類簡單的對話一般是以講述酒神狄俄尼索斯或者其他神祇的故事爲主，這種形式一經推出就獲得了大衆的喜愛。從此之後，這樣的「表演」在每年酒神節的遊行中都會固定出現。不久之後，「表演」在群衆心中的地位已經高於遊行和咩咩叫了。

古希臘最偉大的悲劇詩人是埃斯庫羅斯，他於公元前五二六年出生，到公元前四五五年去世。在這漫長的71年中，他一共寫了80多部悲劇。他還提出了將「演員」數量從一個增加爲兩個的想法，這無疑是對之前表演的大膽改革。而將演員的數量增加到三個的想法則是由下一屆悲劇詩人索福克勒斯提出的。到了公元前5世紀中期時，演員的數量已經發展到可以由劇作家任意選擇了，此時正是歐里庇得斯在創作他那些令人震撼的悲劇的時候。後來，到了天下的人民，甚至奧林匹斯山上的衆神，都被阿里斯托芬（古希臘戲劇作家，被譽爲「喜劇之父」）創作的喜劇所嘲笑時，那時的舞台表演已經出現了隊形的編排，合唱隊就被排在主要演員的身後，當前台的主人公犯下瀆神的大罪時，他們會一起大聲歌唱：「看這個可怕的世界啊！」

這種新戲劇的形式需要更加恰當的舞台。沒過多久，每一個古希臘城邦都在附近山裡的崖壁上開鑿建造起了新劇場。劇場的樂池類似一個寬敞的圓圈，台下的觀衆們可以坐在木凳上觀看表演。舞台就在這個圓圈裡面的半圓形場地裡，演員和合唱隊就在此演出戲劇。他們身後的帳篷是用來給演員們化裝的。演員們戴上刻有不同表情的黏土面具來顯示所扮演的角色的情緒變化，即是化裝。古希臘文中「skene」就是帳篷的意思，「舞台佈景」（scenery）這個詞就是由此得來。

慢慢地，觀看悲劇逐漸演變成了古希臘人生活中的不可缺少的一部分，人們開始以嚴肅的態度對待它，人們去劇場也不再是簡單地想要放鬆和娛樂。在古希臘人眼中，新劇上演的重要性堪比選舉，成功的戲劇詩人所獲得的讚美將會超過戰功纍纍的軍事將領。

第十八章　希波戰爭

——在歐亞戰爭中，古希臘獲得了勝利，將愛琴海上的波斯人趕走了。

腓尼基人的徒弟愛琴海人教會了古希臘人做商貿的很多小竅門。通過學來的方式，古希臘人建起了很多和腓尼基相同模式的殖民地。並且，通過創新營業模式，他們可以運用大量的貨幣與外國人做生意。

早在公元前6世紀，古希臘人就已經奪走了腓尼基人的絕大多數生意，從而在小亞細亞沿岸有了自己的穩定根基。腓尼基人對此滿懷怨言，可是當時的他們並沒有能力，也沒有勇氣去訓斥古希臘人。無奈，他們也只能默默忍下這口氣，期待有一天可以爲自己報仇。

在我們這本書前面的一章中我曾經說過，一支規模較小的波斯游牧部落向四周發起進攻，並且在極短的時間內就征服了西亞的絕大多數土地。這些還稱得上文雅的波斯人，答應被征服地區的大臣們，只要他們可以每年都準時進貢就不會對他們下毒手。然而，波斯人抵達小亞細亞海濱時，也同時強制呂底亞地區的希臘殖民地人民視波斯國王爲他們的主人，並和西亞絕大多數地區一樣，按照波斯國王的要求向波斯國準時進貢。固執的希臘殖民地人民堅決不同意波斯人的要求，而波斯人也堅決不肯鬆口。但是這些古希臘人並沒有能力與波斯人直接對抗，於是走投無路的他們只能通過向愛琴海對面的宗主國求救來保護自己。因此，希波戰爭由此拉開序幕。

假設歷史的記載是準確無誤的，那麼我們很容易就可以瞭解到，曾經的每一位波斯國王都認爲古希臘的城邦制度是一種帶有太大風險的政治制度，這種政治制度很有可能會被其他民族借鑑引用。而波斯國王的心願，當然是希望這些民族能一直做他的奴隸。

安居在水勢騰湧的愛琴海對岸的希臘國家，藉助地理優勢安全地生存著。可是，恰在此時，腓尼基人站出來明確表示，他們願意協助波斯人對抗他們共同的敵人——古希臘人。因此，波斯人與腓尼基人一同簽訂協議，並協商由波斯人出兵對抗古希臘人，腓尼基人則肩負著供應波斯軍隊橫渡愛琴海的船隻的重任。在公元前四九二年，亞洲的軍隊已經做好一切準備，爭取一次性就打敗歐洲的軍隊。

在戰爭開始之前，波斯國王就已經下了最後通牒，他派使者傳話，只要古希臘人同意給波斯「土和水」，他便默認爲這就是希臘人認波斯爲王的貢品。可是，希臘人並沒有接受，反而在談笑間就把這位使者扔進了水井裡面，並解釋爲水井裡面有波斯人想要的「土與水」，從此，戰爭便開始了。

賢明的奧林匹斯的所有山神們也努力保護著自己的兒女們。當滿載著波斯士兵的腓尼基船隊駛過阿瑟斯山時，風暴之神氣勢洶洶地舞動起颶風，將整個亞洲人的船隊全部淹沒，使得所有波斯士兵無一生還。

兩年之後，波斯人再一次發起進攻，這一次他們安全地渡過了愛琴海，並且在希臘半島馬拉松村附近地區順利上岸。收到情報之後，雅典人立即派了十萬大軍防守馬拉松平原，並挑選一名勇士求助於斯巴達。無奈，一向嫉恨雅典的斯巴達人拒絕出兵，並且希臘其他的城邦也紛紛效仿斯巴達的做法，最後只剩下一個力量特別小的普拉提亞城邦願意出手相助，不過也只是派了一千名士兵而已。

在公元前四九〇年9月12日，米太亞得帶領著他的雅典勇士，憑藉手中的長矛突破了波斯人設下的箭陣，在敵我力量懸殊的情況下，米太亞得把號稱無人能敵的波斯部隊打敗了。

在開戰的當天晚上，急切渴望能收到前線戰況的雅典市民們，呆呆地望著被戰火映照成紅色的天空。最後，雅典的長跑能手費迪皮迪茲終於帶著團團塵土從通往北方的道路上趕過來了。

這位偉大的英雄努力朝著自己的目標前進，可是當他看到目的地時卻再也沒了力氣，勞累過度的他已經難以堅持下去了。不久前，是他翻山涉水，跑到遙遠的斯巴達求救，遭到拒絕之後，他又急忙趕回來參加戰爭，在戰爭獲得勝利的那一刻，他又強烈要求一定要自己親自把勝利的消息傳達給他心心唸唸的地方。當雅典人民看到他時，他已經沒了力氣，倒在了地上。看到急忙跑過去並將他扶起的大家，他拼盡全力說出「我們勝利了」，之後便閉上了眼睛，死在了親人的懷裡。這位光榮的烈士得到了所有人的敬重❶。

波斯人慘敗之後，妄圖再一次在雅典附近登陸，然而當看到雅典人在海岸線上設立的重重駐兵之後，他們只能放棄計劃，偷偷地跑回了亞洲。從此，希臘恢復了從前的安寧。

在此之後的八年時間裡，波斯人一直在努力增強兵力，試圖尋找機會再一次向希臘發起進攻，希臘人也不敢放鬆警惕。他們知道，波斯人很快就會與自己決一死戰。新的危機即將開始，但對於如何應對這一危機，希臘人內部卻起了分歧。有的人看重陸軍，認為應該積極擴大陸軍的實力；然而有的人則認為只有海軍變得強大，才能從根本上解決問題。以阿里斯提得斯為首的人主張擴大陸軍實力，泰米斯托克利❷則是加強海軍的代表。這兩隊人為此爭論不休，最後因為阿里斯提得斯的流放，爭執才宣告結束。泰米斯托克利也趁機一心一意地製造戰船，同時也建立了特別牢固的比雷埃夫斯港作為雅典的海軍基地。

公元前四八一年，波斯的軍隊終於在塞薩利❸帶著全新的裝備露面了，在這個決定整個希臘生死存亡的關鍵時刻，希臘盟軍把軍事力量特別強大的斯巴達推舉為聯軍盟主。然而斯巴達人眼

---

❶ 為了表示對費迪皮迪茲的紀念，古希臘人在第一屆奧林匹克運動會中加入了馬拉松長跑比賽。

❷ 泰米斯托克利，古代雅典海軍將領，後來投靠了波斯人。

❸ 塞薩利，古希臘北部省份。

裡只有他們自己的安全，對北部的軍事佈局一點兒也不放在心上。

斯巴達只派出了一支隊伍，就是列奧尼達❹帶領的一支小部隊，他們負責守住連接塞薩利和南部各省的交通要道。這條交通要道在高山和大海之間夾存，是一條險要的關隘。列奧尼達帶著他的士兵們努力守護這條關隘，但沒想到隊伍之間卻出現了一個叛徒——埃菲阿爾特斯。埃菲阿爾特斯帶領一支隊伍通過馬里斯附近的小路，從後面包圍了列奧尼達的部隊。雙方因此展開激烈的戰鬥，戰爭一直持續到深夜。最終，列奧尼達與他的隊友們在溫泉關口全部壯烈犧牲。

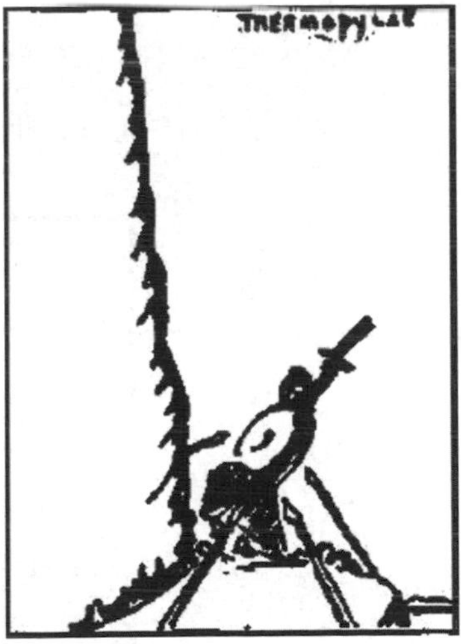

溫泉關

險要關隘失守後，波斯軍隊也因此進入了希臘平原。不久，希臘的很多土地都被波斯侵占。當波斯人也非常順利地侵入雅典之後，交戰成功的他們把整個雅典衛城燒成了平地。有倖存活下來的雅典人見勢不妙，倉促地逃跑到薩拉米島。從表面上看，雅典再也沒有復興的機會了。然而

❹列奧尼達，古希臘斯巴達國王，帶領古希臘人民抗擊波斯。

在公元前四八〇年9月20日的那天，由泰米斯托克利帶領的雅典海軍出現了，機智的雅典人把波斯艦隊引到大陸與薩拉米島之間的狹長海面。激戰數小時之後，波斯四分之三的艦隊被擊垮，從而扭轉了雅典的敗局。

通過這場戰爭，雅典人重新奪回了溫泉關口，波斯國王薛西斯不得不帶著他的部隊回到塞薩利地區。波斯與希臘的戰爭也只能延遲到未知的某年。

斯巴達人也從這場戰爭中認清了局面的危險性。因此他們搬離了早期建在科林斯地峽[5]上的堅固城牆。斯巴達人派出他們的勇士帕薩尼亞斯親自帶領軍隊，向馬爾東帶領的波斯軍隊進攻。另外，分佈於雅典12個城邦的10萬大軍聚集在普拉提亞附近，主動向波斯的30萬大軍發起進攻。這一次進攻，與之前的馬拉松平原戰爭一樣，希臘的步兵占據優勢，他們的重兵器又一次破壞了敵軍設下的箭陣。慘敗的波斯軍隊落荒而逃。當步兵在普拉提亞大戰獲得成功的同時，雅典的海軍也同時將波斯的全

波斯人火燒希臘

[5] 科林斯地峽，位於希臘南部。

部艦隊徹底擊垮在小亞細亞附近的米卡爾海角。

終於，亞歐的第一次戰爭到此結束了，雅典人獲得了數不盡的榮耀，斯巴達人也因爲這場戰役中英勇的作戰行爲而聲名遠播。從大局考慮，假設斯巴達人和雅典人能夠聯手建設自己的國家，那麼他們大概會建立一個統一而強大的希臘共和國。

然而，現實往往如此冷漠，勝利的激情過後，這兩個來自希臘的頂級領袖就這樣毫無作爲，白白地把這個機會給錯過了。

第十九章　雅典和斯巴達

——為了爭奪希臘世界的領導權，雅典和斯巴達展開了曠日持久的戰爭，為此，希臘人遭遇了巨大的災難。

眾所周知，雅典和斯巴達都是古希臘城邦的一部分，然而兩個城邦除了語言相同之外，竟再沒有任何相似的地方。雅典矗立在平原上，經常受到海風的洗禮。雅典人習慣於用天真爛漫的孩童似的視角去看待這個世界；而坐落在深山裡的斯巴達，四面八方都圍繞著高山，所形成的天然藩籬令其與外界隔絕，很難獲得新思想。

雅典是一個商業交流非常發達的繁華都市，而斯巴達卻像是一個封閉式管理的軍營，每個人都恪守規矩，爲成爲一名優秀的戰士努力奮鬥。雅典人喜歡悠閒的生活，經常會一邊曬著太陽、一邊談論詩詞歌賦或者安靜地傾聽哲人們充滿哲理的交流。而斯巴達人卻從來不談論這些風花雪月，他們只關注如何打敗對方、或者是怎樣能夠在戰爭中占據優勢，甚至不惜犧牲人類的感情去取得勝利。

這就是嚴肅的斯巴達人對雅典的強盛感到嫉妒的原因。雅典人為了保衛家園，在戰爭中展現出了飽滿的精力，戰後他們又把這些精力都用在了重建家園上。當地人對雅典城進行重建，把雅典建成了一座用來供奉雅典娜女神的大理石神殿，宏偉壯闊。為了使自己的家園更加美麗，對年輕人進行潛移默化的教育，民主制領袖伯里克利❶邀請了一些知名的雕塑家、畫家和科學家共同對雅典城進行建設。同時，他也密切關注著斯巴達的軍事動態，修築了一道巍峨城牆，使雅典能和海洋連接起來，從而讓雅典成了全希臘擁有最完善防禦的城市。

可是點燃了兩個強盛城邦戰爭導火索的卻是一個小小的爭端，武力衝突就此開始。兩城之間劍拔弩張地戰鬥了三十年，最終因為雅典爆發了一場災難，從而成為戰敗方。

戰爭持續到第三年時，雅典爆發了恐怖的瘟疫，導致一半以上的雅典人甚至他們優秀的領袖伯裡克利都被奪去了生命。災難過後，雅典人不信任剛接任的城邦領導人。反而有一位充滿智慧的年輕人在公民大會表現出色，贏得了民眾的信任並獲得了支持，他就是亞西比德❷。他提出了出兵攻打西西里島上的斯巴達殖民地錫拉庫薩的想法，經大家一致同意，雅典大軍厲兵秣馬、整裝待發。不幸的是，亞西比德卻在這時因為一場私人恩怨而慘遭追殺，為了逃亡被迫離開了家

---

❶ 伯里克利，希臘奴隸主政治的傑出代表，著名政治家。

❷ 亞西比德，雅典著名的將軍，政治家。

鄉。接任他的軍事領導人因為多次指揮失誤，不僅導致海軍軍隊的多條戰船損毀，而且還導致陸軍軍隊損失慘重。少數被俘虜的雅典軍人被敵人驅趕到錫拉庫薩的採石場中去當苦力，又累又餓的他們最終因為得不到補給而悲慘地死去。

因這場戰爭，雅典城內的青壯男子基本上損失殆盡。雅典城被征服的命運已成定局。雅典人經過了最後的掙扎和反抗後，最終在公元前四〇四年4月宣佈投降。斯巴達人把雅典人歷盡艱辛建造起來的高牆推倒在地，把所有的軍艦也一掃而光。雅典曾在它最強盛的時期肆意擴張並且創建了強大的殖民帝國，但是現在它的地位卻一落千丈，失去了帝國中心的位置。即使這樣，雅典人對真理和自由的追求與渴望並沒有隨著城牆和軍艦的毀滅而消亡。它依然在雅典人的心中茁壯成長，並且漸漸地散發出動人的光芒。

雅典已經無法再左右整個希臘半島的政治和經濟走向。但是，雅典的文化地位無可取代，畢竟這裡誕生了人類歷史上第一所高等學府。經過代代渴求智慧的純淨心靈的滋養，它的精神已經衝破希臘半島的邊界，已經深深融入世界文明之中。

第二十章　亞歷山大大帝

——馬其頓人亞歷山大能不能實現他的雄心壯志，建立起希臘化的世界帝國呢？

亞加亞人在離開多瑙河，踏上尋找新牧場的旅途時，曾經路過馬其頓，並在這山區裡住了很長一段時間。從此以後，古希臘人就和這些人有了接觸與交流。同時，馬其頓人也時刻關注著希臘半島的局勢。

現今，斯巴達和雅典爭霸希臘半島的戰爭已經結束。這時，是一位叫菲利普❶的人統治著馬其頓，他是一位才能出衆的優秀領導人。他對古希臘的文學藝術深深地痴迷，但對他們在政治上的無能卻感到不滿。這個卓越的民族經常爲一些不必要的戰爭而損兵折將，他對此感到非常的生氣。他認爲只有自己成了希臘人的統治者，希臘的問題才能夠得到解決。說幹就幹，爲了報復一

❶菲利普，即腓力二世，統一了上、下馬其頓。

百五十年前薛西斯對希臘的進犯，他帶領著已向他投降的希臘子民一起遠征波斯。

菲利普在軍隊還沒出發時就被刺殺了，因此他的兒子亞歷山大不得不擔起了征討波斯爲希臘人一雪前恥的重擔。人人都知道，亞歷山大是最博學的哲學大師亞里士多德的學生。

公元前三三四年的春天，亞歷山大離開了歐洲。七年後，他到達了印度。在這段征戰的路途中，他不僅消滅了古希臘人的世仇腓尼基人，還把埃及地區收入囊中，還成了尼羅河谷的法老繼承者。他消滅了波斯帝國，向人們宣告要重建巴比倫，還率領軍隊深入喜馬拉雅山。他幾乎把全世界都變成了馬其頓帝國的行政管理區，之後他就停止了戰爭，提出了一套讓人目瞪口呆的偉大計劃。

按照這一規劃的要求，新帝國的各個行政區都必須弘揚古希臘精神，學習古希臘語言，住在古希臘式的城市裡。亞歷山大的士兵們突然間放棄學武轉而學習文化，紛紛開始傳播古希臘文明。一時間，充滿殺氣的軍營變成了文化中心。古希臘的生活方式與精神文明如同潮水一樣湧入了亞非歐。可惜的是，年輕有爲的亞歷山大在此時得了熱病，無藥可救。公元前三二三年，這個充滿了雄心壯志的帝國統治者在漢謨拉比的巴比倫王宮內去世，眞是令人扼腕嘆息。

亞歷山大的逝世使希臘化的熱潮逐漸消退，但希臘的文明種子已經根植於各個地方。亞歷山大大帝心懷純眞與雄心大志，爲人類文明做出了巨大的貢獻。亞歷山大大帝死後，對權力虎視眈眈的將領們分占了國家，帝國四分五裂了，但他們謹遵先主遺願——始終沒有放棄實現古希臘文明與亞洲文明的偉大融合。

從馬其頓帝國分離出來的小國一直保持著各自的獨立，直到很久之後，羅馬人侵犯併吞併了西亞與埃及。因此，古希臘文明（有古希臘的，波斯的，還有埃及與巴比倫的）的精神遺產一脈相承地傳到了羅馬人手中。在這以後的世紀中，它在羅馬大地上廣泛傳播，一直影響至今。

希臘

第二十一章　小結

——第一章到第二十章的小結。

讀到這裡，我們的注意力一直都放在世界的東方。但是伴隨著世界歷史的發展，埃及和兩河流域的文明日漸衰落，我們開始展望西方的未來。

進入新的文明世界之前，我們先回顧一下之前發生的事情——最先映入我們眼簾的是史前人，他們的生活方式簡單且不張揚。我以前介紹過，他們是所有的早期生物中身體條件最差的，他們憑藉著勤勞、才智和動手能力，才在艱苦的環境中存活了下來。

後來世界又經歷了持續數百年的寒冷冰川紀。在如此艱難的生存條件下，人類需要更加傑出的創造。因此人類就在這種極度惡劣的天氣下絞盡腦汁地思考解決方法，憑藉他們的堅強和聰慧，把很多面臨死亡的動物從嚴寒中拯救過來。當地球再一次恢復溫暖時，他們早就知道了很多自救的生存法則，這就是他們比他們那粗魯的鄰居越來越卓越的最主要原因。

我後來提到過，人類的祖先突然在尼羅河谷完成了文明的突破，並且發展成了世界上最早的文明中心，但是之前已經在前光明時代躊躇了很久很久，不過其中的原因到目前爲止我們仍然無法知曉。

之後，兩河流域美索不達米亞的故事進入了人們的視線，這是人類文明進步的第二個堡壘。還有神祕的愛琴海諸島，它們在年老的東方和年輕的西方之間架起了一座橋樑，完成了文明的對接。

後來我們又說到了印歐族的赫愣人，他們早在數百年前就從亞洲消失了，之後在公元前十一世紀又出現在全是山體和岩石的希臘半島上，從那以後他們就被叫作古希臘人。然後我們又提到了古希臘城邦，它其實是由許多個單獨的小國組建成的，那裡聰穎的民衆對古代埃及和亞洲的文明進行了改革，進而創造出比以前所有的文明都更加卓越的嶄新文化。

我想這個時候你可以發現，文明的版圖已經發展成了一個半圓，它從埃及開始，途經兩河流域、愛琴海諸島然後一直向西，最後抵達歐洲大陸。在人類追求光明的最早的四千年裡，埃及人、巴比倫人、腓尼基人還有包含猶太人在內的更多閃族部落，以前都扮演過文明火炬手的角色，然後他們又把文明的聖火傳遞給了印歐族的古希臘人，在這以後，古希臘人還會把它傳遞給其他印歐部族羅馬人——地中海東部的主宰者。幾乎就在這個時候，閃族人從非洲北海岸向西前進，在地中海西部創建起自己的政權。

接下來，你會看到，這兩個各自擁有著悠久歷史和輝煌文明的部落之間將會有一場異常慘烈的戰鬥。羅馬人取得了最終的勝利並創建起自己的帝國，把埃及、兩河流域、古希臘的文明全都網羅到了歐洲陸地，變成了我們現代社會的精神源泉。

或許你對看到的所有一切早已拍案叫絕，但是你只需要釐清頭緒，就能夠輕鬆地理解我們即將講述的新東西。通過地圖，你可以瞭解到很多我無法用語言訴說的事物。

現在，在這片刻的梳理之後，讓我們再次返回之前駐足的地方，去看看迦太基和羅馬之間進行了怎樣的慘烈爭鬥……

第二十二章　羅馬和迦太基的對決

——在非洲北海岸，閃族開闢了一片迦太基的殖民地。在地中海西部地區的使用權問題上，意大利西海岸的印歐羅馬人和閃族人成為仇敵，不久就進行了一場戰爭。很不幸，迦太基被消滅了。

腓尼基人從一座山上建起了屬於他們的商業貿易中心——卡特哈德沙特，山緊靠著阿非利加海❶，其寬90英里，分隔著亞歐大陸。卡特哈德沙特很成功地發展成了一個商貿中心，在極短的時間內就聚集了大量的財富。公元前6世紀，巴比倫國王尼布甲尼撒❷攻下了泰爾，趁這個成功的機會，迦太基果斷地和宗主國腓尼基斷絕了往來，自己創建了一個獨立的國家。從那以後，獨立的國家就成了迦太基向西方擴張的一個很好的優勢。

❶ 阿非利加海，即現在的突尼斯海峽。

❷ 尼布甲尼撒，古代西亞新巴比倫王國國王，曾經建造「空中花園」。

然而事情的發展並不一帆風順，腓尼基人身上積攢了千餘年的壞習性都敗露在這座城市中。可是它並不知道該如何精緻地生活，僅僅只是一個枯燥的商業機構而已。一群唯利主義的商人把包括迦太基在內的每一個城市、農村、遠方的殖民地都緊緊地掌控在手中，他們的心裡什麼都不想，只想著金錢。在古希臘語中，「ploutos」是富人的意思，所以古希臘人把這些由富人組成的政府稱作「plutocracy」（財閥政府）。迦太基政府無疑是一個財閥政府，因爲它的控制權全部在12個大船主、礦主和商人的手中。

他們經常聚集在辦公室後面的密室裡討論國家事務，在他們看來，國家就只是一個掙錢的機器而已。不過，他們做事很勤懇，處理事情的方式也算靈活，畢竟他們還是有利可圖的。

隨著時間的不斷推移，迦太基的影響力也越來越大，甚至影響到了非洲北岸的很多地方，就連西班牙和一部分法國地區也都屈服於它，它影響到的國家每年都要給這個位於阿非利加海濱的強大城邦繳納貢品和稅金。

迦太基

當然，人們的意向也會對「財閥政府」的運營產生一定的影響。畢竟當民衆只有對政府提供的工作崗位和酬金感到滿意時，才會服從掌權者的指令，好好幹活。一旦遇到船不能航行或者缺少冶煉的原材料這種情況而造成碼頭工人失業，那麼民衆就會抗議，要求開公民大會。迦太基的管理模式一向如此，當它還只是一個自治共和國的時候就這樣了。

財閥們拼盡全力地維持商業發展的高效率，就是爲了防止民衆抗議，這五百年中他們一刻也不敢懈怠，保持著高速的生產節奏。可是忽然有一天，財閥們聽到了一些從意大利西海岸傳來的消息——突然之間，意大利中部所有拉丁民族有了一個能夠領導他們的核心，就是在台伯河❸岸的一個小村落中。更棘手的問題是，這個叫作羅馬的村落希望開通一條與西西里❹和法國南部海岸的貿易通道，並且他們爲了這個目標正在努力地建造船隻。

迦太基知道後非常氣憤，生怕羅馬會搶奪他們的利益，取代他們在西地中海貿易區的地位，所以當即下令要立刻根除這個強勁的對手，免得夜長夢多。隨後，他們便開始了對敵方的多方面打探，一段時間後，終於摸清了敵方的底細。

意大利西海岸歷來就是被文明遺棄的地方。在古希臘，每一個港口城市都凝望著愛琴海上的

---

❸ 台伯河，位於意大利中部的河流。

❹ 西西里，地中海的一個島嶼。

文明，攝取著它的養分。可是對意大利西海岸來說，他們僅有的印象就是地中海上寒冷的海浪和那片淒涼的海岸。這片土地上只有一小部分原住居民平靜清閒地住在這片連綿不斷的山脈和無邊無際的平原上，很少會被文明世界的商人踏足。

這片土地終於遭受到了第一次戰爭，那是從北方來的民族挑起的戰事。不知道具體是什麼時候，一支印歐部族找到並且跨過了阿爾卑斯山的關鍵隘口，隨後便向南繼續壯大自己的勢力，不久之後，這個靴形半島❺上就被他們的牛羊和村莊覆蓋了，每一個角落都能證明他們在這裡生活過。關於這些最早統治者，我們所知不多，不像希臘，還有荷馬用詩歌記錄過曾經的歷史。荷馬沒有創作關於他們光輝事蹟的詩歌。八百多年後，當羅馬成長為一個帝國核心時，他們才漸漸開始記錄一些有關羅馬城建立初期的事情，然而這些記載都是一些神話傳說，並沒有什麼歷史根據。在羅馬城的建立過程中，也就羅慕路斯❻或者是瑞摩斯❼越過了對方城垣的故事略有些意思，其他的都非常的枯燥乏味。羅馬最開始能夠成為一個城市核心，完全受益於它便利的交通位置，能夠讓人們在這裡很方便地進行糧食、馬匹交換，這跟其他著名城市的起源原因是差不多

❺指的是意大利所處的亞平寧半島看起來如同一隻靴子。

❻羅慕路斯，傳說中的戰神馬爾斯的兒子，建造了羅馬城。

❼瑞摩斯，羅慕路斯的孿生兄弟。在修建城牆時和羅慕路斯產生爭執被殺死。

的。羅馬地處意大利平原中部，它的內河台伯河注入大海，當地居民可以藉助沿河的七座小山保護自己。覬覦這片土地的敵人圍繞在四周，他們有的來自山區，有的來自大海。

從山區來的敵人是凶殘的薩賓人，他們的主業就是搶劫掠奪。但是他們的裝備大多是過時的，一直都是用一些石製刀斧和木頭盾牌打仗，根本無法打敗有鐵製弓箭的羅馬人。

這樣看來，從海上來的伊特魯里亞❽人才是一個比較有威脅的敵人，但是他們的由來一直是歷史上的未解之謎，我們只能在意大利海岸遺留下的城市、墳場、水利等地方找到他們存在過的印記。他們也寫過一些碑文，但這些碑文並沒有起到任何作用，因為到目前為止還沒有人能翻譯伊特魯里亞文字。

我們頂多只能做這樣的猜想：伊特魯里亞人最開始住在小亞細亞，戰爭或者瘟疫迫使他們從小亞細亞離開，去外面尋覓能夠生存的地方。無論最終是什麼原因讓他們遷移到了意大利，我們都不能否認他們在歷史上的地位。他們把東方的古代文明傳播到了西方，教給羅馬人最基礎的生活技巧，例如建築、街道設計、作戰方式、藝術、烹調、醫術和天文等。

古希臘人一向對傳授給他們文化的愛琴海老師持有輕視的態度，與此相同，羅馬人對他們的伊特魯里亞老師也感到不屑，他們一直在等待機會，希望能夠一舉消滅伊特魯里亞人。

---

❽ 伊特魯里亞，位於亞平寧半島中北部，深刻地影響了古羅馬和後世西方文明。

機會終於來了。在與意大利的商業貿易中，希臘商人獲益頗豐，所以他們就很單純地把商船開進了羅馬城。就這樣，他們稀里糊塗地留了下來，當了羅馬人的生活老師，其實他們的本意只是來做生意而已。在不斷的接觸中，希臘人發現，這些在當時叫作拉丁人的羅馬人喜歡用在生活中能夠用得到的東西。羅馬人漸漸領悟到文字記錄帶來的方便，因此就通過研究希臘字母創造出了屬於他們自己的拉丁文。他們還發現，把貨幣制度和度量衡體系結合在一起能夠促進商業貿易的發展，便也開始模仿了。羅馬人一下子抓住了古希臘文明的繩索，緊緊地不肯放手。

他們對古希臘尊崇的神明只是一味地盲目崇拜。希臘人的主神宙斯也被帶到了羅馬，但是名字改成了朱庇特，其餘的希臘古神也一併被他們接受。不同的是，古希臘神明是一直伴隨在希臘人日常生活中的，而變成羅馬諸神之後一切都變得不同了。羅馬的神祇各自忙碌著屬於自己的那份工作，就像政府官員一樣。他們辛勤工作的回報就是規定信徒要對他們絕對順從。羅馬人在這方面很謹慎，做得也不錯。也正是因爲這樣，羅馬人可以與他們的奧林匹斯山諸神維持著很密切的關係，不像古希臘人似的。

羅馬人並沒有借鑑希臘人的政治制度。也正是這些和希臘人同屬歐族的羅馬人，他們前期的發展非常類似雅典人及其他希臘人的歷史。羅馬人也花了不少的時間去打敗意大利原住部落酋長，之後他們想盡一切辦法約束貴族的權勢，並且用了好幾個世紀的時間，建立起了一套讓全民參與管理城邦事務的民主政治體系。

羅馬人在政治上比希臘人有更多的見解，他們在管理國家方面也有自己獨特的一套方法。但是羅馬人缺少希臘人的那種想像力，所以跟花言巧語比較起來，他們更願意用實際行動證明自己。他們認爲平民議會（plebs）最容易疏於管理，所以專門設立了一個監督和幫助他們工作的機構——元老院。關於這個元老院的管理問題，特意交給兩位執行官負責。按照往常傳統，同時也考慮到實際情況，元老們一般都是貴族，當然他們的權力只能在一定範圍內發揮作用，並且還會受到嚴格的控制。

我們在前面提到過，雅典人爲了緩和窮人跟富人的關係，制定了《德拉古法典》❾和梭倫法典。公元前5世紀，羅馬的窮人與富人之間開始產生矛盾。經過諸多自由民的爭辯，制定了嚴謹的法律條文，從此以後他們終於不用再受貴族法官的欺負，而是用「保民官」制度來維護自己的利益。保民官是由公民選舉出來的，身爲一個城市的行政長官，他的主要職責就是防止公民的正當權益受到政府官員的不公平行爲的傷害。依據羅馬法律的規定，執政官有權決定死刑，可是當案件證據不充分時，保民官就可以參與案件，救下這個可能會是被冤枉的倒楣鬼。

當我在講「羅馬」的時候，它彷彿指的僅僅是那個只有幾千人口的小城市，其實不然。實際上，羅馬實際表達的意思是藏在城牆外面的郊區和村莊。羅馬人能夠成爲一個殖民帝國的潛質已

❾《德拉古法典》，雅典第一部成文法典，制定於公元前六二一年。

經在統治外省的方式方法上展露無遺。

很久之前，羅馬是意大利中部唯一一個堅固營壘。可是它總是很大度，可以為每一個正在蒙受外敵侵擾的拉丁民族提供避難場所。漸漸地，拉丁人開始意識到有羅馬這麼一個強大的鄰居朋友，對他們來說是一本萬利，因而他們開始努力地尋找合適的理由來跟羅馬聯盟。從前的埃及、巴比倫、腓尼基和古希臘，都是用暴力的方法要求那些尋求保護的野蠻民族徹底地屈服於他們。而羅馬人的做法跟他們截然不同，他們平等地對待外來民族，誰都能成為羅馬共和國合法的公民，不管你是什麼血統身分。

「假如你想加入我們，」羅馬人說，「那我們一定熱烈歡迎，我們會把你像羅馬公民一樣對待。但是作為答謝，你要在國家需要你時勇敢地站出來。」

外來民族對羅馬人的真誠以待心存感恩，總是獻出自己所有的忠心來回報國家。當古希臘城邦受到外敵侵襲時，外來民族總是最早逃跑的那一個，在他們心目中，那裡僅僅是一個暫住地而已，自己沒有為他們拚命打仗的必要，希臘人之所以接納他們，僅僅是因為他們交稅納稅的緣故。可是當羅馬面臨外敵侵擾的情況時，所有拉丁部族人民都會勇往直前與之決一死戰，因為竟然有人敢侵犯他們的母親。就算是那些已經離開羅馬城，一生從未見過羅馬聖山和城垣的拉丁人，也會把羅馬當作自己永遠的家。

就算是失敗和災難也無法改變拉丁人對羅馬的濃厚情意。公元前4世紀初，蠻橫的高盧人在亞里亞河畔戰勝了羅馬守衛軍之後挺進羅馬，入侵意大利。他們在羅馬城裡靜候羅馬人來求饒，可是等了很久也沒有等到。緊接著高盧人發現，沒有人爲他們提供生活必需品，並且周圍的國家對他們有著滿滿的敵意。硬撐了七個月後，他們在飢餓的逼迫下，以退兵告終。羅馬人友好平等對待外來民族的策略見到了成效，這也是羅馬能夠越來越強盛的原因之一。

其實羅馬人和迦太基人的國家抱負大相逕庭，這在羅馬早期的歷史中就能發現。迦太基人模仿埃及和西亞的國家管理方法，要讓外來民族絕對服從他們。假如沒有達到他們這樣的要求，他們就會動用職業軍隊對其進行暴力征伐。而羅馬人的政治體制是以對外來民族的平等交流爲前提的。

現在你能夠明白，迦太基人爲什麼會如此火急火燎地要發動戰爭了吧，因爲這個強盛且充滿智慧的敵人對他們人有威脅力了，所以他們要趁這個對手還沒有成長起來之前就把它消滅掉。

迦太基這些幹練圓滑的商人心裡很明白，魯莽並不能達成他們的心願。於是他們和羅馬人商量，在地圖上清楚地標註出各自的管轄範圍，並一再保證不會奪取不是自己應得的經濟利益。然

一艘飛速前行的羅馬戰船

而，雙方的協定在達成後不久就被撕毀了。當時的西西里島經濟發達但是政治廢弛，對每一個覬覦者來說都十分有誘惑力。迦太基和羅馬也不例外，他們都盯上了這塊肥肉，想著出兵把它收入囊中。

接著，第一次布匿戰爭[10]爆發了，這場戰爭一直持續了24年。戰爭首先在海上打響。剛開始大家都認爲，稚嫩的羅馬軍隊會被熟悉戰爭之道的迦太基人一舉降服。迦太基人使用的是最傳統的戰爭方法，用自己最堅硬的戰船猛烈碰撞敵船，或者從側面折斷敵船的船槳，之後再用弓箭和火球攻打驚慌中的敵軍。但是聰慧的羅馬工程師設計出一種帶有吊橋的新型戰鬥船隻，可以讓羅馬士兵登上敵軍的戰船與之進行面對面的對決。如此一來，在海戰中所向披靡的迦太基人再也沒有取勝的優勢。在米拉戰爭中，羅馬人把迦太基艦隊打得落花流水，迦太基人不得不投降，主動放棄對西西里島的爭奪。

23年過去了，雙方又產生了新的分歧。迦太基人爲了得到銀礦，把整個西班牙南部都納入懷中，而羅馬人爲了奪取銅礦，嚴防死守著撒丁島。就這樣，兩個敵國之間的地理位置離得更近了，變成了鄰居。這使得羅馬人十分不滿和憂慮，他們派兵穿越比利牛斯山，去監視迦太基的一舉一動。

---

[10] 布匿戰爭，指的是古迦太基和古羅馬之間爆發的三次戰爭。

第二次布匿戰爭一觸即發。在這緊要關頭，一個古希臘殖民地引發了戰爭的開端。迦太基迅速向西班牙東海岸的薩貢托進軍，薩貢託人立即向羅馬人求救。羅馬照例答應救援，元老院同意派出一支軍隊前往增援。但是就在羅馬人集結遠征軍時，薩貢托已經被迦太基人成功攻下並鏟為平地。這讓羅馬人大發雷霆，元老院立刻向迦太基下了戰書。羅馬軍隊兵分兩路，一支越過阿非利加海在迦太基的領土登岸，另一支去攻打還留在西班牙的迦太基軍隊，阻止他們回過頭來進行增援。每個人都認為按照這一計劃行事必定能夠獲得成功。可是這一次，神明似乎不想讓羅馬人就這樣輕易地勝利。

公元前二一八年秋，原本打算攻擊西班牙迦太基部隊的羅馬士兵向目標地出發，所有的羅馬人都仰首企盼著一個取得勝利的好消息。就在這時，波河平原上忽然流傳開一個可怕的謠言，很多孤陋寡聞的山區牧民很恐懼地說，他們看見了幾十萬棕色人忽然浮現在格萊恩山口的云中，還騎著像房子一樣大小的龐然大物。在神話故事中，幾千年前赫克里斯⓫曾騎著吉里昂公牛穿過這個山口經過西班牙去往希臘，這讓大家產生了駭人的聯想。過了沒多久，羅馬城裡陸陸續續來了很多衣衫襤褸的避難者，他們帶來了比較可靠的消息：敵軍首領是哈密加爾的兒子漢尼拔，他率領著五萬步兵、九千騎兵和三十七頭戰象，連夜翻越比利牛斯山，在羅訥河畔把西庇阿麾下的羅

⓫ 赫克里斯，古希臘神話中的大力士。

馬士兵打得潰不成軍。即使10月的北方山區依舊被冰雪覆蓋，但漢尼拔還是以不凡的意志力帶領軍隊翻過了阿爾卑斯山。之後他們和高盧人成功會和，把正在渡特蕾比亞河的另一支羅馬軍隊徹底擊敗。此時漢尼拔已經率領部隊把普拉森西亞死死包圍住，這是位於羅馬與山區各省的交通樞紐，有很關鍵的戰略地位。

漢尼拔翻越阿爾卑斯山

元老院感到非常驚異，但是很快也就冷靜了下來。他們絞盡腦汁地思考如何掩蓋羅馬軍被打敗的這個事實，怎樣再組建起兩支軍隊去抗擊漢尼拔。然而不幸的事情又發生了，漢尼拔再一次從特拉西梅諾湖旁邊的小路上偷襲了羅馬新軍，把羅馬軍官和士兵全部趕盡殺絕。羅馬人越來越惶恐，只有元老院依舊保持著鎮定，他們很快又建立起了第三支軍隊，交給昆圖斯・費邊・馬克西姆斯⑫領導，並且准許他在迫不得已的時刻可以行使特殊權力。

⑫ 昆圖斯・費邊・馬克西姆斯，古羅馬政治家，軍事家。

費邊知道必須要十分小心才能避免步入以前那些將領的後塵。更棘手的是，他帶領的這些士兵都是被臨時召集的，沒有接受過任何規範的軍事訓練，很難和漢尼拔久經沙場的精兵勇將交鋒。因此費邊總是從後面跟著漢尼拔，並避免正面交鋒，他想辦法在盤旋中燒燬敵人的糧食，阻斷敵軍可能會走的道路，並多次派兵去幹擾迦太基人的小支分隊，試圖用這種方式來擾亂敵軍軍心，從而一點一點地拖垮了漢尼拔。

可是躲在羅馬城的人民大眾已經無法再繼續容忍恐慌，他們已經對費邊的這種戰鬥策略充滿了絕望，所以他們奮力抗議，要求選取一種英勇果斷的方法打仗。有一個叫維洛的市民在羅馬城裡吹牛說，他知道有一套戰術一定能夠打勝仗。維洛很快便獲得了民衆的信任，從而被推選成新的領導者。於是公元前二一六年，坎尼戰爭爆發，維洛帶領的軍隊遭受到了重創，七萬官兵無一生還，漢尼拔成了意大利唯一的統治者。

漢尼拔在亞平寧半島上肆意殺戮，呼籲各個地方的群衆參與到他們的戰隊中去，因爲他們認爲人民需要他們來拯救。此時，羅馬又拿出他們最賢明的民族策略，希望再一次彰顯出它的威懾力和效用來。除去卡普亞和錫拉庫薩這兩個邊界小省，其他所有的省市對羅馬都是肝膽相照。解救者漢尼拔打算假扮成百姓的朋友，結果卻發現抗拒的聲音遠大於應和聲，再加上長時間的跋涉和戰鬥的疲憊，他們的境遇一落千丈。他派兵回迦太基求助，但是很可惜，迦太基已經赤貧如洗，無法再給他提供些什麼。

由於海上有羅馬的海軍吊橋戰艦而顯現出一種望塵莫及的感覺，漢尼拔只能依靠自己繼續往前走了。他逐個戰勝了羅馬方面派來的一支支接連不斷的軍隊，但是在同一時間，他自己的戰鬥力也所剩無幾。最令人頭疼的是那些意大利農民還是對這個自稱的人民拯救者保持著敵視態度，這讓他很難維持必須的供給。

久而久之，漢尼拔發現自己雖然取得了很多小的勝利，卻漸漸地進入到了一個高深莫測的包圍圈中。曾經也有那麼一段時間，迦太基軍隊似乎有了起色，這是因爲漢尼拔的弟兄哈斯德魯拔[13]在西班牙戰勝了羅馬軍隊，並且想翻過阿爾卑斯山來提供幫助。他派人到意大利和漢尼拔聯繫，相約一起到台伯河平原會合。不幸的是，通信員在半路被羅馬人劫持，留漢尼拔獨自高興地翹首以盼。直到有一天，羅馬人抓到了哈斯德魯拔，將他的腦袋砍下用籃子裝著丟進了漢尼拔的駐地，他才知道迦太基不會再給他們進行支援了。

之後，羅馬首領普布利烏斯・西庇阿[14]再一次占領了西班牙。四年之後，羅馬人準備和迦太基人拚個魚死網破。迦太基國王匆忙地召回漢尼拔。漢尼拔渡過了阿非利加海，在迦太基城竭盡全力地安排防禦工事。公元前二〇二年，迦太基軍隊最終在扎馬戰爭中戰敗了。漢尼拔成功逃出了泰爾，到了小亞細亞，之後又在小亞細亞興風作浪，妄圖讓敘利亞和馬其頓對羅馬開戰。然而

---

[13] 哈斯德魯拔，迦太基軍事將領。
[14] 普布利烏斯・西庇阿，古羅馬貴族。

他在亞洲一無所得，卻爲羅馬人提供了一個最好的機會，讓他們可以冠冕堂皇地把軍隊勢力擴展到東方的愛琴海地區。

漢尼拔不得不輾轉在其他城市中繼續他的流浪生活。他完全看不到未來，他看作精神支柱的迦太基城在戰鬥中被毀滅了，海軍也被徹底打敗。迦太基人和羅馬當下就簽署了喪失主權的不平等合約，要求迦太基人在沒有羅馬的准許下不能私自出戰，除此之外還要在很長很長的一段時間裡對羅馬人進行巨額賠款補償。漢尼拔沒有了活下去的慾望，在公元前一九九〇年自殺了。

40年之後，羅馬人還是選擇了消滅迦太基人。古老的腓尼基殖民地的人們拚命地和新興的羅馬共和國抗擊，奮力戰鬥了三年後，實在耐不住飢餓而被迫投降。羅馬人把還活著的迦太基人賣了當奴隸，城市則用一把大火燒燬了，糧倉、皇宮、軍械廠……所有的這些被大火燒了整整兩個星期。羅馬士兵邊罵邊放肆地踐踏這片曾帶給他們無數仇恨的土地，之後滿意地揚起船帆勝利歸來。

在之後的一千年中，地中海成了歐洲專屬的一個內海。當羅馬帝國徹底消亡的時候，亞洲才得以重新占領這片內陸海域。我會在講穆罕默德的文章中再詳細向你講述這段歷史。

漢尼拔之死

第二十三章　羅馬帝國崛起

——羅馬帝國是怎樣崛起的。

羅馬帝國是在偶然的情況下誕生的，它的形成很是順其自然，並沒有任何人的事先籌劃。而且在人群中，任何一個統領、政治家或者刺客也都不曾高喊：「作爲羅馬的公民，我們即將要創立一個強大的帝國，請大家做我的跟從者吧！我們去征服赫丘利大門❶和托羅斯山脈❷中間那片遼闊的土地！」

在羅馬，有名的統帥、政治家和刺客一批接一批地湧現，他們的軍隊也是遠近聞名。然而，羅馬帝國的建成並沒有依賴或仿製某個周詳的計劃，相反，它的成立是順其自然的。羅馬人腳踏實地，普通的老百姓們並不會主動去探討國家大事，倘若他們碰到有哪個人慷慨激昂地說「我認

---

❶ 赫丘利大門，即直布羅陀海峽。

❷ 托羅斯山脈，位於現在的土耳其南部。

為羅馬的發展趨勢應該在東方……」這類言論，那麼大家都會離他遠遠的。實際上，羅馬版圖的擴大並不是因為羅馬人的好戰和貪婪，而是由於環境的推動。通常情況下，勤勞的羅馬人對於用一生的時間來守護自己的溫馨小家更情有獨鍾。不過，當他們受到外來的敵人侵略時，他們便會全力反擊，奮勇抗戰。即使是來自遙遠的地中海的敵人，為了擊垮他們，羅馬人不惜長途跋涉也要跨海追擊。戰爭結束之後，為了避免野蠻人再次控制這些地方，羅馬人會努力思考適合這片地區的管理方式，並付諸行動，以保證對羅馬有利。也許你會認為這非常煩瑣，可是當時的人卻覺得很正常，下面的例子講的就是如此。

公元前二〇三年，羅馬軍隊在西庇阿的帶領下渡過阿非利加海，直接占取了非洲。為了對抗攻擊，迦太基召回了漢尼拔。因為沒有援兵的支持，漢尼拔最終戰敗於扎馬。羅馬人對漢尼拔施行勸降政策，但漢尼拔卻獨自一個人逃向敘利亞和馬其頓。這在上一章已經說到過了。

強盛的亞歷山大帝國殘存了兩個部分，即敘利亞和馬其頓，那個時候它們的統治者正在籌備將尼羅河谷進行分割的事宜。埃及國王聽說了這個消息，急忙向羅馬請求支援。一個嶄新的舞台已搭建完成，一場充滿陰謀詭計的戲劇即將上演。然而，缺乏想像力的羅馬人還沒等好戲開場就出人意料地把幕布拉上了。馬其頓從希臘人那裡學來的步兵方陣被羅馬士兵出其不意地打垮了。戰爭就發生在公元前一九七年，地點在塞薩利中部庫諾斯克法萊平原上一個叫「狗頭山」的地方。

之後羅馬人繼續向南推進，直奔阿提卡。他們認為希臘人正遭受著馬其頓的嚴酷摧殘，而他們就是要把希臘人徹底地解救出來。但是這些因被奴役而顯得木訥的希臘人簡直是不諳世事，他們不懂自由的珍貴，反而肆意浪費。一座座希臘城邦剛剛獲得獨立，他們就像以前一樣又開始了相互之間的爭吵。這個奇怪的民族很是嘮叨和吵鬧，因此羅馬人對此感到十分厭煩，起初他們還稍微控制一下自己，可是不久後終究還是失去了耐心。他們乾脆派遣軍隊向希臘發動進攻，放火把科林斯城燒燬了（以此提醒其他城邦），並向其派遣了總督，這是徹底將希臘變成了自己的一個行省。最後的結果就是，馬其頓和希臘徹底變成了守護羅馬東側的兩個巨大屏障。

在同一時間，達達尼爾海峽❸對岸廣闊的敘利亞王國正處於安條克三世❹的統治之下。安條克三世把本應到處逃亡的漢尼拔收在了麾下，此時的他聽信了漢尼拔的花言巧語，認為攻進羅馬城實際上是毫不費力的，這個誘惑十足的想法讓安條克怦然心動。

西庇阿將軍曾經在非洲扎馬將漢尼拔擊敗，他有個弟弟叫魯修斯．西庇阿，當時正被派遣到小亞細亞開展有關軍事方面的行動。公元前一九〇年，敘利亞軍隊在馬革尼西亞被小西庇阿打敗。不久之後，敘利亞人把安條克三世刺殺了，小亞細亞就這樣變成了羅馬的附屬國。最終，羅馬從一個弱小的城邦日漸發展起來，成為整個地中海沿岸的富強統治者。

❸ 達達尼爾海峽，位於馬爾馬拉海和愛琴海之間。
❹ 安條克三世，敘利亞塞琉西王國國王。

第二十四章　羅馬帝國的建立

——經過幾個世紀的社會動亂和政治運動後，羅馬帝國是如何建立的。

羅馬軍隊取得勝利的好消息接連傳回國內，回國的時候，迎接他們的是百姓們的歡呼聲。可是，戰爭勝利的榮耀卻沒有給百姓的生活狀況帶來好轉。更甚者，百姓們被每年的徵兵壓得喘不過氣。那些在戰場上有過功勞的軍人才是戰爭的受益者，他們可以得到豐厚的獎勵。

雖然古羅馬共和國的領導階層在過去也像普通百姓一樣生活質樸，但如今戰爭勝利所帶來的豐厚的資源和金錢，卻讓他們再不屑於過原來那種節儉的生活。他們直接丟掉了先祖們流傳下來的一切高尚的習慣，使羅馬成了一個以金錢和地位為重的貴族共和國。也正是出於這個原因，羅馬終究沒有好的結局。接下來就容我詳細講述吧！

羅馬從一個小城邦發展成為能統治和領導整個地中海沿岸的帝國，只花了不足一百五十年的時間。早些時候，對於那些從戰場上抓回來的戰俘，羅馬人從不留給他們哪怕是一絲一毫的自由，而是毫不猶豫地把他們賣為奴隸。因為羅馬人對戰爭有著極為嚴格的對待方式，所以他們對俘虜毫不留情。就像我們原來就提到過的迦太基，當它被羅馬打敗以後，那裡的百姓全部都被賣爲了奴隸，無論是女人、小孩兒還是傭人。雖然有一些敢於抗爭的希臘人、馬其頓人、西班牙人、敘利亞人，但是最後的結果也還是被賣爲了奴隸。

在過去的兩千多年的人類社會中，奴隸是被充當機械使用的。當今社會的富人們會將手中的資金投入到開辦工廠中，而與此類似的是，無論哪個階層的羅馬人，即便是元老、將士或是商販，不論是一夜暴富還是通過其他途徑，只要他們手中有了錢，他們就會將錢投入奴隸的購買和土地的投資上。土地的獲得途徑有兩種，一是用金錢購買，二是可以通過戰爭的搶占來獲得。而奴隸的購買就簡單多了，他們就是被標價買賣的「商品」，看中後只要花錢買下就行了。羅馬在公元前3世紀至公元前2世紀的時候，奴隸的數量是非常多的。所以假如有奴隸在勞作的過程中死了，買主們就會去販賣市場再買批科林斯或是迦太基的戰俘作爲奴隸。

那羅馬農民的生活和經歷又是怎樣的呢？

羅馬戰爭期間，自由農民們全心全意地爲國家的需要貢獻著自己的力量，雖然戰爭耗費了10年、15年乃至20年的時間，但他們還是對回到家鄉充滿了憧憬，卻不曾想看到的家鄉卻是一副人煙荒涼的樣子。他是一個英勇無畏的男子，立誓要憑藉自己的努力去開啓全新的生活。然後他辛勤地勞作，耐心地等待作物成熟，就在他滿懷希望地把收穫的穀物、牲畜等產物帶到市場上去賣的時候，卻忽然發現這裡的價錢低得可怕。其原因就是這些產物全部是由莊園主買來的奴隸種植的，因爲沒有什麼人工成本，所以價錢也就很低。無奈之下，農民只能低價賣掉了自己辛苦種植的產品。沒過幾年，他再也堅持不下去了，只得被迫去城市謀生。但到了城市之後，他還是過著食不果腹的生活。迎接他們的依舊是悲慘的未來，就因爲他們是生活在最底層的一群人。所以他們只能在城外那臭氣熏天、髒亂不堪的棚戶區內勉強落腳，也因此而落得個病魔纏身的下場。命運的捉弄使得他們開始怨天尤人：曾經自己爲了國家的安危而努力奮戰，不僅沒有受到國家的優待，反過來竟然落到如此下場！於是，那些別有用心的政治家的激情演講贏得了他們的支持。恰恰是利用了他們的這一心理，這些政治家們得以壯大了自己的勢力，爲國家的未來製造了危機。

但是處在統治地位的貴族們卻毫不擔心，他們認爲：這些企圖叛亂的傢伙是鬥不過軍隊和警察的。他們安居在庭院幽深的豪宅中，愜意地看著手中六韻拉丁文體的《荷馬史詩》，那是由他的希臘奴隸爲他翻譯的。

古代羅馬人的樸素精神現也僅在幾個古老的貴族家庭中延續著。羅馬貴族格拉庫斯娶了西庇阿的女兒科內莉亞，夫妻倆生了兩個兒子，提比略和蓋尤斯兩兄弟。兩人長大後都從事了政治工作，並商量變革的計劃。多次考察之後，他們清楚地知道了有二千個貴族把意大利的土地占去了一大部分。一次大選中，提比略．格拉庫斯被民衆選舉爲保民官，任職後，他想給悲慘的農民們贏取些權益。所以，他找到了兩條早被遺忘了的法律條例，以控制每個人所占有的土地面積，如此一來，中下階層的勞動人民就可以獲得土地，可以說這是件利國利民的事情。但是，這件法律條例卻遭到了貴族階層的大力抗議，同時他們還反咬一口，稱提比略·格拉庫斯為「土匪」，為「國家公敵」。最後，這個為民著想的保民官在一場暴亂中，被受僱於人的暴徒殺害了。那時，毫無防備的提比略正準備進入公民議會廳，卻忽然受到了攻擊而死亡。十年後，他的弟弟蓋尤斯為了完成哥哥的心願，嘗試策劃一場新的變革來對抗這不公的階層分化。他公佈了「貧民法」，就是為了能夠幫助那些貧窮的人，讓他們可以擺脫乞討的生活，但是事情卻發展得很糟糕，淪為乞丐的人更多了。

無奈之下，蓋尤斯只好在郊外為這些乞討的人們蓋起了收容所，但是效果卻沒有他預想的那麼好。在他打算做出下一步計劃的時候，他跟他的哥哥一樣也被謀殺了。跟隨他的一些人有的遭到暗殺，還有的被流放，下場都很悽慘。後來接替他們兄弟兩個的領導者與他們的貴族出身不同，他們都來自於軍人家庭，同時也擁有眾多的擁護者，他們就是馬略❶和蘇拉❷。

蘇拉是農場主人的領導者。馬略則是被剝奪了權利的自由民的崇拜偶像，這源於他曾經在阿爾卑斯山下打敗了條頓人和辛布里人❸的英勇表現。

❶馬略，古羅馬政治家，統帥。

❷蘇拉，古羅馬政治家，統帥。

❸辛布里人，即古代奧地利民族。

公元前88年的時候，元老院開始忐忑不安了，因爲亞洲的情況有了變化。據說是黑海沿海的一個國家，其國王是希臘人的後代，名叫米特拉達特斯，他想重新建立亞歷山大帝國。爲了實現他的宏偉理想，他最先從小亞細亞的羅馬公民下手，連同婦女兒童都一併屠殺了。

這一舉動相當於立下戰書。元老院馬上籌建了軍隊要出征討伐。這時，羅馬人內部卻因爲將軍的選擇而出現了不同意見，元老院主張：「當然是選擇現在正任職執政官的蘇拉。」可百姓卻不這麼認爲，他們說：「肯定是選擇已經連任五屆執行官的馬略擔任將軍，他才是眞正能爲我們的利益著想的人。」

但在這種階層的爭執中，起重要作用的是金錢。最後，社會地位較高的蘇拉獲得了領導權，帶領軍隊出征討伐米特拉達特斯。而被逼無奈逃亡到了非洲的馬略卻只能等候新的時機。正當軍隊行進在征伐亞洲的路上時，馬略卻回到了意大利，並召集了很多對現實生活充滿怨恨的暴徒，向羅馬發動了進攻。他們輕而易舉地就打進了羅馬城內，還對城內的人進行了五天五夜的屠殺，並且剷除了元老院裡反對他的黨派。這下馬略又登上了執政官的位置，然而，樂極生悲的是，由於過分激動，馬略突然死亡。

之後的四年裡，羅馬城一直處在動盪中。蘇拉在征伐勝利後，發誓要回到羅馬報仇，他果然說話算話，回去之後就把城裡的改革家們全部屠殺了，這一殺就是幾個星期。有一天，一個原來跟隨馬略的年輕人被蘇拉的手下抓獲了，正常情況下他應被處以絞刑。周圍的百姓看他這麼年輕，於是就求情道：「他還只是個孩子啊！」行刑的人聽到後也就放過了他。這個逃過一劫的孩子叫尤利烏斯・凱撒，再往後我們就該說說他的故事了。

後來，「獨裁官」就成了蘇拉的自稱，這表明了他就是全羅馬權力最高的唯一的領導人。但是他只「享受」了四年的獨裁就去世了。到了暮年之時，他就跟其他羅馬統治者們一樣了，把大部分的時間用在了澆花和種菜上。

羅馬政局動盪的狀況愈演愈烈，絲毫沒有一點好轉的跡象。龐培將軍❹是蘇拉生前最好的戰友，在米特拉達特斯國王不斷製造麻煩的情況下，他只得領導軍隊再一次向東出發，討伐這個麻煩。當敗仗將這個懷有宏偉理想的國王逼到走投無路的時候，他選擇了服毒自殺，因爲他清楚地知道成爲羅馬人的俘虜會是怎樣的下場。之後龐培帶領部隊打敗了敘利亞，並在敘利亞重新建立起了羅馬的聲望，緊接著耶路撒冷也被龐培的部隊所攻陷，直到最後，西亞的所有國家都被龐培所帶領的部隊打敗了。

公元前六十二年，龐培帶領軍隊勝利回歸，並且帶回了十二艘裝滿戰利品和戰俘的戰船，其中戰俘是從各國俘虜的國王、王子和將軍。這些曾經輝煌一時的戰俘們，被帶到羅馬人舉辦的慶功宴會上，供人們毫無尊嚴地參觀嘲笑。軍隊戰爭繳獲的物品數量令人震驚，每一件物品都是稀

---

❹ 龐培將軍，古代羅馬共和國末期著名政治家，軍事家。

世之寶，就連再貪得無厭的人也想像不到它的價值。

當時的羅馬政局不穩定，很需要一個有能力的人來整治。就在前幾個月，一個道德缺失並且玩物喪志的青年貴族差點就奪取了羅馬的執政權。那個貴族叫喀提林，他因為賭博敗光了自己的財產，所以想竊取政權，好使自己從中可以獲得利益。好在公正的西塞羅律師發現了他的預謀，並且馬上把這個情況報告給了元老院，喀提林才識相地逃跑了。雖然羅馬躲過了這次政權危機，但是未來還會有很多的危險，因為懷有這種奪權想法的貴族不在少數。

龐培為了更好地穩定和整治羅馬的政局，創建了三人小組，自己也就順理成章地成了小組的領導者。老二是尤利烏斯·凱撒，因為他在西班牙當總督的時候贏得了很好的聲望。小組裡的老三是克拉蘇，他雖然沒有很大的能力和名望，但是他卻給軍隊供應了不少資金。不過，沒多久他就在征戰帕提亞的時候犧牲了。

三人小組中最有頭腦的就數凱撒了。他胸懷大志，而且很明確地知道，要想實現自己理想——成為世人所佩服的英雄，第一步就是要多取得一些戰爭的勝利，樹立威望。於是，凱撒便帶領著部隊踏上了征戰之路，首先他們翻過了阿爾卑斯山，並且戰勝了現如今的法國，然後，他們用在萊茵河上架橋的方式打敗了條頓人，之後他們更是坐船直奔英格蘭，打算攻打英格蘭，但是國內突發緊急情況，需要軍隊立刻趕回羅馬，不然還真沒人知道英勇的凱撒下一個征戰目標會是哪裡。這時從羅馬傳來的消息說，龐培把自己封為了「終身獨裁官」，這就表明凱撒要在羅馬政權的名單上被除名了。這一點也正是凱撒最擔心的。過去與馬略一起征戰的場景在凱撒的腦海中浮現，他下決心要報復元老院和龐培的所作所爲。凱撒率領著軍隊渡過南阿爾卑斯高盧行省和意大利之間的盧比孔河，指揮著軍隊直殺向羅馬城。意大利百姓們都將他視爲英雄一般，在沿路歡呼他的歸來。所以凱撒殺進羅馬城並沒有費什麼力氣，而且他還發現了龐培往希臘逃亡的蹤跡。凱撒在其後緊追不捨，直到龐培的隨從軍在法薩魯斯被凱撒軍隊一舉消滅。這時候慌張的龐培準備渡過地中海，繼續往埃及逃亡。沒想到，他剛一登陸就被埃及國王托勒密的隨從殺死了。之後過了沒幾天，凱撒就帶領軍隊到達了埃及，卻中了埃及軍隊和龐培剩餘部隊所設下的圈套，受到了兩方的一同攻擊。

福大命大的凱撒受上帝保佑，成功燒掉了埃及軍隊的戰船，但是這火卻連帶把岸邊的亞歷山大圖書館一起燒了，結果讓這座歷史上有名的宏偉建築成了一片廢墟。

之後，凱撒乘勝追擊，把埃及部隊逼退到了尼羅河流域，緊接著，埃及國王托勒密也溺水死亡了。隨後，托勒密的妹妹克里奧佩特拉就組織建立了埃及新政權。此時，北方前線上派

凱撒西征

人帶回了戰況消息，說是米特拉達特斯的兒子法納塞斯要爲他的父親復仇，並且已經做好了復仇的準備。凱撒聽說後，帶領著部隊直奔北部地區，和法納塞斯大戰了五天五夜，最終戰勝了他。他在發送給元老院的戰報中，瀟灑地寫上了他的至理格言「Veni，vidi，vici」，翻譯過來就是：「我來到了這裡，我看到了一切，我贏了！」

隨後，凱撒又一次去了埃及，因爲他愛上了埃及女王克里奧佩特拉，對她念念不忘。公元前46年，凱撒帶著埃及女王克里奧佩特拉回到了羅馬，準備一起統治羅馬城。凱撒的一生取得過四次震驚世界的勝利，每次勝利回國的時候，他都會高傲地走在隊伍的最前列，接受民衆的讚揚。

凱撒立了如此大的功勞，元老院當然會給予他獎勵，因此，對他佩服至極的元老們賜予了他10年任期的「獨裁官」一職。可是，誰也沒有想到，就是這個獎勵讓凱撒丟了生命。

凱撒接受任命後，很快就發佈了很多治理國家的新條令。第一，他授予了自由公民進入元老院的權利；第二，他恢復了古時候的管理觀念，讓邊遠地區的民衆同樣擁有普通公民的權利；第三，他創新了邊遠地區的治理方法，以避免貴族壟斷邊遠地區公民的財路。總而言之，凱撒制定了很多有利於平民階層的條款，也正是因爲這樣，貴族階級對他恨之入骨。不久，50多個新興貴族就謀劃了一場刺殺凱撒的詭計，美其名曰一切爲了共和國的未來。在那年的3月伊迪斯日，按凱撒規定的新埃及曆法來算的話，那天是3月15日，正當凱撒要走進入元老院時，有一個刺客衝出來把他殺死了。就這樣，羅馬的又一位領袖被謀殺了。

這時，有兩個人在覬覦凱撒的地位，一位是他曾經的助理安東尼，另外一位是他的甥孫兼繼承人屋大維。但他們奪權的方式截然不同，屋大維留在了羅馬，而安東尼卻去了埃及。可能愛情這個東西也會傳染吧，要不然安東尼怎麼會那麼快速地就愛上了克里奧佩特拉女王呢！

不久，屋大維和安東尼之間的戰爭爆發了。在阿克提姆戰爭中，屋大維戰勝了安東尼。此時的安東尼已經四面楚歌，就自殺了，只留下了克里奧佩特拉一個人奮力抵抗。克里奧佩特拉又一次想利用自己的美貌勾引屋大維，讓他成爲第三個被她征服的羅馬首領。可是她失敗了，因爲屋大維完全不受她的誘惑。沒有勾引成功的克里奧佩特拉害怕被俘虜後會被拉去遊街示衆，所以也選擇了結束自己的生命。最終埃及被羅馬征服了，成了羅馬的一個附屬國。

屋大維天資聰穎，沒有步他舅公的後塵。他深知樹大招風的危害，所以凱旋後，他只是說了一些小小的請求，並沒有提出什麼過分的要求。他聲明自己不想當「獨裁者」，只要一個「光榮者」的名譽就好。就這樣過了幾年，元老院又授予了他「奧古斯都」的榮譽稱號，當然，這次他欣然接受了。很多年後，民衆們紛紛親切地喊他「凱撒」，那些一直崇拜著他的士兵也開始尊稱他爲「元帥」或者「帝王」。共和國就這樣在不知不覺中慢慢發展成了帝國，而所有人都沒有意識到這一改變。

公元十四年，屋大維穩固了自己羅馬帝王的地位。民衆都很崇拜他，他的繼承者也就自然而然地變成了「皇帝」——歷史上最偉大帝國的至高無上的統領。

事實上，羅馬民衆已經不想再忍受這種爾虞我詐的場面了，並且政局的動盪不安也很勞民傷財，所以不管接下來是誰統治他們，只要能給他們提供一個穩定的生活空間，其他的事情一切都好說，包括皇權問題。屋大維在任職期間，是真的保障了臣民們安定的生活，雖然這只維持了40年，不過也夠了。屋大維得到了自己想要的皇位後就不再對外擴張了。不過，在公元九年時，他曾派軍隊去歐洲西北部的蠻荒攻打條頓人，但是結果並不盡如人意，羅馬將軍瓦盧斯和他的部下遭到了條頓人在條頓堡森林中設下的埋伏，全軍覆沒。也正是這場戰爭後，屋大維便放棄了攻打北部地區的想法。

這時的羅馬人才想起關心國家的政改，但是卻爲時已晚。國家在經過二百多年的政權爭奪和四處征伐後，百姓中青年人的比例減少了一大半。農民的勞動能力遠不如奴隸，這就使自耕農們失去了生活的來源，以致於農民階層很快就分崩離析了。難民們只得湧入城內尋找生計，此時城市就像難民集中營。城市中上層的行政部門人員過多，資金緊張，這使職位不高的工作人員入不敷出，所以就利用職位的便利條件賺取外快來維持生活。而當百姓在面對殘暴、受傷和別人的悲慘遭遇的時候，那種不以爲然是最令人寒心的。

從表面看的話，羅馬帝國在公元一世紀的時候，國家昌盛，疆域遼闊，資源豐富，即便是赫赫有名的亞歷山大帝國與之相比也是不值一提的。但是在這華麗表象的背後，百姓的生活是苦不堪言的，一輩子都在辛勤耕作的他們，就像是永不能停歇的發動機。雖然他們都做到這個地步了，但是最後的成果還是被人所奪取，到頭來還是過著跟牲畜一樣的生活，木然地活到生命的最後一刻。

羅馬成立的第七五三年，在帕拉蒂尼山宮殿裡，蓋尤斯・尤利烏斯・凱撒・屋大維・奧古斯都在處理國家大事。

同一時刻，與之相距遙遠的敘利亞的一個小村中，木匠約瑟夫的妻子瑪利亞正在全心全意照看他們的寶貝，這個寶貝是個小男孩，他出生在伯利恆馬槽裡。

世界上一切事物都是妙不可言的。

過不了多久，王宮與馬槽會展開一場正面的鬥爭。

並且馬槽最後會散發出勝利的光芒。

第二十五章　約書亞

——拿撒勒人約書亞（古希臘人稱為耶穌）的故事。

埃斯庫拉庇俄斯·庫爾特魯斯是羅馬的外科醫生，羅馬曆八一五年（即公元62年）的秋天，他給在敘利亞服兵役的外甥寫了一封信，信上說：

我親愛的外甥：

前幾天我去給一個人看病，他叫保羅。他大概是一個猶太裔的羅馬公民，舉止彬彬有禮，很有教養。但是他似乎與一樁刑事訴訟案有什麼關係，這是一個由凱撒利亞或者地中海東部某省的省級法院辦理的案件。我曾經聽別人說保羅是極度「殘暴、粗魯」的，而且曾在各地發表過違法演講，內容是關於反人民的。我並不這麼認爲，在我眼裡他是一個很聰慧的人，並且值得信任。

我從一位在小亞細亞服過兵役的朋友那裡聽說了保羅在以弗所傳教的故事，他大概是在宣揚一個從未有過的神明。我去找保羅，詢問關於他挑唆群眾反抗我們偉大的國王這一說法是否是眞的。保羅回答說，他所主張的新世界是一個脫離且超過這個世間並存在於彼岸的世界。還有一些奇奇怪怪的令人聽不懂的話，這大概是因爲他發燒說的胡話吧。

不過，我對他高貴優雅的舉止有很深的印象。然而，沒過幾天我便聽到了一個令人難過的消息：他死在了奧斯廷大道上，是被人殺害的。所以我給你寫了這封信。如果你還有機會路過耶路撒冷，希望你可以幫我蒐羅一些關於保羅的事情，如果有那位猶太先知的消息就更好了，據說保羅稱他爲老師。我們的奴隸因爲聽說了這位救世主而變得異常激動，甚至有一些人被政府當局釘上了十字架——只是因爲他們在公共場合談及了「新國度」（無論它有什麼確切的意義）。我特別想知道關於這些流言的眞相。

你忠誠的舅舅

埃斯庫拉庇俄斯・庫爾特魯斯

六個星期後，庫爾特魯斯醫生收到了他的外甥格拉迪烏斯・恩薩（駐高盧第七步兵營上尉）給他回的一封信，信上說：

親愛的舅舅：

我按照您的意願去瞭解了這件事的相關信息。兩個星期前，我們部隊被派往耶路撒冷執行公務。這座城市因爲在上個世紀遭受過戰爭，導致現在並沒有多少古代建築存留於世。在這裡我們住了有一個月，明天要出發去往佩特拉處理一些阿拉伯牧民之間的小衝突。今天晚上有一點時間，就給您回一封信，回答一些關於您關注的問題，但是，請不要對我的回答期望太大。

我在耶路撒冷問了一圈，但是這裡的許多老人也都沒能給我一些確切的信息。幾天前我們軍營來了一個賣橄欖的商人，在買他的橄欖的時候，我順便打聽了一下他是否對那個年紀輕輕就被殺害的很出名的彌賽亞❶有印象。他說他對這件事有很深的記憶，那時他被他的父親帶去各各他❷參觀了彌賽亞被處死的現場，而且被父親告知這就是違抗法律、成爲所有人民敵人的後果。他對我說，如果想要瞭解更多的信息，可以去找一個叫作約瑟夫的人。據他所說，彌賽亞活著的時候和這位約瑟夫是好朋友。商人多次強調

❶ 彌賽亞，也就是「救世主」。「彌賽亞」的希臘語音譯就是「基督」。

❷ 各各他，意思是「骷髏地」，一座山的名字，位於耶路撒冷城外，耶穌就是被釘死在這裡的十字架上。

這位約瑟夫知道得比較詳細。

今天一大早我便去拜訪了約瑟夫。他曾經是個淡水湖的漁夫，現在雖然年事已高，但是記憶力卻是很好的。從他那裡我清楚地瞭解到在我還未出生的那個動盪的年代裡曾經發生了什麼。

在榮耀的提比略皇帝執政時期，龐提烏斯・彼拉多是當時猶太與撒瑪利亞的總督。約瑟夫只記得龐提烏斯・彼拉多比較正直，在任總督期間聲譽不錯，其他的就瞭解不多了。到底是羅馬曆七八四年還是七八三年，約瑟夫有些記不清了，只記得當時的彼拉多被派遣到耶路撒冷去處理一起騷動。當時的傳言是，拿撒勒木匠的小兒子在爲一場反抗羅馬當局的暴亂做準備。其中使人非常難以理解的是：獲得消息迅速的情報員卻對這件事毫不知情。上級收到的報告內容是：這個木匠的兒子年紀不大，確實是個安分守己的公民，並且這個消息是經過仔細地觀察才獲得的。約瑟夫說猶太長老並不是很滿意這份報告。貧困的希伯來熱情地迎接了這個木匠兒子的到來。正是因爲這樣，猶太的多位長老對他很是嫉妒。拿撒勒人在公眾面前宣傳，不管是什麼種族的人，只要滿足了品行端正、理想崇高的條件，就可以與那些耗盡一輩子的精力去研究摩西古法律的猶太人一樣，擁有上帝的肯定和庇佑。不久彼拉多就收到了關於他們這一活動的舉報。剛開始彼拉多對這件事並不是很在意，但是後來事情的發展越來越不受控制。猶太神廟四周聚集了很多人，他們大聲呼喊要殺死耶穌和他的信徒們。彼拉多想要保護這個木匠之子，所以只好把他收監。

彼拉多一直沒有想明白這件事情的本質。在他數次詢問猶太長老們對他們不滿意的原因時，只得到了「異類」「叛黨」等極端言論的答覆。約瑟夫對我說，後來約書亞（那個拿撒勒人的名字就叫作約書亞，不過這裡的希臘人都叫他耶穌）被請去和彼拉多進行了長達幾個小時的談話，當彼拉多問到他在加利利湖邊宣傳的「危險教義」時，耶穌回答他說，他在意的是人的思想境界，並不是人身體的行爲方式，這與政治無關。所有的人都能夠像愛自己的家人一樣去愛自己的鄰居或者沒有血緣關係的人，還要尊敬崇拜我們獨一無二的造物主上帝，這才是他的目的。

彼拉多好像對斯多葛學派和其他古希臘哲學瞭解得很多，所以並沒有認爲耶穌的行爲與叛國有牽連。約瑟夫說，彼拉多很多次想要把先知救下來，而且對他行刑的時間進行了拖延。但是很多猶太人已經在猶太教長老的煽動下開始不受控制了。在這之前耶路撒冷已經發生過很多次動亂，但是並沒有足夠多的官兵可以用來阻止動亂的發生並維持好秩序。猶太人還向撒瑪利亞的羅馬政府控告彼拉多總督，說他接納了他們的危險教義，於是成爲皇帝敵人的彼拉多成了全城人的眾矢之的，大家要求他回家去。羅馬對駐外總督規定，禁止和那裡的當地人發生正面衝突，我想你是知道的這些的。來自各界的壓力和挑起戰爭這兩個因素使彼拉多被迫選擇放棄約書亞。約書亞選擇原諒所有敵對他的人們，保護自己的尊嚴。後來，耶路撒冷暴民叫喊著，嘲弄地看著他被釘上十字架。

約瑟夫淚流滿面地把故事講完。臨走前我把一枚金幣送給了他，他非但沒有接受，還請求我把金幣送給眞正需要的人。你的朋友保羅的事情我也問了，他對此知之甚少。在這之前，保羅大概是在從事製作帳篷的手工活，後來，爲了給他仁慈的上帝傳播福音，他就放棄了自己的工作。兩方所宣揚的上帝和耶和華是兩種完全不同的概念，之後保羅就在小亞細亞和西亞傳道，他在對奴隸們傳播的道學中說過，他們所有人都是那位慈愛和善的天父之子。不論貧窮或者富貴，只要誠實生活並努力幫助面對困難的人，就可以進入美滿的天國。

以上是我所給出的解答，不知道能不能幫到您。我覺得這件事與國家安全並沒有什麼聯繫，我們羅馬人可能很難瞭解這個地方的人。對於您朋友保羅的被殺我表示很遺憾。但願我能早些回到家鄉。

您永遠忠誠的外甥

格拉迪烏斯・恩薩

第二十六章　羅馬帝國滅亡

——羅馬帝國日薄西山。

羅馬最後一位皇帝於公元四七六年下台，於是古代史書把這一年記載爲羅馬帝國正式亡國的紀年。然而羅馬帝國的消亡卻是一個漫長的過程，正如它的建立一樣，經歷了很多波折，以致於多數羅馬人都沒有察覺到舊帝國離他們越來越遠。在這種複雜的社會環境中，他們抱怨的是不斷高漲的物價，越來越低的工資，並且憤怒地指責貴族商人爲了聚斂財富而不斷壟斷稻穀、羊毛、金幣的交易。他們偶爾也會反叛那些貪污腐敗的地方總督。

然而，從整體格局上看，在公元後4個世紀裡，大多數羅馬人過得還是非常安穩的。他們估摸著自己的收入，吃喝不誤，依著自己的性子，想做什麼便做什麼。如果有免費的角鬥士表演，他們便興沖沖地前去觀看，可在難民收容所裡還是有一些人不幸餓死。即便如此，依舊沒有人意識到帝國的餘光早已消散，滅亡已近在咫尺。

早已被羅馬帝國輝煌的外表遮蔽了雙眼的羅馬人確實沒法看清險情的本質。每個省區之間都有著寬闊的大道，警察也盡職盡責地維護城市治安，懲罰罪犯，因爲邊疆有英勇的士兵，所以那些北方蠻人也不敢貿然進犯，全球各地的朝聖者熙來攘往。爲了恢復共和國建國時的輝煌，一些才華橫溢的政客正努力彌補國家過往的失誤。

可我已然說過，羅馬帝國現在的處境有著深刻的起源，靠局部上的小修小補和一些淺嚐輒止的革新根本不能解決問題的本質。

從根本上來說，羅馬和希臘、雅典、科林斯這些城邦沒有多大區別，對它而言，獨自統治意大利半島是沒什麼問題的，可如果想統治整個繁雜遼闊的文明世界，從政治上來說可能性微乎其微，即使成功也不會長久。大多數羅馬的年輕人都死於戰爭，農民也被嚴酷的兵役和繁重的賦稅壓迫著，對於他們來說，只有兩個出路：要麼當乞丐，要麼爲莊園主打工，勉強過活，從此成爲貴族的「農奴」。

「農奴」自然不是奴隸（他有別於奴隸的性質），但也不是自由公民，他們和一棵樹木、一頭牲口沒什麼不一樣，早已成爲所耕種土地的附屬物。

在這個一切都以國家利益爲重的帝國，普通民衆的權益保障是那麼的微不足道。在保羅特別的話語中，奴隸們看到了希望，開始全心全意地聽從拿撒勒木匠之子的訓誡。他們不僅不反抗，而且越來越順從。

按理來說，如果塵世生活只能這麼淒苦地度過，那麼世間的一切都不能吸引他們的目光。可事實是，他們寧願爲了進入天堂信仰基督教，都不願爲了滿足皇帝的野心去加入對帕提亞、努米底亞和蘇格蘭的侵略戰爭。

隨著時間的消逝，帝國也逐漸走下坡路。最早的幾個皇帝還是繼承著全民領袖的習俗，統治著那些屬地的地方首腦。到公元2～3世紀，羅馬皇帝幾乎全都是軍隊出身，他們的人身安全完全依賴於那些赤膽忠心的禁衛軍才得以保障，他們的皇位都是靠著刺殺前任皇帝而得到的，因此他們時常面臨著被下一個篡位者刺殺的風險。每一個具有野心、唯利是圖的有錢貴族，都可能賄賂禁衛軍，開啓篡位之旅。

羅馬

同一時間，北方蠻族在邊境地區蠢蠢欲動。因爲，羅馬本國的青壯年男子早已是傷的傷、亡的亡，所以，抵禦侵略唯一可行的方法就是僱傭外邦軍隊。可如果僱傭的外邦軍恰巧與外邦軍是同一個種族，那就很不幸了，在戰鬥中他們肯定不會奮力抵抗。最後皇帝束手無策，只得準許一些蠻族到帝國境內居住。於是蠻族部落一批接一批入仕羅馬帝國，並且沒過多久便開始反抗貪婪剝削他們的羅馬稅務官員。如果他們的反抗被忽略，那麼他們便大規模湧入羅馬，直接向皇帝示威。

正因爲這樣，羅馬城變得十分混亂，看起來都不適合皇帝居住了。於是君士坦丁皇帝（三一三—三三七年在位）開始找尋新的都城。拜占庭位於商務要道，這正合他的心意，於是他決定遷都此地，並將其改名爲君士坦丁堡。在君士坦丁去世後，他的兩個兒子爲了便於管理，便把帝國分成東西兩部分，西部由住在羅馬城的哥哥負責，弟弟則統領帝國東部。

公元4世紀，凶殘的匈奴人殺到了歐洲。這個馬背上的神祕民族縱橫歐洲將近二百年，他們經過的地方民不聊生，直至公元四五一年，他們才在法國馬恩河畔的夏龍戰役中被消滅殆盡。匈奴人威脅到了多瑙河流域哥特人的生存，哥特人迫於無奈，只好去攻打羅馬。公元三七八年，在抵抗哥特人入侵的亞德里亞堡戰役中，瓦斯林皇帝戰死沙場。西哥特人首領亞拉里克在22年後率領軍隊攻打羅馬城，他們並沒有大開殺戮，只是縱火焚燒了幾處宮殿建築物。汪達爾人緊隨其後，對這座文明之城進行洗劫。之後，勃艮弟人、東哥特人、阿勒曼尼人、法蘭克人蜂擁而至。最終，只要誰有野心並組織起一群烏合之衆，都能輕而易舉得到它。

公元四〇二年，西羅馬皇帝被迫從羅馬城逃離，輾轉到了拉文納，相對而言這裡的城池要堅固一點。公元四七五年，日耳曼僱傭軍長官奧多阿塞趕到拉文納，妄圖奪取意大利。他用盡各種手段，把西羅馬最後一位皇帝羅慕路斯．奧古斯都趕下皇位，把自已封爲羅馬新帝。就連東羅馬皇帝也必須承認這個事實。奧多阿塞統領西羅馬殘部的情況也持續了十年之久。

幾年後，東哥特首領西奧多里克趕赴拉文納，在餐桌旁殺死了奧多阿塞，在這片早已經成爲廢墟的土地上建立起一個哥特王國，然而這個王國的運道並不長久。公元6世紀，倫巴底人、薩克森人、斯拉夫人和阿瓦爾人聯合消滅了這個短命的王國，而且以帕維亞❶爲首都，重新建立了一個國家。

連綿不斷的戰爭，讓羅馬城千瘡百孔。古老的王宮在幾番洗劫一空後，只剩下一個空架子。學校和老師都斃命於戰火中。體臭毛長的野蠻人把貴族從豪宅中趕走，自己住了進去。帝國引以爲榮的寬闊大道和橋樑也變得面目全非，關係國家經濟命脈的貿易活動停滯不前。聚集了埃及人、巴比倫人、希臘人和羅馬人幾千年的文明光輝，眼看著就要在歐洲大陸消失了。

僅有遠處的君士坦丁堡維持著東部帝國中心的地位，並堅持了一千年，可它終究不屬於歐洲這個大陸。它身上所具有的思想文明漸漸被東方氣息所感染，也慢慢褪去了原有的西方色彩。在這個過程中，希臘語替代了羅馬語，人們不但拋棄了羅馬字母，而且還用希臘的文字重新編製法律，這些法律的解釋權歸希臘法官。皇帝被當作神明來尊敬，這種景象絲毫不遜色於三千年前尼羅河谷的底比斯王。

後來，拜占庭的傳教士想要向更遙遠的東方傳播上的福音，千里迢迢地前往廣闊荒蕪的俄羅斯大草原，並且爲那裡帶去了拜占庭文明的星星之火。

---

❶帕維亞，位於意大利倫巴第大區。

蠻族人成了西方世界的主宰。整整12代人都生活在殺戮、戰爭、燒殺搶掠之中。這種時刻，唯有一樣東西能使文明不衰落，避免歐洲人倒退回原始的生活現狀。

基督教教會就是這唯一的一樣東西。在這混亂的幾個世紀裡，拿撒勒的木匠之子耶穌擁有了越來越多的信徒。眾人皆知，耶穌之所以被釘上十字架，就是爲了避免強大的羅馬帝國在敘利亞邊地小城出現暴力。

第二十七章　基督教會的崛起

——羅馬成為基督教的中心。

處在帝國時期的羅馬人對他們的先祖曾經信奉的神明並沒有什麼認知。爲了表示對傳統的尊重，他們會每隔一段時間去趟神廟，此舉動卻無關信仰。即使宗教遊行辦得很熱鬧很莊重，他們也不爲所動。他們認爲崇拜那些被歷史遺留下來的殘餘，如朱庇特、密涅瓦❶、尼普頓❷的行爲，是很幼稚、愚蠢的。斯多葛學派、伊壁鳩魯學派以及其他雅典哲學學派對許多有知識的羅馬人產生了深刻的理性影響，要是在此時對他們人談神學是不合適的。

羅馬人因此變得極其寬容與大度。按照當地政府的要求，所有羅馬人以及受羅馬統治的人群、外來民族都只需要稍微對神廟的皇帝像表示一下敬重之意就可以。

---

❶ 密涅瓦，羅馬神話中的智慧女神。

❷ 尼普頓，羅馬神話中的海神。

而且，這種對神廟皇帝像敬意的表示只是表面化、形式上的，沒有嚴格的講究。一般來說，每一個羅馬公民都被賦予了自由選擇權，他們可以自由地選擇自己信奉、愛戴和崇敬的神明。這樣做帶來的結果就是羅馬各個角落裡散佈著各種各樣的神廟，這些被供奉的神明近至埃及、非洲，遠至亞洲，無一不備。

因此，最早的一批耶穌門徒來到羅馬宣傳大同世界和互相關愛的新信仰時，羅馬人對此沒有任何的異議。充滿好奇心的路人會自動停下腳步，來聽聽這些充滿新鮮感、令人奇異的話語。各個地方的宗教人士都會來到羅馬這個大都會，宣揚各自的信仰。大多數的宗教都把肉體上的快樂解釋爲信仰的意義，信誓旦旦地承諾著只要信仰他們的神明，就可以享有無窮無盡的尊榮。這時大家發覺，「基督徒」（即耶穌基督——古老傳說中的「受膏者」的信徒）宣揚的教義有些異乎尋常。他們並不在意外在的財富權貴，反而全身心地關注著對待貧困依然自樂、謙遜委婉的內在美德。我們知道，羅馬的霸業並不是依靠美德來完成的。這個奇異的宗教試圖說服羅馬人，讓他們相信在世俗上取得的成功並不會對他們未來要享受的幸福有任何助益，這倒是非常有趣。

除此之外，基督的門徒還對人們說，如果誰不接受主的告誡，那他就會有厄運。對民眾來說，選擇信仰基督教比靠運氣生活好得多。有的信眾還在信奉羅馬的那些舊神明，但那些舊神明是否有充足的能力保護自己的信眾，是否能夠與從遙遠亞洲傳過來的新上帝一較高下呢？許多心有疑慮的人連夜前往基督門徒傳教的地方一探究竟，想要徹底瞭解基督教義。於是他們與那些傳播基督福音的門徒有了接觸，並發現這些門徒與羅馬的宗教人士有很大的區別。他們都是些一貧如洗的人，不管是對奴隸還是對動物都十分友善。他們不會處心積慮地去剝奪別人的錢財，相反，他們會用自己最大的能力來幫助處於困難中的人。許多羅馬人被這種高尚的生活榜樣所吸引，甚至因此放棄了他們原來的信仰，轉而去參加基督徒在私人住所或在露天場所所舉辦的宗教活動。因此，去羅馬神廟的人逐漸地減少。

基督徒的人數逐年增加，因此他們要公開選舉出一位領導人，如神甫或長老（古希臘語，意爲「老年人」），來領導地方的教會組織，再爲全省的教會組織推選出一名主教。第一任羅馬主教是那位繼保羅之後遠赴羅馬傳播教義的彼得，後來人們都敬重地稱呼彼得的繼任者爲「教皇」。

羅馬教會的規模不斷地擴大。不僅僅是對生活失去希望的那些人，還有許多善於思考的有智慧又有能力的人也同樣被基督教吸引。在帝國政府中，這些奇人異士無法施展自己的能力，但到了拿撒勒導師的信徒中，他們卻有很多的機會可以大顯身手。一段時間過後，帝國政府再也不能對基督教視而不見。我們曾經講過，羅馬政府對宗教所實行的政策是極其寬容、自由的，它要求各個宗教之間和平相處，謹守「共存共生」的原則。

基督教會不但不接受宗教的寬容，反而還宣稱宇宙間唯一的主宰是他們的上帝，除此之外的宗教的神明都是騙子和魔鬼。此類說法對其他宗教極爲不公，於是政府下令禁止宣傳講解類似的排外言論，但基督教徒在這一點上十分頑固。

一段時間過後，更大的麻煩出現了。基督徒不但拒絕再向皇帝表示敬意，還拒絕服兵役。羅馬政府宣佈要依法懲治他們，而他們卻回應，經歷過塵世的痛苦後便會到天國，信仰比此世的生活更重要，放棄了此世的生活沒什麼大不了。羅馬政府對此很無奈，只能在公衆憤怒時吊死幾個鬧事者，但在大部分的時間裡聽憑他們發展。因有一些小人挑起事端，所以教會在剛剛建立的時候發生過幾起教徒被迫害的事件。這些人往自己的基督徒的鄰居身上栽贓陷害，說他們身上背負著謀殺、吃小孩、傳播瘟疫疾病甚至背叛國家的罪名。這些厚顏無恥的人利用基督徒不會報復別人這一特點，肆意妄爲地對他們施以威脅、傷害。

此時，蠻族正在侵犯羅馬。在羅馬軍隊節節敗退的時候，基督教士挺身而出，勇敢地去向那些野蠻無理的條頓人傳遞和平的福音。這些擁有堅毅信仰的教士告訴條頓人，假若他們不懺悔自己的罪過，那他們的下場就是被上帝送入地獄，接受最殘酷的刑罰，條頓人被這些話語震撼到了。條頓人一向敬重羅馬文明，看到這些來自羅馬的傳教士，就認爲他們說的都是對的。於是，在這些野蠻的條頓人和法蘭克人中，教會力量迅速蔓延。甚至，六七個傳教士的

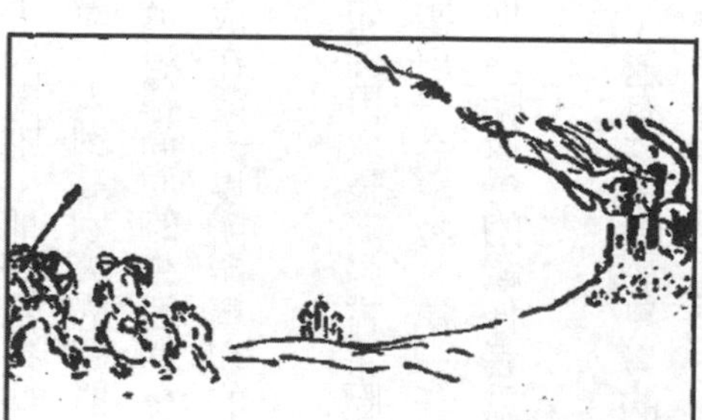

哥特人來了

政治功效，就能和一支巨大的隊伍相媲美。羅馬皇帝瞬間意識到了基督教的好處，就賦予了教會一些特權。不過，直到公元4世紀下半葉，才出現了決定性的轉機。

當時的統治者是君士坦丁皇帝（有人也稱他爲君士坦丁大帝），性情殘暴。不過也可以理解，當時的戰爭如此頻繁，謙和的皇帝是根本無法存活的。君士坦丁在他漫長而又曲折的政治生涯中飽經風霜，經歷過無數的大起大落。有一次，他陷入困境，眼看著就要被敵人剿滅了。危急關頭，他想到了那個口口相傳的亞洲新上帝。他就向上帝發誓，要是可以在這場戰役中獲勝，他就會從此信仰基督。結果，他眞的獲得了這場戰役的勝利。那之後，君士坦丁對上帝深信不疑，還接受了洗禮。

就這樣，基督教會得到了羅馬政府的認可，地位也因此迅速地上升。

這時候，基督徒占羅馬總人口的比重很少，只有二十分之一左右。爲了獲取最終的勝利，他們頑強地努力著。他們要求，其他的舊神都應該被摧毀，只留下上帝來主宰世界。朱利安皇帝酷愛希臘文明，所以他在位時，曾經有一段時間盡力拯救異教神廟，使其免遭破壞。但是，在征討波斯的戰役中，他離世了。他的繼任者是一個眞誠的基督徒：朱維安皇帝。朱維安十分支持基督教會樹立威嚴，還關閉了古異教神廟。再後來是那位在君士坦丁堡修造聖蘇菲亞大教堂的查士丁尼皇帝，他把柏拉圖一手創辦的雅典哲學園給關閉了。

這是一個重要的歷史時刻，意味著希臘文明就此終結。以前那個每個人都可以自由地思考，規劃自己的未來的時代，已經成爲歷史。古老的文明秩序在野蠻和無知的襲擊下，已經支離破碎。古希臘哲學家也放棄了以前的生活準則，無法引領人們向前。此時，人們迫切地需要更積極更具體的信念，而基督教此時就爲他們雪中送炭了。

在這個動盪不安的年代，教會堅如磐石地屹立著，追求眞理，堅守法則。這種頑強的精神吸引著人們，就算羅馬帝國覆滅了，基督教會也依然存活了下來。

不過，基督教的勝利中也包含著一絲運氣。自從公元5世紀西奧多里克的羅馬－哥特王國覆滅，就很少有外族對意大利發動大規模入侵了。繼哥特之後，統治意大利的是倫巴底、薩克森、斯拉夫等民族，都沒有什麼實力，羅馬主教也趁機壯大起來。不久，零散地分佈在意大利半島上的各個小國也將羅馬大公（羅馬主教）視爲自己政治和精神上的領導人了。

歷史的舞台早已搭建好，等待強者的出現。公元五九〇年，這個人終於出現了，他叫格列高利，出身貴族，還擔任過羅馬的市長。他接觸基督教後，就開始信仰基督教，並在極短的時間內成了主教。最後，他又被推舉爲聖彼得大教堂的教皇，不過他並不太情願（因爲他的心願是去英格蘭，爲那裡的教徒佈道）。他在教皇的位置上坐了14年，在他離世的時候，西歐的教衆已經把他當成了絕對的領袖。

不過，羅馬教會的勢力範圍僅限於西歐，並沒有向東擴展。在君士坦丁堡，皇帝還沿襲古羅馬的傳統，奧古斯都和提比略的繼任者都是身兼兩職：政治領袖和教會領袖。一四五三年，土耳其人侵占了君士坦丁，推翻了東羅馬帝國。東羅馬帝國的最後一任皇帝——君士坦丁·帕里奧洛格斯，死在了聖蘇菲亞大教堂的台階上。

幾年之前，俄羅斯的伊凡三世娶了帕里奧洛格斯的兄弟托馬斯的女兒佐伊公主。因此君士坦丁的血脈就理所當然地由莫斯科大公繼承了。從此以後，俄羅斯的象徵就變成了拜占庭古老的雙鷹徽記（代表羅馬帝國分成東和西兩部分）。原本俄羅斯大公只是當地有權有勢的貴族，如今驟然變成了沙皇，擁有和羅馬皇帝一樣崇高的地位。在他面前，不管是貴族還是平民，都只是一個地位卑賤的奴隸。

沙皇皇宮的建築風格是按照東方的風格修建的，還與亞歷山大大帝的王宮類似。據說，這種風格是很久之前東羅馬皇帝從亞洲和埃及學成的。誰都不敢想像，日薄西山的拜占庭帝國竟然在俄羅斯的遼闊草原上又存活了6個世紀。沙皇尼古拉二世是最後一個佩戴雙鷹徽記皇冠的皇帝，不久之前他被殺害了，兇手還把他的屍體扔進了水井，他的兒女也慘遭毒手。皇室與教會沒有了古老特權，教會的社會地位又恢復到了君士坦丁皇帝前的時代地位。

第二十八章　先知穆罕默德

——穆罕默德原本是趕駱駝的，後來變成了阿拉伯沙漠的先知。為了維護真主阿拉的光榮，他的信徒開始了征服世界的行動。

自從迦太基和漢尼拔之後，我們就沒有再說起過閃族人。其實在之前的每一篇文字裡都有他們的出現。不僅巴比倫人、腓尼基人、亞述人、猶太人和阿拉密人，就連迦勒底人實際上都是閃族人，西亞受他們的治理長達三、四百年之久。之後，他們的統治權被來自東方印歐種族的波斯人和西歐、印歐種族的古希臘人先後搶占。在亞歷山大大帝逝世一個世紀後，爲了統治地中海，來自非洲殖民地迦太基的閃族腓尼基人和羅馬開戰，最後迦太基輸得慘不忍睹。這之後，羅馬稱霸世界長達八個多世紀。公元7世紀，阿拉伯人代表閃族部落向西方國家開戰。長期以來，閃族部落都是在阿拉伯沙漠以放牧爲生，從來沒有表露出稱霸的跡象。

直到後來，穆罕默德先知帶領他們在馬背上爲眞主戰鬥。在一百年不到的時間內，阿拉伯騎兵就占領了歐洲內地，在驚恐的法蘭克農民面前宣講「唯一的眞主安拉」和「安拉的先知」穆罕默德。

艾哈邁德的父親是阿卜杜拉，母親是阿米娜，他被阿拉伯人稱作「穆罕默德」，意思是「會受到稱讚的人」。他的事蹟就像是《一千零一夜》中的故事。穆罕默德出生在麥加，起初他的工作就是賣駱駝。他經常會夢到天使加百列，在夢裡，加百列會向他轉達眞主的想法。聖書《古蘭經》裡有對於這些話的記載。那時還擔任駱駝隊隊長的穆罕默德就借工作便利周遊了整個阿拉伯半島。與猶太和基督教商人的相處使他意識到，眞主只有一個。那時的阿拉伯人尊敬信仰的都是一些形狀不同的石頭和樹幹，與幾萬年前我們人類的祖先類似。在阿拉伯人的聖城麥加，有一座長方形神廟叫作「天房」，信徒們尊敬信仰的神物就擺放在這裡。

成爲阿拉伯人的民族領袖是穆罕默德的願望。他明白他的偉大夢想是不能通過趕駱駝來達成的，所以他在主人死後就娶了主人的遺孀查迪加，由此實現了經濟上的獨立。之後他跟麥加的鄰居說，自己是眞主安拉派到人間的先知。鄰居們都笑話他。可是穆罕默德十分固執，不停地說，鄰居最終被弄得不耐煩了。

穆罕默德逃走

他們認爲穆罕默德是個討厭且不配讓人同情的神經病，不如殺死他一了百了。幸運的是，穆罕默德提前知道了鄰居們要殺他的念頭，趁著夜晚和他的信徒阿布·艾克爾逃到了麥地那。這一年是公元六二二年，是對伊斯蘭教來說很有意義的一年，所以阿拉伯人規定這一年爲伊斯蘭教紀元的第一年。

穆罕默德在麥地那並不出名。過了一段時間，信教的人漸漸增多，這些信徒把自己叫作穆斯林，意思是「聽從神的旨意的可靠的人」。擁有「聽從神的旨意」的品質的信徒，才最被穆罕默德欣賞。僅在麥地那的傳教，穆罕默德就持續了七年之久，這之後他便帶領來自麥地那的軍隊橫跨沙漠，輕而易舉地攻進了麥加。

自此之後直至逝世，穆罕默德再也沒有遇見過非常大的磨難。

伊斯蘭教能夠成功的原因有兩點，第一條就是，他傳播的宗教理念直白易懂。他要求穆斯林一定要信奉以慈悲之心待人的眞主安拉，一定要孝順自己的父母，對待自己周圍的人要眞誠，要樂於助人，尤其是對貧窮的人和正在與病痛做鬥爭的人，還要戒掉酗酒和浪費食物的壞習慣。以上這些信條都是信徒應當遵守的，做到這些應該不用牧師來監督，自然也不用信徒出錢養活他們。伊斯蘭教的清眞寺均是由石頭堆成的巨大的屋子，裡面什麼擺設也沒有。只要信教的人願意，可以在任何時候到這裡研讀聖書《古蘭經》。穆斯林都是發自肺腑地信教，所以沒有人會對教會的規定感到不舒服。朝著麥加的方向禱告五次是他們每日的習慣。剩下的時間，他們只需等

十字架和新月形之間的較量

待安拉安排他們的命運，並無條件接受。

廣大信徒受到這種處事原則的影響，自然不熱心於參加任何生產活動，例如發明電器、鋪建鐵路或者是開闢航線等。可是穆斯林可以在這個過程中獲得精神上的安慰，讓他們用寬容的心態對待他人和自己，所以這也並非是百害而無一利的。

而伊斯蘭教可以打敗基督教的第二條便是，穆斯林可以在戰場上把信仰的力量轉化爲行動的力量。先知曾經對大家承諾，在擊退敵軍的戰爭中，獻身的信徒死後可以進入天堂。在很多情況下，兩軍交戰所受到的苦難跟漫長人生中的挫折比起來似乎不值一提。當穆斯林心中充滿這種想法時，戰鬥力自然遠超十字軍。人死之後的悲慘結局總是縈繞在十字軍戰士的心頭，正因爲這樣，他們才更加珍惜現實的美好。這也是現今的穆斯林能夠擁有大無畏的獻身精神的原因，即便面臨歐洲人的槍林彈雨，他們也毫不退縮。

穆罕默德在順利建立起伊斯蘭教以後，毫無疑問地成了阿拉伯民族的首領。爲了可以讓有錢人擁護自己，他在原有的規定中加入了一些對有錢人很有誘惑力的規定，比如說他不反對信教的人有四位妻子。在阿拉伯人的觀念裡，娶妻子就是一種由男方掏錢的變相交易行爲。要用很多的錢才能娶一位妻子，那麼要娶四位妻子就需要更多，怕是只有那些擁有許多駱駝、單峰駝和棗椰林的人才可以承擔得起，這一點讓人惋惜，直接不利於伊斯蘭教的推廣。在這種時候，先知卻只把宣揚眞主當作自己的責任，還經常發明新的生活規則。在公元六三二年的6月7日這一天，先知死於熱病。

阿布·艾克爾是穆罕默德的岳父，不久之後，他便接替了穆罕默德的位置。在伊斯蘭教創建的時候，他曾跟穆罕默德同甘共苦，因此他被穆斯林們尊稱爲哈里發（意爲領袖）。可是，阿布·艾克爾在兩年後也死了，他的繼承者是奧馬爾·伊比恩·阿爾。不過十年的時間，他就占領了埃及、波斯、腓尼基、敘利亞、巴勒斯坦這些領土，並以此爲基石，創建了伊斯蘭帝國，首都就設在大馬士革。

之後，穆罕默德的女婿阿里替代了哈里發的位置。但是，一場伊斯蘭教教義的鬥爭牽扯到了他，他被殺害了。再往後，世襲制就成爲哈里發的傳位制度，而一早的傳教統領卻慢慢開始轉變成了帝國統領。他們又重新建立了一個新的首都，名叫巴格達，就位於幼發拉底河畔巴比倫遺址附近。並且他們還組建了一支騎兵部隊，主要兵力都是召集當地的阿拉伯牧民，而後他們就踏上了大面積的征伐之路，一邊征戰，一邊宣傳著伊斯蘭教教義。在公元七百年的時候，塔里克作爲穆斯林的將軍，成功地邁過了赫丘利之門，之後攀上歐洲沿海的高山。而後，他用自己的名字命名它爲吉布爾‧阿爾‧塔里克，也叫塔里克山，它現在叫作直布羅陀。

在11年後的薛爾斯戰爭中，塔里克打敗了西哥特的部隊。之後，騎兵部隊按照原來漢尼拔的征戰線路，爲了向歐洲內部進攻，翻過了比利牛斯山。阿奎塔尼亞領袖曾計劃在波爾多攻擊騎兵部隊，結果以失敗告終。接著，穆斯林的騎兵部隊朝著巴黎發起了進攻。到公元七三二年（穆罕默德去世後一百年），在圖爾與普瓦提埃之間的歐亞戰爭中，穆斯林慘敗。法蘭克人的統領查理‧馬特❶，人稱「鐵錘查理」在這場激烈的戰爭中，拼盡全力拯救了歐洲，讓它逃出了穆斯林的魔爪。雖然穆斯林被打出了法國，但它依舊控制著西班牙。並且科爾多瓦哈里發國在這裡由阿布杜勒‧拉曼建立起來，因此也成爲歐洲在中世紀時期的大規模的科學和藝術中心之一。

之後的七百多年時間裡，摩爾王國一直存在。因爲它的統領是從摩洛哥的毛里塔尼亞來的，所以叫作摩爾王國。一四九二年的時候，歐洲人搶回了本國的格拉納達，這時穆斯林已經一無所有了。不過，事情在這時有了轉機，西班牙王室贊助了哥倫布，於是他便開始了對於地理的探索歷程。後來，穆斯林恢復了狀態，又繼續在亞洲和非洲地區拓展自己的領域。因此，穆罕默德信奉者的數量逐漸增多，直到如今，已經和基督教信奉者的數量不相上下。

❶ 查理‧馬特，著名軍事統帥，他的兒子就是矮子丕平。

第二十九章　查理曼大帝

——法蘭克人的皇帝查理曼大帝奪取了象徵皇權的皇冠後，重現了古老的世界帝國的輝煌，這簡直就是一個奇蹟。

普瓦提埃戰役的勝利使歐洲避免了被穆斯林吞併的命運。然而，始終未擺脫內部危機威脅的歐洲，卻在沒有了羅馬警察維持秩序後，變得越加混亂不堪。北歐的蠻族雖然已經將基督教奉為信仰並發誓效忠於羅馬主教，但是主教卻始終沒有放下對北方的戒備之心。內憂外患中，誰又能夠判定某個蠻族不會已蓄勢待發，準備在某一天，跨過阿爾卑斯山殺向羅馬呢？這種不安就猶如一根刺般，紮在這位新世界的精神領袖——教皇陛下的心上，他覺得立即去尋找一位強大可靠的軍事盟友來解這燃眉之急是非常有必要的。

為了早日尋找到強大可靠的軍事盟友，尊貴的教皇陛下將他的目光投射到了世界各處。功夫不負有心人，日耳曼部落的一支優秀部隊被他挑中了。這支部隊全部由法蘭克族人組成，他們在羅馬帝國滅亡之後，便長期占領了歐洲西北部。在公元四五一年的加泰羅尼亞戰役中，他們的早期領袖墨洛溫國王曾助羅馬人一臂之力，成功擊敗匈奴。之後，他們建立起墨洛溫王朝，在建國初期的動盪年代裡曾對羅馬的領土出手。公元四八六年，國王克洛維（古典法語中的「路易」）認爲他所統領的國家已經具有了強大的實力，進軍羅馬指日可待。可惜，他的子孫卻都是昏庸無能之徒，輕易地把國家大權交付給了首相，讓首相一躍成了一人之下萬人之上的「宮廷管家」。

有名的查理·馬特之子矮子丕平繼任了他父親的首相之位，在他執政之初遇到了些困難。當時的國王是基督教信徒，專注於神學，對國家政事毫不上心。丕平向教皇徵求意見，教皇答道：「政權應掌握在實權人物手中。」丕平充分領悟了這句話的意思，於是便直接勸說墨洛溫王朝的末代皇帝——吉爾德里出家，而後，他又得到了其他日耳曼部落的支持，自立爲法蘭克國王。

但是，他的野心讓他不甘於僅僅成爲一個蠻族部落的首領。於是，北歐最有名望的傳教士卜尼法斯受他之邀，主持冊封他爲「上帝恩賜的國王」的加冕儀式。在之後的一千五百年間，「上帝恩賜」這個詞就這麼名正言順地成了歐洲國王的御用名號。

丕平最後榮登大位，教會（教皇的話）功不可沒，故而他對教會一直存有感激之心。爲此，他前後兩次遠赴意大利爲教皇征戰殺敵，奪回了之前被倫巴底人強占的拉文納等領地。隨後，教皇在這些新領地上建立起一個獨立國家，即「教皇國」，它的存在，一直延續到了在我寫此書的半個世紀之前。

丕平死後，羅馬和亞琛、尼姆韋根、英格爾海姆[1]關係並未受到影響，相互之間關係不錯（由於沒有固定的首都，法蘭克的國王和臣子們經常要四處轉輾）。最後，在歐洲還發生了一件影響深遠的大事件——教皇和國王終於宣佈合作。

公元七六八年，被稱爲查理曼大帝的卡羅勒斯·瑪格納斯·查理曼繼承了丕平的位置，成了法蘭克國王新的繼位者。他先是呑併了德國的東薩克森，後又在北歐建造了城鎮和教堂。之後，查理曼應阿布拉爾·拉曼的敵人之邀，進軍西班牙與摩爾人交戰。可當他途經比利牛斯山區時，卻遭到了巴斯克人的拚死抵抗，狼狽潰敗。在最危急的時刻，布列塔尼侯爵挺身而出，掩護國王撤退，而他則帶領部下奮起抵抗，最終英勇犧牲。羅蘭騎士的故事完美地詮釋了早期法蘭克貴族的忠君精神。

從公元七九〇年開始，南部糾紛已經成爲查理曼必須解決的燙手山芋。當時的教皇列奧三世在逃到查理曼軍營時雖然狼狽不堪，但幸運的是，當他在羅馬大街上被一群流氓毒打時，恰好被幾個好心人發現並幫助他成功地逃脫了出來。查理曼一邊安排士兵將列奧三世護送回拉特蘭宮（拉特蘭宮是自君士坦丁在位時開始教皇的居住地），一邊雷厲風行地派遣了法蘭克軍隊前去平定羅馬，時間恰爲公元七九九年12月。到了第二年，教會在羅馬聖彼得大教堂舉行聖誕節的祈禱

---

[1] 這三個帝國都位於如今的德國境內，都曾經做過法蘭克帝國的國都。

儀式，查理曼赫然在列。儀式完畢之後，正當查理曼起身離開之際，教皇突然來到他身前，給他加戴了皇冠，正式加冕他為羅馬皇帝，把擱置了幾個世紀的「奧古斯都」的稱號重新冊封給了他。

在這之後，羅馬帝國把北歐再次收入麾下，與之前不同的是，這次光輝帝國的君主是一個野蠻的日耳曼人。可是，他擁有非凡的軍事能力，將歐洲治理得井井有條，就連君士坦丁堡的皇帝也在信裡稱他為「親愛的兄弟」。

公元八一四年，偉大的查理曼大帝壽終正寢，為了爭奪廣闊的領土，他的子孫們掀起了一場腥風血雨。公元八四三年的《凡爾登條約》和公元八七〇年的《梅爾森條約》先後兩次將加洛林王朝瓜分。後在簽署《梅爾森條約》後，法蘭克王國一分為二，包括古羅馬高盧行省在內的西部領土被查理占領。在高盧被占領後，它的文化就被法蘭克人所吸收，包括他們從拉丁語演化而來的語言，因此，雖然凱爾特人和日耳曼人是法國的兩大種族，但是他們的語言依舊屬於拉丁語系。

而被日耳曼民族稱為日耳曼尼亞的東部領土，被查理曼大帝的另一位孫子占領。在此之前，羅馬帝國卻從未真正掌控過這片荒蕪野蠻的土地。奧克斯都（屋大維）倒是曾經對這片東方領土動過心思，但發生在公元九年的條頓堡森林的大敗事件，卻使得他不得不放棄了這個念頭。羅馬的高級文明還沒有普及到這裡，所以，條頓方言依然是日常生活中民眾的通用語言。「thiot」在條頓語中是「民衆」的意思，所以，基督教士稱他們的語言爲「lingua teutisea」或「lingua teutisea」，即「大衆方言」或「通用語」的意思。後來，經過了漫長的語言演變期，「teutisea」被新詞「Deutsh」取代，又因此衍生出了「Deutschland」（德意志）一詞。

加洛林王朝的繼承人丟失的那一頂惹得衆人豔羨的帝國皇冠，相傳曾在意大利平原出現過。那裡的小國懷揣著對皇冠的強烈渴望，在沒有得到教皇允許的情況下，就爭相出兵搶奪，但轉眼間它又落到了更加強大的鄰國手中。教皇已無力掌控這混亂的局面，不得不再次向北方發出求救的信號。只是，這一次他並沒有求助於西法蘭克國王，而是把目光放在了日耳曼各部的統領薩克森親王奧託身上，隨後，他派人翻越阿爾卑斯山，去求見了奧托。

意大利的藍天白雲和善良的人們一直是奧托和他的臣民們憧憬和喜愛的對象。於是，奧托在接到教皇的請託後便立刻決定率領軍隊趕去支援。戰後，教皇列奧八世冊封奧托爲「皇帝」，作爲回報。自此，查理曼王國的東部領土就有了一個新的名字——「日耳曼民族神聖羅馬帝國」。

穿越高山

神聖羅馬帝國在歷史上存在了八三九年。可是它終究沒有逃脫命運的爪牙，於一八〇一年滅亡。一個來自科西嘉島的公證員之子，憑藉其高超的軍事才能，在法蘭西共和國的戰場上屢建奇功，並依靠強大的軍事力量成功地摧毀了日耳曼帝國，成爲歐洲的統治者。可這並沒有讓他感到滿足，他又請來教皇爲自己加冕。

在加冕儀式中，教皇心不甘情不願地看著這個小個子給自己戴上了皇冠，並自稱爲「查理曼大帝的光榮繼承人」。這個小個子就叫——拿破崙。歷史就猶如命運的齒輪般，總在不斷地運轉，雖幾經變化，卻又始終保持著那幾種固定的模式。

第三十章　北歐海盜

——公元10世紀時，所有人都在向上帝祈禱，讓他們免遭北歐人的入侵，這到底是什麼原因呢？

早在公元3、4世紀，位於中歐的日耳曼部族就侵入羅馬帝國，瘋狂搶奪當地豐富的資源與財產。等到公元8世紀時，日耳曼人也被別人搶奪了財產與豐富的資源，藉著這個理由，他們更加肆意地掠奪和他們還稍有一點兒血緣關係的居住在丹麥、挪威和雅典的北歐人。

現在的我們恐怕很難探尋北歐水手變成海盜的詳細理由吧！我們也只能從表面上看到，作爲海盜的他們，會在這個過程中體會到極大的快感，也正因爲這樣，他們變得肆無忌憚。他們隨時都有可能登陸到海岸上，肆意清剿生活在入海口的法

北歐人的故鄉

北歐人前往俄羅斯

蘭克人或者是弗里西亞人的小村落。海盜們會殺死所有的男人，把他們的女人搶走，最後才乘船離開。聽到消息立刻到達的國王軍隊，早就已經尋不到海盜的身影，只看到廝殺後的一片狼藉。

歐洲開始變得特別動亂，是在查理曼大帝去世以後，北歐的海盜也趁機變得更加放肆。這些海盜們侵掠過歐洲所有靠海的國家，其中，在荷蘭、法國、英國、德國的海岸上，他們的水手還建造了很多自己的據點，有的據點還延伸至遠在他方的意大利。機靈的北歐海盜，短時間內就能學會他們所侵掠地區的語言文化，從而順利地摒棄了早期維京人（也就是海盜）粗魯邋遢的生活習性。

在公元10世紀初，維京人羅洛經常侵掠法國沿岸地區。法國國力逐漸衰微，無力的國王沒有能力與這些北方的盜寇抗衡，便只能通過行賄海盜的方法來避免侵擾。法國國王願意送出整個諾曼底來換取整個法國的安寧。聰明的羅洛欣然同意了法國國王的交換，並留下來做了諾曼底的大公。

不過羅洛的後代還是想要更多領地，他們注意到海峽的那邊，一會兒的航程就可以看到英格蘭海岸的富饒山水。英格蘭這片綠野命運多舛，從來都是被奴役的，被羅馬人征服了兩個世紀之後，又被盎格魯人和撒克遜人這兩個來自石勒蘇益格的日耳曼部落奴役。最後，丹麥人向英格蘭進攻並建立了克努特王國。公元11世紀，撒克遜人「懺悔者」愛德華趕走了丹麥人，自立為王。當看著愛德華即將逝去且沒有子孫時，諾曼底大公又心生歹意。

一〇六六年，愛德華逝世。諾曼底大公威廉即刻帶領部隊穿過海峽，在黑斯廷戰役中將威塞克斯的國王哈洛德殺死，於是當了英格蘭的國王。

在我們前面的一章中，你們應該已經讀到，公元八〇〇年時，羅馬帝國的國王是一個日耳曼部落的首領。可是現在，一〇六六年，羅馬帝國的國王又成了一個北歐海盜的子孫。

歷史的本身就足夠有趣了，讀神話傳說豈不就是浪費時間嗎？

北歐人觀望海峽對岸

第三十一章　歐洲封建社會

——中歐受到敵人的三面夾擊，幸好還有軍人和官員存在，不然歐洲就不復存在了。

接著我們去看一看歐洲在公元一千年時發生了什麼事情。那時候的歐洲人生活非常艱難，所以他們對關於世界末日的那些言論深信不疑。爲了保證自己在世界末日來臨之前能夠成爲上帝的眞誠信奉者，他們爭先恐後地投入修道院中去眞誠懺悔。

不知在何時，日耳曼部落已經從他們的故鄉亞洲往西遷徙到了歐洲。由於人口數量過多，他們無奈地入侵併霸占了西羅馬帝國。而東羅馬因爲相距日耳曼部落的遷徙路線較遙遠，所以未被侵犯，而且還能夠得以保持著古羅馬大帝國的尊嚴。

在那以後，世界動盪不安（公元6、7世紀是眞正的「黑暗世紀」），歸功於基督教士的勸告，日耳曼人歸順了主耶穌，而且認可了羅馬教皇作爲世界精神領導者的偉大地位。公元9世紀，有傑出能力的查理曼大帝把西歐的一大半地區再次融合了起來，再現了羅馬帝國的往日輝煌。到了公元10世紀的時候，帝國的領土又一次被分解成了東、西兩部分，一個自主存在的國家在西部地區誕生，即法國；東部地區建立起了對日耳曼民族有特殊意義的羅馬帝國，國內的所有諸侯都說自己是凱撒和奧古斯都的接班人。

但糟糕的是，法蘭西國王的管轄範圍只限在皇城內部，所以本應在國王管轄之下的諸侯卻能時不時地與尊貴的羅馬帝國皇帝發生爭執。

直接影響到了人們正常生活的是西歐，它作爲一塊三角地帶，每一面都受到了侵略者的無情侵犯：南面的西班牙被粗暴的穆斯林侵占；西海岸經常遭到北歐海盜的侵擾；東面在喀爾巴阡山脈❶之外沒有一點能夠防禦敵人的工程，只能放任匈奴人、匈牙利人、斯拉夫人和韃靼人在那裡猖獗。

羅馬已經沒有了過去如夢般和平寧靜的歲月。現在的歐洲面對著「不進行鬥爭就得衰亡」的緊張局面，每個人都被迫選擇了奮勇戰鬥。現實迫使歐洲急需一個文武雙全的領導者幫助人們打破困境，以改變歐洲被戰爭搞得混亂不堪的局面。可問題的關鍵是，國王和皇帝全住在戰爭波及不到的地方。邊疆地區的人們（在公元一千年的歐洲，大多數地區都被稱作邊疆地區）明白，只有通過戰爭才能解救自己。所以只要國王派來的地方官員確實是有能力帶領他們打敗侵略者的

---

❶ 喀爾巴阡山脈，位於歐洲中部，在多瑙河中游以北。

人，他們就願意服從命令。

有很多由某位公爵、伯爵、男爵或主教統轄的小公國在歐洲的中心地區迅速湧現，這些公爵、伯爵、男爵都甘願對他們「封地」所從屬的國王（「封建」這個詞就是這樣演變而來）唯命是從，不僅能夠在生活安定的時候繳納貢品，而且還可以在戰爭來臨的時候幫忙打仗。事實上，在那個行動不便、信息傳播比較慢的時代，這些地方官員實際上都具有非常大的權力。果不其然，他們在各自管理的轄區內，行使著原本該由國王行使的權力。

北歐人來了

實際上，在11世紀的時候，人們並不討厭這樣的政治制度。他們覺得封建制度特別適合在當時實行，而且還起到了非常關鍵的作用。封地的民眾一下子就能看到他們領主所住的地方，因爲領主一般不是住在特別崎嶇的大山上，就是住在險阻護河間的城堡內。人們全住在離城堡很近的地方，因此每當戰爭爆發，人們就會跑進城堡內，蹲在城牆下，以便保護自己。長時間之後，這些聚集了一大片民眾的城堡就會慢慢繁榮起來，然後變成了歐洲一個又一個的城市。

在歐洲中世紀剛開始的時候，每個騎士都身兼兩職，即軍人和官員，所以他不僅是當地的法官，也是警察局的局長，既要追蹤當地的盜賊和私營小販，還要一一審查他們。他爲了防止洪災的發生，監視和管理本地水利工程的基礎設施，就像當年埃及法老監察尼羅河堤那樣認眞。他希望那些到處漂泊還不忘吟唱詩歌的詩人能夠無拘無束地頌揚那些令人欽佩的騎士的傳奇風采，所以就不斷地給他們提供幫助，給他們捐款。除此之外，他也保護著本地的教堂和修道院。雖然他不識字（那時候人們認爲看書識字影響男子漢氣魄），但是平常都會讓一些教士來幫他記錄人們在日常生活中發生的瑣事。

15世紀的時候，國王因爲「君權神授」的觀念再次獲得了巨大的權力。而那些封建騎士們因爲沒有了權力，慢慢地變成了當地的鄉紳。還有那些沒有任何用處的老爺，更是叫人踩在腳底唾罵。但從客觀上說，剛好是實行了這些「封建制度」才讓歐洲能夠在經歷過漆黑一片的時代後重見光明。就像現如今這個社會有很多壞人一樣，無論那段時間出現了多少品行惡劣的騎士，但總而言之，12、13世紀的騎士們的辛勤努力還是讓歐洲社會得到了進步和發展。在當時，那些埃及、希臘、羅馬的文化只是曇花一現，之後就逐漸消失在歷史長河中。而歐洲文明卻能夠源遠流長，這都離不開那些出色的騎士和那些誠摯的教會朋友的努力，幸好有他們，我們才不用返回到最初的階段，重新開始蛻變。

第三十二章　騎士制度

——騎士制度的起源。

中世紀時，歐洲的職業軍人想要成立一個互幫互助的組織，騎士制度就是在這種協作意識的推動下產生的。

我們不太清楚騎士制度的起源，只能瞭解到這個制度成了當時歐洲迫切需要的行爲規範。自此以後，原本野蠻的民俗漸漸轉向文明，人們的生活相比五百年前的黑暗時期顯得稍微舒適一些。邊境地區的大多數民衆用盡一生來抗擊匈奴人、穆斯林、北歐海盜等蠻人。他們經常在早上發誓要溫和地對待他人，但夜幕尚未降臨時，他們已經殺死了所有抓來的俘虜。然而，進步需要付出長時間的努力。最後，那些桀驁不馴的騎士不得不規規矩矩地按照他們的行爲規範來做事。

儘管歐洲各地的騎士準則不盡相同，但是他們有一條不變的宗旨——服從和忠誠。中世紀的人們認爲，服從是一種崇高的道德，你只要好好工作、盡忠盡職、服從安排，做一個好僕人並不是一件令人難堪的事。再者，一個時代的持續發展不免需要人們擔負一些讓人不悅的責任，所以忠誠是騎士們需要的重要品德。

在成爲年輕騎士之前，他們必須舉行一個重要儀式，那就是立誓永遠效忠上帝、效忠國王。同時，騎士還要立下救濟窮人的誓言，在衆人面前保持謙遜而不自滿的態度，和一切與苦難做鬥爭的人結爲朋友——這其中肯定不包括穆斯林，一看到他們就應該置之死地。

騎士立下的誓言只不過是中世紀版的摩西十誡。騎士們以此作爲基礎，發展了一系列關於禮儀和行爲舉止的規範準則。在騎士們看來，他們應當學習和效仿的榜樣是行吟詩人口中吟詠著的亞瑟王❶的圓桌騎士和查理曼大帝的貴族騎士。於是騎士們一直想要像朗瑟羅一般勇敢無畏，如羅蘭一般忠誠堅定。雖然他們穿著簡單樸素的衣服，缺乏豐厚的錢財，可是他們自始至終都做到了舉止文明、談吐優雅，絲毫不敢褻瀆騎士的名譽。

因此，騎士團隊就是極好的文明禮儀學校，學習教養和禮儀可以促進和諧社會的發展。騎士精神就蘊含在他們謙虛恭敬的言行舉止中。這種精神感染了身邊的人們，使衆人懂得怎樣的衣著裝扮和用餐方式是合適的，如何邀請女士跳舞才符合禮節，怎麼樣生活才能感到歡樂有趣又典雅精緻等。

❶亞瑟王，不列顛島上威爾斯一帶凱爾特族的領袖。他率領凱爾特人抵抗盎格魯·撒克遜人的入侵，被後人懷念。

然而，騎士制度與人類的某些制度一樣，如果效用不能與時俱進，就會漸漸失去生命力。後面的章節將會對十字軍做出介紹，十字軍東征後，歐洲的商業貿易逐步興盛，繁華的都市漸次出現。市民的生活變得富足，他們招聘一些優秀的教師，許多人接受教育後，言行舉止很快就能與騎士風度比肩。同時，手執長矛、身穿鎧甲的騎士因爲火藥的大量使用而屢遭挫折，突然湧現的傭傭兵團使人們在戰爭中無法如以往一般泰然自若。騎士階層從此淪爲無足輕重的擺設。如果騎士過分執著於自身失去價值的問題，那麼他們就和小丑沒什麼兩樣。聽聞，歐洲最後一位騎士是身分高貴的唐吉訶德先生。他在世時一直很珍惜他的寶劍和鎧甲，認爲它們和自己的生命一樣寶貴。可是在他離世之後，別人把他視若珍寶的東西全賣了，用得到的錢來償還他生前尚未還清的債務。

不知什麼原因使得唐吉訶德的騎士寶劍至今依然流傳在世間。華盛頓將軍在福奇谷❷陷入絕境時，也曾經用它來捍衛尊嚴；戈登將軍在喀土穆突圍而出、浴血奮戰的時候，爲了將那些把生命託付給他的人解救出來，光榮地犧牲了，這把寶劍一直伴隨他到戰爭的最後一刻。

可是在不久前畫上句號的世界大戰中，奇特的騎士寶劍施展出了出人意料的巨大力量。

---

❷福奇谷，華盛頓曾經在美國獨立戰爭時被困在這個地方。

第三十三章　教皇和皇帝的矛盾

——中世紀，人們需要效忠兩個對象，引發了教皇和羅馬帝國皇帝之間的諸多矛盾。

想要深入瞭解古代的人們並非一件容易的事情。儘管你每天都可以看到你年邁的祖父，但是他的行爲、思維和穿著打扮都會讓你認爲他生活在一個奇怪的世界中。我們現在準備講的故事，與你那25輩之前的祖父有關。我覺得你若是想要明白當中的含義，就得反反覆覆地閱讀。

中世紀時，一般老百姓的生活都十分樸素簡單。事實上，能夠隨心行走在各地的自由民很少出門遠行。當時社會上存有的手抄文獻資料少之又少，也沒有大量印刷出版的書籍。你偶爾能看到的畫面是：少許辛勤的教士在教人讀書、寫字和計算。遺憾的是，隨著希臘和羅馬的衰亡，歷史、地理、科學等學科的知識也被塵封在地底，無人問津。

人們所瞭解到的過去，大多數都是從口耳相傳的傳說中得來的。就算是這樣，人們依然能出乎意料地憑藉這些在一代又一代人口中流傳的信息整理出史實的主體內容，只是細節上有出入罷了。二千多年過去了，印度的母親們依然會用這樣的話來嚇唬聒噪的孩子，讓他們安靜下來：「不要吵了，要是再吵，伊斯坎達會來抓你的。」此處提到的伊斯坎達可是非常有名的人物，他就是公元前三三〇年侵略印度的亞歷山大大帝。儘管這件事發生至今已經有千年之久，可它依然深深地印在人們的腦海中。

中世紀早期的人們非常無知，他們不曾從書中學到任何關於古代羅馬的文化知識，以現代人的角度看來，他們連讀三年級的小學生都比不上。羅馬對我們現代人而言是一個很籠統的概念，然而在當時的人們的眼中卻是非常生動活潑且亮麗明晰的，他們還能感受到它的存在。他們堅信教皇這個導師能夠在精神上引領他們前進，因爲他在羅馬居住，是古代帝國偉大而莊重的代表。之後，查理曼大帝與奧託大帝再次復興宏偉的世界帝國，神聖羅馬帝國由此而來。這使人們感到欣喜若狂，因爲這和他們夢想中的世界一模一樣。

可是，在羅馬帝國的宗族系統中同時存在著兩個繼承人，這導致中世紀忠誠的自由民陷入了兩難的境地。雖然中世紀本身有一系列明晰的統治原則：皇帝作爲世俗的領導者，必須守護民衆的物資和肉身；教皇作爲精神上的引領者，要守護信徒的魂靈。

其實這個制度一直都無法如願實行。皇帝總是想方設法插手教會的工作，而教皇一直對皇帝的政治事務指指點點。兩者多次警告對方不要踰越各自的職權範圍，於是爭執在所難免。

民衆遇到這種左右爲難的情況時，該怎麼解決問題呢？聽從皇帝的旨意才能被認爲是一個合格的公民，忠心耿耿地對待教皇才能被看作一個好的基督教徒，然而此時皇帝和教皇正面對峙，人們在猶豫著到底要成為規規矩矩的公民，還是忠誠的信徒？要怎麼選擇呢？

兩者取其一的選擇題實在令人難以下決定。如果當時的皇帝擁有強大的能力、豐厚的資產，那麼他便會籌建軍隊，召集他們翻過阿爾卑斯山向羅馬城進發，如果有機會，他們會對教皇的寢宮發動進攻，強迫教皇聽命於他們，否則後果自負。

可整體看來，教皇的勢力要更強橫一些。對於反對教會的皇帝和公民，教皇有權將他們的名字從教會中革除。教籍被開除就說明教堂必須被封閉起來，不可以接受洗禮，將要死去的人在懺悔後也無法聽到赦罪的話。總而言之，這表明中世紀政府的功能幾乎完全喪失。

更令人震驚的是，當民眾向皇帝宣告聖潔的誓言時，教皇有特權宣佈這一行為無效，然後指揮民眾與皇帝進行鬥爭。要是有人想要服從遠方教皇的指令，那麼他就面臨著被眼前的皇帝處死的危險。這可不是開玩笑的事。

民眾的生活困苦不堪。最艱難的是生活於公元11世紀後半期的人們。那時候，德國皇帝亨利四世與教皇格列高利七世❶一連掀起兩次戰爭。最後兩者都沒獲得什麼好處，反而引起了歐洲人民長達50年的災難。

---

❶格列高利七世，克呂尼改革派教皇，是一位傑出人物。

11世紀中葉，教廷開始進行內部改革。在這之前，沒有明確的條文規定選舉教皇的方式。神聖羅馬帝國的皇帝理所當然地想，將要選舉的教皇必須是一位溫和友善、友好對待帝國的神父。因此每每到了選舉教皇的重要時刻，皇帝們都會主動到羅馬去，千方百計推自己的朋友上台。

一〇五九年，改革正式開始。教皇尼古拉二世宣佈成立紅衣主教❷委員會，這個組織由羅馬及其周圍教區的主教組成，負責下一任教皇的選舉。

城堡

紅衣主教委員會在一〇七三年進行了第一次教皇選舉活動，新的教皇由此產生，他就是格列高利七世。新任教皇的原名是希爾德布蘭特，來自托斯卡納的一個普通家庭。他總是精力充沛，同時堅定地相信教皇的權威是最高的。格列高利七世用如同花崗岩那樣堅定不移的勇氣與執著來堅持這個信念。在他看來，教皇既是基督教會中擁有絕對領導權的人，又是具備最高世俗事務裁

---

❷紅衣主教，天主教羅馬教廷中最高級的主教。

判權的人。教皇不僅可以授予某一位日耳曼王公皇位，而且有權彈劾並罷免他。教皇可以隨時否定國王、皇帝或大公頒佈的法律，宣佈它們無效。任何人都要無條件服從教皇的命令，否則就得遭受殘忍痛苦的懲罰。

格列高利吩咐他的部下把他的命令傳達到歐洲的各個國家，並要求每一個國王盡所有的能力去施行。「征服者」威廉唯命是從。然而亨利四世也不是什麼泛泛之輩，他6歲時就常常和別人打架了，以他這樣的性格，怎麼會服從教皇的命令呢？他召集德國教區的全部主教開會，一一列舉格列高利的罪過，接著就以沃爾姆斯會議的名義把罷免教皇的決定公之於衆。

格列高利當然不服氣，兩人不可避免地發生衝突，格列高利開除了亨利四世的教籍，而且還教唆德意志的王公貴族齊心協力把這位不盡職的皇帝拉下台。日耳曼貴族本來就對亨利四世心存怨恨，想要消滅他，於是趁著這次機會把教皇請到奧格斯堡來，讓他在王公之中選一個人做新的皇帝。

格列高利愉快地向北進發。聰明的亨利很快就明白自己正處於危險的境地中。他清楚地知道，現在能解除危機的辦法只有一個，就是傾盡全力與教皇握手言和。寒冷的冬天裡，亨利在暴風雪的肆虐下翻過阿爾卑斯山，快速地向教皇停留的卡諾薩奔去。

一〇七七年1月25日到28日這3天裡，亨利久久地站在城堡外面，就像一個誠心誠意的教徒（他的長袍包裹著非常溫暖的毛衣）。格列高利沒多久就心軟了，赦免了亨利。然而亨利不過是一時服軟，他回到德國之後再次狂妄起來。教皇又一次開除他的教籍，亨利也召開第二次德國主教大會表示要罷黜教皇格列高利。

這次，亨利做好了萬全的準備，他率領一支剽悍的軍隊翻越阿爾卑斯山，以最快的速度圍攻羅馬城。格列高利趁著漆黑的夜晚逃向薩勒諾，最後慘死在逃亡的路上。可是流血無法解決根本性問題，亨利返回德國後，新一任教皇又和皇帝產生了矛盾。

不久，霍亨斯陶芬家族就登上了德意志的皇位，與之前的皇帝相比，他們更加蠻橫地謀求自主權。那時候的格列高利提出一個觀點，他覺得所有世俗的君主的優越性都無法與教皇相比，因為教皇必須要在末日審判之時為自己的羊群承擔責任，但是在上帝看來，皇帝只不過是即將接受審判的普通民眾而已。

亨利四世在卡諾薩

因此，霍亨斯陶芬家族的腓特烈（也有人稱他「紅鬍子」巴巴羅薩）針對格列高利的觀點提出了一個對立的觀點。他說，神聖的上帝把神聖羅馬帝國賜予他的先輩，這是至高無上的榮耀，他必須為了這「羅馬帝國」和上帝的榮譽而戰鬥，把「失落的羅馬行省」收回來。可是世事無常，腓特烈在率領部隊參與第三次十字軍東征的時候淹死於小亞細亞。他的繼承人腓特烈二世非常有能力，年幼時曾經在西西里島上了學了不少伊斯蘭文明。他也和先前的人們一樣與教皇對立，還被教皇稱作異類。從客觀的角度看來，腓特烈對粗鄙庸俗的北方基督徒、狡猾的意大利教士和普普通通的德國騎士有著極大的不滿。但是他一直沒有說過這些問題，而是全身心投入十字軍東征的事業中，把耶路撒冷從異教徒的手中解救出來，因此被人們譽爲聖城的王者。可是教皇對他的看法沒有因爲這些戰功而改變。

教皇把腓特烈二世的教籍解除後，將意大利的領地賜予安戎的查理，也就是法蘭西國王聖路易的弟弟。這個行爲導致大量流血事件發生：最後一位屬於霍亨斯陶芬家族的皇帝康拉德五世加入奪取意大利領地的戰爭，可是他失敗了，不幸犧牲在那不勒斯。二十年之後，西西里晚禱事件❸爆發，外來的法國人被當地居民殺個精光。流血事件持續發生。

皇帝和教皇的紛爭似乎一直都在進行著。過了很長時間之後，這兩個對立的敵人才懂得如何分別按自己的主張處理政務，打消踰越權力界限的念頭。

哈布斯堡家族❹的魯道夫在一二七三年成爲德意志皇帝。他認爲，長途跋涉到羅馬去接受加

❸西西里晚禱事件，是指在一二八二年復活節這一天，西西里島的人民爲了反抗查理一世的統治而發起的暴動。

❹哈布斯堡家族，德意志封建統治家族，是歐洲所有的封建家族中統治時間最長的。

晃是一件無趣的事情。教皇也沒有強制他一定要去，只是平淡地看待這件事。眼看著歐洲的和平即將到來。但可惜的是，歐洲人在這些沒有意義的爭鬥上耗費了整整二百年的時間，而這些時間本可以用來建設文明。

好在一切事物都具有兩面性。意大利的很多小城市在教皇和皇帝的爭鬥中搖擺不定，不少勢力因此得到發展。他們看到許許多多十字軍戰士結成隊伍向聖地耶路撒冷進發，開始東征運動的時候，便挖空心思想要爲軍隊疏通道路和供給糧食。十字軍東征運動畫上句點後，這些因征戰而暴富的城市已經得到充分的發展，不需要再聽從教皇和皇帝的命令。

中世紀的城市能得到發展，教廷與帝國的激烈鬥爭功不可沒。

第三十四章　十字軍東征

——耶路撒冷被土耳其人占據，聖地遭到褻瀆，東西方的商業貿易因此受到阻隔。歐洲人暫時停止他們的內部爭鬥，開始了十字軍東征。

三百年間，雖然被稱作歐洲大門的西班牙和東羅馬經常發生爭鬥，但是基督教徒和穆斯林基本上都能和平共處。穆斯林在公元7世紀攻占敘利亞之後便奪得了聖地的控制權。在穆斯林的眼中，耶穌也是一位偉大的預言家，所以他們同意基督教徒在聖海倫娜（君士坦丁大帝之母）聖墓上的教堂中自由地進行祈禱和膜拜。11世紀時，韃靼人（又稱塞爾柱人或者土耳其人）從亞洲大草原上遷徙而來，成爲主宰西亞伊斯蘭教國家的人。於是基督教與伊斯蘭教不再和平。土耳其人蠻橫地占領了原屬於東羅馬帝國領地的小亞細亞地區，在東西方的交流、貿易之間形成阻隔。

東羅馬帝國皇帝埃裡克西斯過去幾乎不會聯絡西方的基督教徒，可如今正處於危急時刻，無奈之下只好求助於他們。他告訴這些西方的鄰居們，要是土耳其人把君士坦丁堡攻占下來，那麼歐洲就會陷入危險的境地。

除此之外，某些意大利城市把貿易殖民地建立在小亞細亞和巴勒斯坦。他們製造了不少謠言，冤枉土耳其人殘害基督教徒，他們的目的只不過是保護自己在當地的經濟利益不受侵害，行為卻使整個歐洲的基督教徒感到憤慨且激動。

教皇烏爾班二世❶在法國蘭斯出生，在克魯尼修道院學習神學知識，這個地方曾經培養出格列高利七世這樣的知名人物。他認為時機已到，該採取一些行動了。那時候的歐洲發展得非常緩慢，原始農耕的方法自羅馬時代起就一直滿足不了歐洲的糧食需求。如果發生失業或饑荒這樣的災難，也許會引起災民暴動。他深知西亞是自古以來各方勢力都想奪取的地方，那兒一定是一個不錯的移民地。

一〇九五年，法國克萊芒會議召開，烏爾班二世激憤地斥責在聖地做壞事的異教徒，還毫無顧忌地誇獎這片自摩西時代起就一直撫養人們、流淌著奶和蜜的聖地。最終他總結道，全歐洲的真誠基督教徒都應該暫時放下老人、妻子和兒女，把巴勒斯坦從土耳其人的手中解救出來。

於是歐洲大肆興起宗教的浪潮，所有人都失去了理性。許多男人把手裡的錘子鋸子放下，走出維繫生計的店鋪，向東進發，和土耳其人展開鬥爭。同時，很多未成年的男孩子也從家鄉走出來，向遠方的巴勒斯坦進發，盼著用自己的青春熱血和堅定的信仰來拯救這個被土耳其人主宰的

---

❶ 教皇烏爾班二世，中世紀四大拉丁神父之一，十字軍東征就是他發起的。

第一次十字軍東征

世界。令人難過的是，大約90%的教徒無法去到聖地。這些貧困的教徒沒有足夠的盤纏支撐他們走完全程，於是他們一路乞討露宿，途中還做過一些偷雞摸狗的事。這使得各地的社會治安遭到嚴重的破壞，一些鄉民難以忍受這樣的行爲，便一刀殺死他們。

第一支東征軍可以說是烏合之衆，它是由虔誠的基督教徒、家族衰落的貴族、負債累累的破產人和一些爲了逃避法律制裁而逃亡的罪犯組成的。隱修士彼得和窮困的沃特帶領著這些有點瘋狂的雜牌軍，浩浩蕩蕩地前進，只要見到猶太人就得立刻殺死他們，最終他們在匈牙利解散了。

教會深刻地反省了這件事，從中懂得了一個道理：激情澎湃是不能解決問題的。這樣說來，歐洲人不僅要擁有堅定不移的信念和無所畏懼的精神，而且要培養嚴密周全的軍事部門。歐洲人迅速地在一年的時間內建立起一支包含20萬人的正規軍隊，布永的戈弗雷、諾曼底公爵羅伯特和佛蘭德伯爵羅伯特等貴族是軍隊的首領，都具有豐富的作戰經驗。

一〇九六年，第二支東征軍開始了漫長的征程。騎士們趕赴至君士坦丁堡向皇帝——我說了，傳統的力量不容小覷，十分強大，雖然可悲的東羅馬皇帝失去了權勢，但是他身上還具有極高的尊嚴——嚴肅地宣誓。接著，他們越過大海，來到亞洲大陸廝殺，占領了耶路撒冷，殺死了城裡所有的穆斯林。所有事情都結束了，他們便虔誠地趕去聖墓，讚美並感激神聖的上帝。可是土耳其人不久後就再次建立新的軍隊把耶路撒冷奪回來，殺光了基督信徒。

接下來的二百年時間裡，歐洲人陸陸續續掀起了七次十字軍東征的運動。十字軍士兵漸漸發現了最佳的遠征路徑。在陸地上行走實在是太不安全了，他們翻過阿爾卑斯山之後，選擇走海路，從意大利南面的威尼斯或熱那亞下海往東行駛。威尼斯人和熱那亞人運送十字軍士兵越過地中海，因此獲得了不少財富。他們經常把價格抬高，當窮困的十字軍無力支付費用時，就裝出一副慈悲的模樣，對士兵說，可以通過工作來償還債務。十字軍士兵便同意爲船主作戰，以此來支付從威尼斯橫渡至阿卡的費用。憑藉著這種賺錢方法，威尼斯在亞得里海岸、塞浦路斯、希臘半島、克里特島、羅德島和雅典建立了許多殖民地。

聖地的問題並沒有因爲戰爭而得到解決。歐洲人對宗教的熱情逐漸消散，家境較好的青年把十字軍遠征當作教育自我、鍛鍊自我的課程。在巴勒斯坦打仗的人數一直都沒什麼變化，但是已經喪失了當年的熱血。十字軍剛剛踏上征程時，恨透了穆斯林，反而同情帝國和亞美尼亞地區的基督教徒。現在這件事變得不一樣了，他們知道了拜占庭的希臘人常常做欺騙和背叛他人的勾當，開始鄙視並嫌棄這些人，他們用同樣的眼光來看待亞美尼亞人和地中海東邊的其他民族。有趣的是，他們竟然非常欣賞敵人穆斯林豪爽正直的性格。

這種感情肯定不能外露。可是十字軍戰士返回歐洲的家鄉後，立刻向同鄉人展示敵人的優雅與高貴。粗鄙的騎士逐漸明白，與東方的異教徒相比起來，他們真是俗氣極了。他們當中的某些人把東方的菠菜、桃子等大家前所未見的植物種子帶回來，播撒在自家的菜地裡，希望下一年能憑藉這些果實獲得收益。他們脫下沉重粗陋的鎧甲，學習穆斯林和土耳其人的衣著打扮，穿上絲綿長衫。我們很容易就能看出，十字軍東征最終帶來的結果並不如預期所想，違背了當初攻擊異教徒的本意，反而成了歐洲年輕人學習文明的途徑。

只從軍事和政治方面來看，十字軍東征是一個全然失敗的舉動。每一次拼盡全力奪得耶路撒冷和其他

十字軍占領耶路撒冷

十字軍的墳墓

城市之後又被別人奪走，土耳其人還逐個攻破了他們在巴勒斯坦、敘利亞和小亞細亞建立的小國家。耶路撒冷在一二二四年完全被土耳其人掌控。聖地的情況與一〇九五年前比起來，一點進展都沒有。

然而，十字軍東征使歐洲得到了更好的發展。西方人在這一過程中見識了東方璀璨優秀的文明。他們開始厭惡狹小陰暗的城堡生活，希望過上一種更加美好且健康的生活，這並非教會和帝國能夠帶給他們的。

於是，他們在自己的城市裡實現了理想的人生。

第三十五章　處於中世紀的城市

──為什麼中世紀的人會說「只有在城市才能感受到空氣的自由」。

中世紀早期，歐洲人致力於開墾荒地、興建家園。很早之前，有個新興民族定居在羅馬帝國東邊的高山、森林和沼澤地帶，之後占據了西歐許多土地。和眾多開拓者一樣，他們也喜歡冒險，經常充滿活力地與同族展開鬥爭，或與寂靜的森林進行廝殺。他們離開城市，過著自由自在的生活。他們喜歡山間清新的空氣，熱衷於在草原上策馬奔騰。要是在某個地方長時間居住而產生倦怠，他們便搬離原地，去尋找新的住處。

經過長期的生存競爭，一些弱小的牧民最終被命運淘汰，強壯的鬥士以及跟隨丈夫一同開墾荒地的婦女逐漸在困境中存活下來。他們慢慢形成了一個強悍的族群。費力的勞作使他們很少把注意力放在精緻的東西上，更別說作詩彈琴了。他們以實用為重，不會夸夸其談。牧師是村子裡唯一有文化的人（我們曾經說過，13世紀前，會讀書寫字的男人會被人認為有女人味），可以解決人們的精神困惑。此時，法蘭克男爵、北歐公爵、日耳曼領袖或是其他名人，都占有原羅馬帝國的一小塊土地。他們在以往的廢墟上建立起一個美麗的新國度。他們心滿意足地笑，讚歎這個完美的世界。

他們儘力管理城堡和周邊的村莊，和平常人一樣遵從教會的旨意，忠於國王或皇帝。他們要求合理妥當地辦事，不僅追求公平，而且竭力維護自己的利益。

其實他們知道自己沒有生活在一個理想的世界中。農奴和雇工是居民中的大多數，他們和牛羊住在一起，吃在一起，地位和牲畜沒什麼兩樣，同屬於土地的一部分。這不算是不幸的生活，但也不能說是幸福的生活。他們能怎麼做呢？萬能的上帝早已安排好了一切。他憑藉無窮的智慧判定，既然世界存在騎士，那麼也應該有農奴的存在。教會的信徒不應該懷疑他的安排。所以農奴毫無怨言，如果他們被過度奴役，就會像飼養不當的牲畜一般大量死亡。要是出現這種情況，他們的主人會急著想辦法改善他們的生活條件。假如時代的進步需要農奴及其封建領主的努力，也許我們現在還過著12世紀時的落後生活。牙疼就念叨著「請求上帝顯靈」，企圖用咒語來消解疼痛，要是遇到一個用科學方法爲我們止痛的牙醫，我們會瘋狂地抵制，甚至認爲他在使用「巫術」——這一定是穆斯林或異教徒做的壞事，不僅沒有實際效用，還褻瀆了上帝。

你長大後就會明白，世界上有不少人認爲歷史的發展不算是一種進步。他們會用種種恐怖的事例向你證明世界一直止步不前。我希望你不要太過相信這種言論。你能清晰地看見，我們的先輩經過一百萬年的努力才學會直立走路，過了幾個世紀才把鳥獸的語言發展成方便交流的語言。

四千多年前，人類發明了文字，它可以記載人類的思想，能夠推動人類文明的進步。「征服自然」曾經在你祖父輩時被人認為是前衛思想，如今已經是最流行、最普遍的觀念了。我一直認為人類在不斷地發展，而且也在不斷地進步。也許現在的我們過於注重物質生活，可是我相信這種情況會在不久的將來發生改變。那時，我們會把更多注意力放在和收入、溫飽、管道、機械等不相關的事情上。

因此，你不需要對過去的美好生活耿耿於懷。大多數人只要看到中世紀保留下來的富麗堂皇的教堂和精緻的藝術品，就會用它們來對比混亂嘈雜的現代社會。事實上，中世紀時的一些宏偉壯觀的教堂附近全是髒亂的貧民屋舍，要是和它們相比，我們現在居住的廉價公寓可以說是華麗的皇宮了。確實，尊貴的朗瑟羅和帕西法爾等在城市中尋找聖盃的年輕英雄從來不用擔心汽車排放的尾氣。然而當時還有很多可怕的臭味：街道上垃圾腐爛的味道、主教的宮殿附近飄著的豬圈味、人群中充滿著難以表述的怪味——因為人們身上穿的衣帽是他們的祖父曾經穿過的，而且他們不曾使用香皂來沐浴。我無意描述出這種倒胃口的畫面，可是如果你要研究古代的史書，就真的會讀到這樣的內容：一位法蘭西國王正透過宮殿的窗口望向外面，突然間，一群豬經過巴黎的街道，國王被這衝天的惡臭味熏暈；或是在某個可怕的時期，歐洲大地蔓沿著天花或其他瘟疫。一旦你讀到這些內容，你就會知道，「進步」一詞並非現代獨有的廣告術語。

城市的興盛讓人們看到了近60年來的進步。所以我有必要把這一章寫得更加長。它是人類文明發展的關鍵，無法像說明政治事件那樣簡單明了地用兩三頁紙概括。

城市文明在埃及、巴比倫、亞述等古國結成纍纍碩果。希臘就是一個由城邦組成的國度。腓尼基的歷史幾乎等同於泰爾和西頓兩個城市的歷史。羅馬帝國占領的廣闊疆土事實上成了羅馬城的後院。城市幾乎創造了一切文明世界的關鍵元素——文字、藝術、科學、天文、建築、文學、戲劇等。

四千多年來，古代的城市如蜂窩般密集，是世界作坊的重要一員。之後，大量日耳曼人從舊的定居點遷移出去，羅馬帝國昔日的輝煌湮沒在內憂外患中，城市被摧毀，歐洲又回到原來那個充滿草原和農莊的大地。接下來便進入無知的黑暗時期，原本快速發展的歐洲文明止步不前。

十字軍東征就像是培育歐洲文明的土壤，使文明的種子茁壯成長，隨後，文明的果實被中世紀的城市居民收穫。

我曾經和你談過城堡和修道院的事。高牆裡住著騎士和教士，分別守護著人們的身體和靈魂。屠夫、面包師、蠟燭匠人等以手工藝為生計的人們接二連三地把家園設置在城堡周圍，這不僅符合封建領主的要求，也能給自身提供安全保障。他們的領主偶爾會允許他們在自家的屋子周圍建立一道護欄。這位城堡主人對他們的生活水平和保障有著巨大的影響。每當領主走出城堡，手工藝勞動者們都會跪下來親吻他的手背，表達他們的感激之情。

可是，這個世界因為十字軍東征而產生了巨大的變化。很久以前，人們在民族大遷徙運動中從歐洲東北方轉移到西方。現在十字軍東征正好相反，大多數人們在這個運動的影響下從歐洲遷移到歐洲東南方的文明發達的區域。他們發現此處美麗的風景只有邁出家門才能感受得到，世界並不侷限於屋子那四堵牆壁中。他們非常喜歡東方的華麗服飾、舒適的房子、美味的食物、精美的藝術品，就算回到了西方的家鄉，也一直惦記著。於是商人們開始購置更多的東方貨物。生意不斷擴大，他們便購置了一輛貨車，還聘請了幾個曾經征伐遠方的士兵來保護貨車，用來應對戰爭過後歐洲犯罪猖獗的局面。他們的生意就這樣越做越好。坦白說，從事商業貿易這個行業非常不容易，他們每到一個新地方做生意，就要給當地的領主交納稅款。好在他們做生意賺到了一些錢，所以不願意放棄手中的生意。

不久後，一些聰明的商人發現他們可以自行生產那些從遠方買來的貨物。這種想法促使他們把家裡的房間改成生產作坊。商人們從此結束了到處漂泊的商販生活，成了製造商。他們向當地的城堡主人和修道院院長銷售他們製造的產品，還把貨物拿到周圍的鄉鎮上售賣。領主和院長們經常用自家莊園收穫的農產品來和他們交換，比如葡萄酒、蜂蜜、雞蛋等。可是普通百姓就得用錢來買這些產品。於是商人們慢慢積累了不少財富，社會地位得到一定的提高。

也許你不知道沒有貨幣的世界會是什麼樣子的。現代大城市中，沒有錢便寸步難行。你得在錢包中存放一些硬幣，才能換來報紙、乘坐公共汽車的機會和午餐。可是在中世紀初期，有很多人一生都沒見過錢幣的樣子。古希臘和古羅馬的錢幣都被埋沒在泥土中。歐洲在羅馬帝國覆滅後的大遷徙時期徹底轉變爲農業社會，農民自行耕種農作物、飼養牲畜，不必進行商品交換。

中世紀騎士像鄉紳那樣很富裕，不需要花錢購物。他的莊園能夠滿足他與他的家人在所有衣食方面的需求。除此之外，他還可以在河岸周圍找石頭來修築城堡，到自家的林子裡砍下樹木作爲大廳的柱子。他們基本上能生產出自己需要的物品，如果有不能生產的，便拿一些雞蛋、蜂蜜或柴火等物品去換取。

然而，十字軍東征後，人們拋棄了歐洲農業社會的習俗。我們不妨假設一下，西爾德謝姆公爵打算奔向遠在千里的聖地，這趟行程中他需要支出大筆的食宿費用和交通費用。如果他在自己的領地上活動，就可以用農莊的產品去交換。可是他不可能在這次長途旅行中帶上一百打雞蛋和一車火腿作爲支付貪心的勃倫納山口的老闆或威尼斯船主的費用。他們只在乎金錢，公爵必須隨身攜帶一些金子。可他怎樣才能獲得那麼多金子呢？第一個方法是借巴比倫人的錢。他們專職放債，悠閒地坐在兌換台後（兌換台稱爲「banco」，銀行這個詞就是從這裡演變而來的），慷慨地把幾百枚金幣借給公爵。巴比倫人向公爵提出抵押莊園的條件，若

城堡與城市

是公爵在行程中遇到意外，他們依然能獲得收益。

但是一般說來，這樣的交易對借錢人來說非常不安全，因爲巴比倫人會想盡辦法奪得他的莊園。騎士被奪走家產後沒有選擇的餘地，只能爲一個奸詐強悍的鄰居拚命工作。

公爵還能選擇第二種方法，就是去找城裡的猶太人。猶太人借錢十分慷慨，但是借他們錢就必須接受償還本金加利息的條件，利息是所借款額的一半，這眞是太不合理了。可是還有什麼辦法呢？距離城堡不遠的鎭上住著幾個富裕的市民，他們是公爵幼年時的朋友，他們的祖先也和老公爵是好朋友，借他們的錢應該不用接受不合理的條件。懂得看書寫字、爲公爵登記賬冊的教士寫了一張字據，請他們借點錢給公爵。

市民們收到字據後立刻奔向珠寶和聖盃製造者的家裡，大家一同討論這件事。對於公爵的請求，他們難以拒絕，同時也無法接受他支付的利息。根據基督教精神，收利息是不妥當的行爲，況且公爵必定會以農產品作爲利息來支付，可是他們不需要農產品。

「你們覺得這個方法是否行得通……」安靜、極具哲學家氣質的裁縫突然說道，「我認爲我們可以借錢給他，但是他要回報我們，以此用來償還借款。比如說我們都喜歡釣魚，但是公爵大人一直不讓我們在他的河裡釣魚。要是我們借一百枚金幣給他，就讓他簽署一份允許我們在河裡釣魚的擔保書。這不是很好的方法嗎？」

公爵也認爲這是一個好方法，能夠輕輕鬆鬆獲得一百枚金幣，他沒有想過這是侵犯他現有權利的行爲。他二話不說便在擔保書上按下手印（他不會寫自己的名字），隨後離開。兩年之後，公爵毫無所獲地返回家中，看到幾個從城鎮來的市民在城堡附近的小河裡悠閒地釣魚。他非常生氣，立刻吩咐僕人趕走那些大膽的市民。這些人見此情景，默默地離開，然而當天晚上，市民代表來到城堡請求見公爵一面。他們彬彬有禮地問候遠道歸來的公爵，同時對釣魚一事向公爵道歉。「大人您還記得吧，」他們突然說道，「是您允許我們這樣做的啊。」話剛說完，裁縫便取出那張保證書。公爵離開城堡後，那位珠寶工匠一直小心翼翼地把它存放在保險櫃中。

公爵大人火冒三丈，可是突然間想起自己還得要借一筆錢——在意大利，著名的銀行家薩爾維斯特羅·德·美弟奇還保存著他按下手印的幾張單據。這些單據是商業期票，兩個月後就到期，總額高達三百四十鎊荷蘭金幣。

一想到這件事，憤怒的公爵大人只好壓下心中的火氣。他心平氣和地請求他們再借給他一筆小錢，市民們你看看我，我看看你，向公爵表示他們要回去討論討論。

三天後，他們集體拜訪公爵，同意借錢給他。他們提出這樣的要求：「我們很開心能夠解決大人的難題，我們願意把三百四十鎊金幣借給大人，可是大人能不能再簽署一份擔保書，允許我們成立一個由市民選舉而成的議會，以後城鎮裡的大小事務都由市民議會來管理，您就不需要再被打擾了。」

公爵大人聽到這番話，憤怒得幾乎要跳起來。但是爲了借到那筆重要的錢，他只能答應。可是一個星期不到，公爵便後悔了。他命人衝進珠寶工匠的家裡拿回那份擔保書，他反駁眾人，說那份文件是這些壞人騙他簽下的，接著便點火燒了擔保書。市民們站在一邊默不作聲。後來，公爵的女兒要出嫁，需要用錢來置辦嫁妝，他再次向市民借錢，卻被狠狠拒絕。許多人還記得當初珠寶工匠家裡發生的那件事，公爵不守信用的行爲使他在人們心中的形象大打折扣。公爵無可奈何地決定補償大家。不幸的公爵終於借錢成功，那份擔保書重新回到市民們的手裡，同時他們還增加了一份新的擔保書，要求公爵允許他們興建保存擔保書的塔樓和市政廳。建造塔樓的目的是避免擔保書被毀壞，然而大家都知道，眞正的目的是避免公爵大人和他的部下毀滅擔保書。

十字軍東征結束後的幾百年時間裡，這樣的事情在歐洲時有發生。城市漸漸地奪走城堡的權

鐘樓

中世紀的城鎮

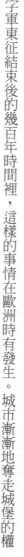

力。這個過程非常緩慢，同時也會發生矛盾。一些與珠寶工匠和裁縫相似的人在這過程中失去了生命，有幾座城堡消失在大火中，可是這些事發生的頻率不高。隨著時間慢慢過去，封建主和城鎮的貧富情況發生了翻天覆地的變化。封建主想要得到金錢，就得簽署一些犧牲權力的擔保書。城市以最快的速度崛起，很多逃亡的農奴在這裡找到了住處。農奴在城鎮中工作幾年後，就有足夠的錢來贖回自由。生活在農村的部分先進人士被城市吸引過來，逐步發展成社會關係的重心。市民們的社會地位得到提高，使他們感到十分滿足。他們把教堂和其他公用建築物建立在歷史悠久的物物交換的市場附近，以此來展現他們擁有的權利。他們想要讓子女學會更多生存技能，就聘請一些有才識的教士當老師。他們得知有人會繪製版畫，便花錢請他把《聖經》故事畫到教堂和市政廳的牆壁上。

這時候，公爵大人孤零零地坐在陰暗的城堡中。他看著城鎮的發展變化，心中充滿悔恨——他不應該在犧牲權力的擔保書上按下手印。現在後悔也來不及了。市民們拿著擔保書，再也不害怕公爵大人。他們是自由的公民，擁有新的權力。這可是通過幾十代人不斷奮鬥而獲得的權力。

火藥

第三十六章　中世紀的自治制度

——城市裡的自由民可以通過什麼方式來獲得皇家議會的發言權。

每個游牧民都擁有平等的權利和義務，因爲他們四處遷徙過生活，所以必須爲集體的安全和利益負責任。

他們決定在一個地方定居之後，人群之中便會顯現出貧富的差距。富裕的人自然而然地掌握了統治權，他們不需要辛苦地勞動，而且可以全身心地投入政治事務中。

這樣的歷史曾經也發生在兩河流域、埃及、古希臘與羅馬等地方。當日耳曼部落在歐洲鞏固實力後，也經歷了同樣的事。最開始時，皇帝由日耳曼民族神聖羅馬帝國中七、八個比較強盛的諸侯國國君中選舉出來，致力於統治西歐。可是皇帝的實際權力慢慢地被侵占，最終有名無實。每個諸侯國國君的權力看起來也不是很大，甚至不能穩穩噹噹地掌握統治權。事實上，各地緊握實權且能進行日常事務管理的是封建領主。他們有很多農奴可以爲他們工作。城市是很少見的，自然也不存在中產階級。13世紀時，中產階級（也就是工商階層的人）隱匿聲息將近10個世紀後重新出現。我們在上一個章節提到過，工商階層繁榮之時，便是城堡勢力衰退之日。過去，各個封建國國君只重視主教和貴族的看法，但自從十字軍東征後，商業貿易興旺發展，他們不得不把目光放在中產階級身上，因爲中產階級的活動能夠直接影響國庫的富足或空虛。相比之下，君主甘願向牲畜求助，也不樂意與城市中的自由民交流。可是現實強迫他們選擇了後者。他們硬生生地接受了這個事實，儘管他們不會讓出手上的任何權力。

十字軍在英格蘭的君王「獅心」理查❶的帶領下進行東征，最終在奧地利監獄裡消耗了大量時間。這段日子裡，約翰接受了理查託付給他的治理國家的重擔。和「獅心」理查比起來，約翰的戰鬥力較低，但說到治理國家的能力，兩者眞是不分上下。成爲統治者後不久，約翰就丟失了諾曼底和大半部分的法國領土。接著他與教皇英諾森三世發生衝突。與霍亨斯陶芬家族爲敵的教皇英諾森三世決定把約翰的教籍革除，這與二百年前格列高利七世對待皇帝亨利四世的做法相同。約翰在一二一三年請求與教皇和解，這也是效仿一〇七七年亨利四世的做法。

約翰失敗的政績對他利用權勢爲所欲爲的舉動並沒有產生任何影響。最後，諸侯們再也無法忍受他的做法，只好將他禁錮起來，強迫他發誓要好好治理國家，不要插手管理臣民一直享有的權利。一二一五年6月5日，約翰在泰晤士河上的一個鄰近如尼米德村的小島被迫簽下《大憲

❶「獅心」理查，他主持了第三次十字軍東征。

章》這份文書。文件內容毫無新意，僅僅是對君主的職責做出強調，並釐清了諸侯的權力。它沒有提到廣大農民的權利，只是為新興工商階層提供了一些權利保障。

幾年過去了，新的君主召開議會，事情產生了新的變化。

無論是能力還是品德，約翰都表現得極其糟糕。他首先誠懇地表示會遵從《大憲章》的條例，後來慢慢廢除裡面的一些條款。幸好他沒有長命百歲，君主的位置由他的兒子亨利三世接任。亨利在沉重的壓力下，恢復了《大憲章》的效力。當時，他的叔叔「獅心」理查花了很多錢來籌備十字軍東征。亨利不得不選擇用借錢這一方法來還清猶太人的債務，但是國內的大主教和大地主都無法給予他足夠的錢財來還債。亨利無可奈何地召開了市民代表議會。新興階級在一二六五年正式作為代表出席議會，雖然那時候他們沒有干預國家政務的權利，只是以提出稅收建議的財政顧問一職參加議會。

漸漸地，市民代表針對各種問題提出了不少意見。於是由主教、貴族和市民代表組建而成的議會變成了定期舉行的國會。「où l'on parlait」是法語中「國會」一詞的表達，意思就是「民眾討論的地方」。

大多數人認為具有行政權的議會最早是由英國人創立的，其實不然。國王和議會一同治理國家的制度在歐洲很多國家皆有實行，不是不列顛諸島僅有的制度。法國國王到了中世紀時便極力壓制議會的權力。一三〇二年，法國市民就享有參加議會的權利了，經過整整5個世紀後，議會

罷免菲利普二世

才逐步獲得保護中產階級也就是「第三等級」權利的能力，不再受到皇權的制衡。

接下來，他們盡全力爭取以往沒有獲得的東西。法國大革命之後，國王、貴族和教士都被他們逐出政治舞台，普通民眾代表成了真正能主宰國家命運的人。自12世紀上半期起，西班牙的普通民眾就能參加「cortes（國王的議會）」了。德意志帝國的某些關鍵城市被冠上「皇家城市」的美名，該城市的市民代表成了皇家議會中不可或缺的一員。

一三五九年，瑞典召開第一次全國議會，人民代表得到了參與會議的席位。一三一四年，丹麥長期都存在的國家議會重新召開。雖然貴族在國家大權面前經常幹些折損別人、攫取私人利益的事，但是他們無法全然剝奪市民代表參與管理國家的權利。

斯堪的那維亞半島有一個代議制政府，他們的組織方案特別有意思。冰島的自由地主組建了一個「冰島議會」，從公元9世紀起存世一千年，用來集體管理事務。

瑞士每一個城鎮中的自由民都奮勇地向封建領主發起挑戰，維護自己在議會中可行使的權利。

13世紀時，第三等級的代表早已在荷蘭這個低地國家❷參與了各自的公國以及各州的議會。16世紀時，荷蘭領地內的一些小省份達成合作，聯名通過「市民議會」把國王罷免，將教士驅逐出境，對貴族勢力進行打擊。尼德蘭聯省共和國在七省聯盟的努力下建立起來，擁有高度的自治權。議會由市民代表組成，沒有國王、貴族和主教的干涉，這個國家足足存在了兩個世紀。城市擁有最高的權力地位，自由民成爲國家眞正的主人。

---

❷低地國家，由於荷蘭、比利時和盧森堡三個國家曾經多次統一於一個國家，而且海拔較低，所以得名。

第三十七章　中世紀的外部世界

——中世紀的人用什麼方式來認識周圍的世界。

日期是一個偉大的發明，它已經是我們生活中不可或缺的東西了。可是我們要提高警惕，不要輕易被它戲弄，它會影響我們對歷史形成過度精確具體的認識。例如我介紹中世紀的時間觀念，我的意思不是說，公元四七六年12月31日，歐洲人歡快地聚在一起呼喊道：「啊，羅馬時代已然終結，我們將要進入中世紀。實在是太有趣了。」

查理曼大帝的法蘭克王宮中依然有不少人堅持著羅馬人的生活習慣、行為舉止和人生觀念。你長大後會發現，世界上的某些人還沒有從洞穴人的階段進化過來。從歷史的角度看來，所有的時間和時代都會交疊，人們的思想會一直回流並重新出現。即便如此，我們依然可以瞭解到中世紀人們的思想觀念和對待生活的態度。

請記住最重要的一點，中世紀的人們沒想過自己是自由人，也不認為他們可以自由行動，憑藉自身努力改變命運。相反，他們認為自己只是一粒微小塵埃，活在由皇帝、教皇、英雄、農奴、異端、地痞、窮人和盜賊等人群組成的龐大社會中。他們從不懷疑上帝的安排，一直都無條件地遵從著。關於這一點，他們與現代人完全不同。現代人對任何事都持懷疑態度，並以此爲基礎努力奮鬥，希望提高自己的經濟政治地位。

在13世紀的普通民衆看來，美好的天堂和可怕的地獄不是神學家編造出來的神話故事，而是眞眞切切的現實。中世紀的騎士和農民爲死後的世界耗盡大半生，反而是我們現代人在臨死時會用古希臘人和羅馬人的平靜心態來面對這一切。我們回望60年來的風風雨雨，帶著祝福後人的心情安心走向死亡。

可中世紀時，人們身邊總是環繞著死神發出的陰森笑聲。有時候他會用小提琴拉出可怕的聲音嚇唬人們，有時候他會靜坐在用餐的人們身邊，有時候他會默默地站在樹林深處看著來來往往的男人和女人，然後發出恐怖的笑聲。假如你小時候沒有聽過安徒生和格林的童話，而是聽一些墳墓、疾病、棺材之類的鬼故事，那麼你一定會長時間沉浸在最終審判和死亡的恐慌中。這正是生活在中世紀的兒童們所經歷的現實，他們年幼時就開始聽和死神鬼怪有關的故事，很少能聽到天使的故事。他們從小就對世界充滿恐懼，幼小的心靈變得眞誠且謙遜，而這也導致他們變成凶殘的殺手。當他們征服一座城市後，就會殺死城中的男女老少，接著舉起沾滿鮮血的雙手，懷著眞誠的心奔向聖地，祈求上帝寬恕他們。他們淚流滿面、誠心誠意地禱告，可是第二天又重蹈覆轍，全然忘記昨日的誓言，殺死無數穆斯林異教徒。

十字軍士兵都是騎士出身，他們有著與一般人不同的行爲準則。一般的平常人就像容易受驚的馬一樣，有一點點動靜就會被嚇著。他們無條件服從主人的命令，有時執迷不悟，便會像他們的主人那樣犯錯。

然而，我們不能對這些人妄加評論，應該先思考他們所處的惡劣的外部環境。他們有著文明人的外形，但身體裡還潛藏著野蠻的基因。儘管查理曼大帝和奧托皇帝都被稱爲「羅馬皇帝」，可是他們和眞正的古羅馬帝國皇帝（比如奧古斯都或者馬可·奧勒利烏斯）比起來還存在著很大的差距，就像剛果河上游部落的頭領與接受過優質教育的尊貴的統治者那樣存在著極大的差距。他們生來野蠻，住在被其祖先糟蹋的古文明之上，從來不知道眞正的文明精神是什麼。如今12歲小孩都知道的眞實歷史，他們卻對此一無所知。他們獲得文化知識的唯一途徑是《聖經》。然而《聖經》裡有利於人們生活的內容只有《新約》上那幾個教育人們要互愛互助的章節。《聖經》中關於天文學、動物學、植物學、幾何學和其他學科的知識都不太眞實可信。12世紀時，簡樸的中世紀圖書館中增添了

中世紀的世界

一本新書，那是公元前４世紀古希臘哲學家亞里士多德編寫的實用知識大百科全書。你也許會問，爲什麼基督教在認爲古希臘哲學家是異端的同時推崇亞歷山大大帝的老師？我也無法弄懂這個問題。無論如何，亞里士多德在當時被人們稱爲除了《聖經》言論之外的最值得信賴的導師，所以基督教徒可以放心地閱讀他的作品。

亞里士多德的作品費盡千辛萬苦才被傳到歐洲大陸。它們最早從希臘傳播到亞歷山大城。公元7世紀，穆斯林攻占了埃及，用阿拉伯語翻譯亞里士多德的著作。之後，譯作被穆斯林軍隊帶到西班牙，科爾多瓦的摩爾人大學開始向學生講述這位來自斯塔吉拉的偉人（因爲亞里士多德的家鄉是馬其頓的斯塔吉拉）提出的深奧哲學思想。後來，一些基督教學生從比利牛斯山對面來到這裡求學，他們又用拉丁文來翻譯這部作品。幾經波折，又經歷過多次轉譯，這部著作最終成了歐洲西北地區各所大學的上課教材。雖然無法探查清楚詳細的流傳過程，但是這種情況反映出它有著特殊的意義和價值。

中世紀時，機智的人們通過《聖經》以及亞里士多德的指引發現了天地萬物和人神之間微妙的聯繫。這些人就是傳說中的經院學者。他們有著淵博的知識，機智聰明，可他們太執著於書本中的知識，實踐能力不足。例如他們在課堂上要給學生解釋何爲鱘魚，或毛毛蟲是何物，他們的答案都是從《舊約》《新約》或亞里士多德編著的厚重書籍中找來的，而不是去周邊的河裡抓條鱘魚來研究，或是走出書房去花園裡找幾條毛毛蟲來觀察，親自去它們生活的地方瞭解它們。即便像艾爾伯圖斯・麥格努斯❶和托馬斯・阿奎那❷這種被認爲是中世紀最出名的大學者的人，也從來都沒有想過西歐的鱘魚和巴勒斯坦的鱘魚有什麼不同，也沒有懷疑過西歐的毛毛蟲和馬其頓的毛毛蟲有何區別。

一次很偶然的機會，羅傑・培根❸懷著強大的好奇心進入聚集了許多學者的班級中。他走到講台上，拿出眞的鱘魚和毛毛蟲，笨拙地用顯微鏡和放大鏡進行觀察，用事實來告訴大家，眞正的鱘魚和毛毛蟲並不是《聖經》或亞里士多德所寫的那樣。思想陳腐的學者不讚同羅傑・培根的觀點，默默地搖頭。另外，培根還聲稱，實地考察一小時比辛辛苦苦讀十年書更有用，甚至還認爲亞里士多德的譯著雖然具有很高的價值，但人們還是要到希臘語原著中去尋求它的準確定義。說到這，經院學者再也無法忍受了，他們急忙向警察舉報他：「這個人說的話嚴重影響到國家的安全！他竟然要求我們用希臘語來研究亞里士多德的作品，懷疑極具權威的拉丁-阿拉伯譯本有問題。許許多多忠誠的信徒從幾個世紀前就開始信奉這部譯作。不僅如此，他還很好奇魚類和昆蟲的身體結構。也許他就是一個巫師，想要擾亂社會的正常秩序！」

❶艾爾伯圖斯・麥格努斯，13世紀哲學家，神學家。
❷托馬斯・阿奎那，13世紀經院哲學家，神學家，是艾爾伯圖斯・麥格努斯的學生。
❸羅傑・培根，英格蘭哲學家。

學者們嚴肅地向警察報告此事，警察們立刻採取行動，使培根在10年內都無法發表言論。這一次教訓使培根在恢復研究之後開始用別人看不明白的符號來記錄自己的觀點。之後，人們漸漸對信仰產生懷疑，爲了防止教會插足干涉，人們紛紛採用獨特的符號來傳達信息。

其實教會堅持以保守的方法辦事並沒有什麼惡意。在他們眼裡，制止異端思想的人都是純潔和善的。他們那深深紮根在腦海中的思想使得他們認爲——現在的生活都是爲死後要去的世界做準備。他們一直相信複雜的外界知識會影響人類的心靈，動搖人們的信仰，最終導致人們無法到達天國。

中世紀時，如果老師發現學生進行獨立研究，而不是運用《聖經》或亞里士多德的著作，就會感到惶恐，一如母親看著年幼的兒子走向火爐一般。假如孩子不小心碰觸到火爐，那麼他肯定會受傷，母親必然會阻止他，情況危急時更是急切。同時她也眞心地愛著她的孩子，如果孩子乖巧，母親便會溫柔以待。同樣地，中世紀那些看守人類靈魂的人會嚴格地看待信仰問題，同時盡心盡責地服務教徒，在他們需要的時候伸出援手。他們認眞地教育人們，目的是想讓人們更加容易忍耐現世的生活，領導這些虔誠的信徒跨過世間的坎坷。

農奴的身分地位一直不變。儘管慈悲的上帝把辛勞艱苦的命運安排給他，但他的靈魂和權利都受到上帝的保護，最終靈魂得以安息。當他年紀越來越大，身體虛弱而不能繼續勞動時，他的領主會對他的下半生負責。農奴過著重複且無趣的生活，但再也不需要擔心未來的日子了。他的心中充滿安全感，因爲他不必擔心自己會不會失業，不必害怕頭上遮風擋雨的屋頂會離他而去——雖然屋頂可能會漏雨，但是他能通過勞動在世間存活下來。

中世紀時，社會中絕大多數人都有著安穩的生活。爲了讓人們有穩定的收入，城市中的商人或手工藝人組建了一些行會。行會的目的是保障那些生意慘澹或勉強維持生活的成員能安安心心地過日子。行會的存在使更多勞動人民獲得安全感和滿足感，相對於我們這個競爭激烈的現代社會而言，這是難以想像的。假如有一個富裕的人買下全部肥皂、糧食和加工鯡魚，放到市場中以高昂的價格出售（和我們現在的壟斷行爲有點像），那一定會導致其他人的利益受到損害。中世紀的人們不希望有這樣的情況出現，所以政府會嚴厲地控制批發購買的數量，經常對商品的價格進行限制。

中世紀人不喜歡競爭。爲何要競爭？競爭只會導致社會變得更加動盪不安，從而出現更多投機分子。如果人生最終都要走向末日審判，那麼財富就沒有任何意義。奸詐的騎士會被丟入恐怖的地獄，善良的農奴可以邁入金色的天堂，在這種條件下，競爭有什麼好處呢？

總而言之，中世紀的人們會犧牲一些自由或改變思想，以此希望在困境中獲得心靈上的安慰，最終使靈魂得以安息。

他們很少會想到要與命運對抗。他們認爲自己是一個匆忙來到這個痛苦世界的路人，向美好的來生進發。他們不在意世界的苦難、陰險和不公平，只顧著用窗簾遮擋陽光，專心地沉浸在

《啓示錄》❹中。他們深信《啓示錄》中聖潔的言論，相信光明的天堂會使人永遠幸福。他們不在乎俗世中的聲色犬馬，因爲末日之後的幸福更加重要。人們在現世生活必須忍受肉體之痛，接著肉體會消失，新的生活即將開始。

古希臘人和古羅馬人從來不關心未知的未來，他們認爲天堂就是現在的人間。假如他是一個自由的公民，不是奴隸，那他將會擁有充滿趣味的生活。但是中世紀的人和他們不一樣。他們認爲天堂在遙遠的天邊，現世生活的苦難不可能因爲高低貴賤、聰慧愚蠢、貧富而改變。直至某一天，歷史的鐘擺又向另一邊搖去。請看下一個章節的內容。

❹《啓示錄》，《聖經・新約》的最後一章。

第三十八章　中世紀的商貿

——十字軍東征促使地中海地區的貿易中心恢復了往日的繁華，意大利的城市很快便成為歐亞非三地商業貿易的集散中心。

中世紀後期，意大利半島開始興旺起來，獲得重要地位，再度成爲商業中心。我認爲這主要包括三個原因。

第一點，很久之前，羅馬帝國已經將意大利收入囊中，並在這裡建立起比歐洲各國更多的城鎮、公路和學校。意大利在蠻族入侵時被嚴重破壞。那片土地有太多可以被毀壞的東西，幸運的是留下了不少沒被毀壞的東西。第二點，意大利是教皇的居住地。教皇幾乎領導著整個歐洲，名下有無數土地、城堡、森林、河流和農奴，此外，他通過宗教法庭獲得了不少收入。

歐洲人需要向教皇進獻許多貢品。歐洲西部和北部的人們經常不得已要把禽蛋、馬和牛羊等農產品換成錢幣，因爲他們想要輕便地將貢金送到羅馬城。因此，意大利比歐洲其他國家擁有更多的金銀儲備。第三點我們在前面提到過，十字軍東征時，人們把意大利城市設置成遠征軍往東行船的碼頭，並借此大賺了一筆錢。

歐洲人到東方打仗後非常依賴那裡的東西，十字軍東征完結之後，東方的貨物進入歐洲大陸必須得經過意大利的城市，所以該地成了商品中轉的地方。

威尼斯不僅有水城的美譽，還是意大利著名的商業城市之一。事實上，威尼斯是一個包含了一百多個小島的共和國。蠻族在公元4世紀開始大肆侵略，原本居住在意大利半島的人們紛紛離開，到這裡定居，原因是不想再受到戰爭的侵襲。人們利用威尼斯島在海洋資源上的優勢發展製鹽業。歐洲在中世紀時非常缺鹽，所以鹽的價格也十分高昂。幾百年來，威尼斯長期壟斷了這種在飯桌上不可或缺的調味料的供給（我說它不可或缺的原因是，要是食物中缺少必要的鹽分，人就容易生病，如同羊羔一樣）。威尼斯城市的勢力全靠這些壟斷生意來壯大。他們有時候還大膽地挑戰教皇的權威。很多人倚仗著大量的資金，開始製造大船與東方進行商業交易。十字軍東征期間，他們就使用這些船把十字軍戰士送到聖地去。要是戰士無法支付費用，他們就必須要接受威尼斯人提出的條件，去侵略其他地區。因此，威尼斯人在愛琴海、埃及和小亞細亞地區迅速擴大殖民地範圍，占有的土地越來越多。

14世紀末期，威尼斯的人口增長至20多萬，晉陞爲中世紀規模最大的城市。少數幾個富商掌握了威尼斯的行政管理權力，民衆沒有任何政治權。以選舉的方式選出來的參議院和總督都沒有掌握實權，掌控城市實際權力的是十人委員會。在十人委員會的推動下，一個集合了祕密警察和職業殺手的特務機構完成組建，作用是維護十人委員會在政治方面的權力。特務機構對市民們的一舉一動進行嚴密的監察，要是有人對專權的公共安全委員會感到不滿意，就會被逮捕或暗殺。

然而，佛羅倫斯的政府體制發生了更加極端的轉變——民主政治極不穩定。佛羅倫斯有著險峻的地勢，控制了歐洲北部到羅馬的交通要道。優越的地理位置使他們更加容易賺得錢財，之後他們把這些錢投入商品製造行業中。佛羅倫斯人的政治習俗是從雅典人那裡繼承過來的，那兒的教士、貴族和行會會員都熱衷於討論城市政務。每個人所屬的政治派別都不一樣，經常互相爭奪權力。假如有一個派別在議會之中得到大部分人支持，他們就會千方百計流放自己的政敵，順便把他們的財產侵吞了。這樣動盪而又混亂的統治持續了幾百年後，終於迎來一件必然發生的事。有一個既富裕又有權勢的家族奪取了統治城市的權力，他們運用與古希臘相似的「僭主」法來治理城市與附近的村莊。這個家族名爲美弟奇家族❶，他們先輩的職業是醫生（「美弟奇」在拉丁語中是「醫生」的意思，這個家族的名字因此而來），之後又逐步轉向銀行領域。過了一段時間後，他們家族開設的銀行覆蓋了當時所有關鍵的商業中心。現在你還可以在美國的銀行大廳中見到三個金色圓球，這是由美弟奇家族的族徽圖案轉化而來的。令人驚訝的是，這個財力雄厚的家

❶美弟奇家族，意大利的一個名門望族。

族竟能與法國國王聯姻，所以其家族成員逝世後可以被埋葬在皇家豪華陵園中，其奢華程度可與羅馬皇陵相比。

除了威尼斯，最重要的港口城市便是熱那亞了。熱那亞商人特意去黑海沿岸的幾個糧食產區和非洲突尼斯開展商業交易活動。除了前面提到的三座重要城市，意大利半島還包含了二百多個大大小小的城市，它們的商業都能獨立發展，所以彼此之間經常會發生利益衝突，互相結下仇恨的種子。

除此之外，意大利城市的商人在獲得了東方與非洲的商品之後，會轉手將它們賣給歐洲北部和西部的人。

熱那亞人通過海洋運輸把貨物送到法國馬賽，更換船隻之後便把貨物賣到羅訥河沿岸的各個城市，從此之後，這些城市就成了法國西部和北部的商品交易市場。

威尼斯人則選擇走陸路，向北歐地區輸送貨物。這條路具有悠久的歷史，是多年前蠻族入侵意大利時所走的路，途經阿爾卑斯山的勃倫納山口。走過山口之後就到了因斯布魯克❷，接著經過巴塞爾❸，再順著萊茵河一直向西走，最終把貨物運至英格蘭和北海。另一個途徑是運送貨物

---

❷因斯布魯克，位於奧地利西南部的一個城市。

❸巴塞爾，瑞士第三大城市。

到富格爾家族的奧格斯堡（這個家族從事銀行業和製造業，待人苛刻，經常扣除工人的工資，然而他們就是這樣積累財富的），然後這個家族的人會把貨物分配好，運送到紐倫堡、萊比錫、哥特蘭島的威斯比和波羅的海沿岸的各個地區。威斯比又向波羅的海北部地區販賣貨物，有時候也會到俄羅斯商業中心即諾夫哥羅德城市共和國進行交易（16世紀時，伊凡大帝摧毀了諾夫哥羅德城市共和國）。

歐洲西北部的一些沿海城市發生了不少有趣的事情。中世紀時流行各種各樣的齋戒日，人們在那天不得吃肉，於是魚類就成了非常重要的食物。假如有人倒楣地住在離大海和河流都很遙遠的地方，那麼他們只能選擇食用雞蛋了。但是這種狀況很快被改變。13世紀前期，一個機智的荷蘭漁民創造出一種加工鯡魚的方法，可以使鯡魚保持新鮮的肉質，因此也能進行長時間和長距離的運輸。之後，北海邊的鯡魚捕撈業得到發展，使得這個地區的商業地位迅速上升。但是這個情況並沒有持續很久，13世紀時，這些原本生活在北海地區的非常具有商業價值的鯡魚突然因爲物種遷徙而轉移到波羅的海，帶動了當地的漁業發展。於是全世界的漁民都駕著漁船來波羅的海捕捉鯡魚。鯡魚的捕撈期較短，每年只有幾個月的時間（其餘時間是鯡魚的繁殖期），所以淡季一來，漁船便有了許多空閒的時間。得空的船隻會趁著這個機會將俄羅斯北部和中部生產的農作物運到南歐和西歐，接著在回程中把產自威尼斯和熱那亞的絲綢、地毯、香料和東方人編織的掛毯

諾夫哥羅德

運送到布魯日❹、漢堡和不來梅❺。

歐洲關鍵的國際貿易網絡就這樣利用簡易的貨物運輸建立起來的，它的範圍包括布魯日、根特等以製造業爲中心的城市（當地的行會與英、法國王展開激烈的鬥爭，建立了勞工專制制度，這個制度損害了僱主和工人的利益，令他們感到絕望），甚至擴展到地處俄羅斯北部的諾夫哥羅德共和國。諾夫哥羅德共和國原本擁有強盛的商業，但是後來被厭惡商人的沙皇侵襲，他用一個月的時間處死了6萬多個市民，只剩極少數人存活下來並以乞討作爲生計。

北方的商人組建了「漢莎同盟」，目的是對抗煩瑣的法律條文、高額稅款和海盜。它的總部設在呂貝克❻，由一百多個城市自願建立。這個聯盟還組建了自己的軍隊，要是英國和丹

❹ 布魯日，比利時的一個城市。
❺ 不來梅，德國西北部城市。
❻ 呂貝克，德國北部城市。

麥的君主損害他們的利益，他們就會用軍事力量來與之抗衡。

商業貿易是一個神奇的事物，它可以跨過大山，越過河流或海洋，每一次旅途都充滿驚險。我真的很想再多寫點什麼，給你說說一些發生在商業旅途中的趣事。要是這樣的話，估計可以寫好幾本書了，所以這個話題就到此爲止吧。

我曾認真地向你展示過，中世紀的發展十分緩慢。掌握實權的人們一直認爲「進步」是一個壞東西，不能讓它摧毀人類世界。這些掌權者可以輕而易舉地利用他們的思想影響粗魯的騎士和溫順的農奴。偶爾也會有一些英勇的鬥士無懼危險地闖入科學禁區，最後落得悲慘的下場。假如他們能保住性命，僅僅被判處20年監禁，就可以說是很幸運的了。

漢莎號航船

國際貿易巨浪在12世紀和13世紀時席捲歐洲，一如尼羅河水淹沒了埃及土地那樣。潮水帶來了肥沃的泥土，使人們收穫了豐厚的財富。擁有的財富越多，閒暇時間也就越多，人們便購買一些手抄稿來學習，從而增強文學、音樂、藝術等方面的鑑賞能力。

此後，人們神聖的好奇心再度被激發。人類曾經因爲這種好奇心而比其他哺乳動物進化得更快。我在上一個章節向你講述了歐洲城市的興起與發展，一些勇敢的文明先行者打破了原先那些根深柢固的秩序，城市就如避風港那樣佑護他們周全。

現在，神聖的工作正式開展。他們把緊閉多年的窗戶打開，封閉已久的書房頓時充滿了陽光，驅散了黑暗時代積聚起來的陰鬱。

接著他們認眞地清理房間，又去修整花園。

他們越過古代留下的斷壁殘垣，向藍天白雲下的田野走去。他們忍不住讚美道：「這眞是一個美妙的世界。生活在這個世界上，我感到很幸福。」

現在，中世紀結束了，一個嶄新的世界將要出現。

第三十九章　文藝復興

——人們再次讚譽今生今世。他們不斷地汲取古希臘、古羅馬和古埃及的文明。他們對自己努力的成果感到自豪，驕傲地把這稱為復興人類文明的運動。

文藝復興沒有涉及政治和宗教，它關注的是人類的心靈。

人們在文藝復興時期仍然默默服從教會、國王、皇帝、公爵。他們的生活態度發生了巨大的變化。他們的服飾開始變得不一樣，對語言進行修飾，他們還改變了房子的風格，在裡面開始新的生活。

他們不再把所有精力都用於祈求獲得永恆的生命。如今他們的思想開始轉變，試圖在俗世中建造一座屬於他們的天堂。確實，他們獲得了突出的成就。

我經常告誡你，過於在乎精準的歷史紀年是很危險的行為。大多數人都沒有深入瞭解歷史年代，對他們來說，中世紀就是一個無知的黑暗時期，時鐘一發出　嗒的聲響，文藝復興便準時地到來，一夜之間，知識的火光照亮了城市和宮殿。

從歷史事實的角度看來，中世紀過渡到文藝復興時期的準確時間並不存在。絕大多數歷史學家認爲13世紀是中世紀時期，它是不是只有矇昧與黑暗？那當然不是。人類活動在13世紀時已經非常活躍了，許多國家實現獨立，快速崛起，不少繁華的商業中心迅速發展起來。哥特式大教堂上聳立著細長優雅的塔尖，向下看著城堡和市政廳的屋頂。歐洲世界蓬勃發展，生機盎然。鄉紳聚集在市政廳裡，他們用財富獲得力量，又將力量轉化成權力，所以他們經常和封建領主發生衝突，互相爭奪權勢與利益。國王的顧問幫助國王趁機獲得許多利益。

城市漸漸被夜色覆沒，昏暗的街道上，人們暫時不談政治、經濟之類的話題。迷離的夜色中，歌手和行吟詩人出現，向華美的貴婦唱起歌兒，吟誦著浪漫故事、神話傳說和英雄事蹟。除此之外，年輕人積極進入大學學習，這就開啓了另一個新故事的篇章。

國際精神在中世紀的人們身上體現得淋漓盡致。也許你不知道我爲什麼會這樣說，等我慢慢給你解釋。生活在現代的我們能清楚地知道自己究竟是美國人、英國人、法國人還是意大利人，說的是英語、法語還是意大利語，就讀的是英國、法國還是意大利的大學，這都體現了我們現代人的民族精神。我們只有在接觸某一門只有國外某地特有的專業學科時才會學習該國家的語言，接著去請教慕尼黑、莫斯科或馬德里當地的專家學者。可是人們在13世紀和14世紀時很少會說自己是法國人、英國人或者意大利人。假如有人問他們來自何方，他們會做出這樣的回答：「我是謝菲爾德、波爾多或熱那亞的公民。」原因是這些地區的人們同屬一個教會，彼此之間存在著兄弟之情。而且當時稍有文化學識的人都能掌握拉丁語，拉丁語作爲國際性語言，使當時的人們減少了許多語言差異。語言障礙十分麻煩，它使一些小國家因此錯失發展的時機。

關於這一點，我可以說一個關於伊拉斯謨❶的故事。伊拉斯謨是一個有趣且平和的人，他一生創作了很多作品，都是16世紀時寫的。他生於荷蘭的某個鄉村，然而他的書籍一律採用拉丁文寫作，所以他擁有來自世界各地的讀者。假設他可以活到現在，也許他只能用荷蘭的語言來寫作，這樣看來，全世界能把他的書看明白的只有五六百萬人。要是他的出版商打算在美國或歐洲其他國家銷售他的書，那就必須用20多種語言來翻譯他的書。這個過程非常繁雜，而且要花費很多錢，出版商不樂意這麼做。

可是六百年前的情況很不一樣。當時很多歐洲人既不會讀書，也不懂寫字。只有極少數人會用鵝毛筆寫字，他們被納入一個國際文人的組織當中。這個組織覆蓋了整個歐洲，裡面不存在任何國籍、語言或國界限制。組織的基地就是每個國家的大學。現代的大學高牆林立，如同軍事駐地一般，但是當時的大學沒有圍牆的限制。所謂大學，就是幾個老師和學生圍坐在一塊兒。這就是現代社會和當時的區別。建立一所現代大學的程序是：一個富有的人想要給他所在的城市做點

❶伊拉斯謨，尼德蘭哲學家。

善事，或是某宗教派別想要指引信奉它的教徒，或是國家需要大量教師、律師、醫生等專業人才，這才會促使人們建立大學。投資人向新學校的賬戶轉入建設大學的資金，學校就能使用這些錢來興建學校的全部樓舍，比如教學樓、學生宿舍、圖書館、教師宿舍等等。最後向全社會公開招聘教師、招生，一所大學就正式成立了。

然而，中世紀並非如此。一天，一個學識淵博的人自言自語道：「看啊，我發現了一個偉大的眞理，我要快點把這個眞理告訴年輕人。」然後他邀請了幾個青年，激動地向他們闡述他的新觀點，這有點像現代的街頭演說者。假如他講得十分有趣，就會吸引更多人來聽。假如他講得單調乏味，衆人便會轉身離開。這位大師充滿智慧的言論漸漸吸引了不少年輕人的注意，他們都會定期來聽他演說。一些謙虛好學的人還會攜帶一本筆記本、一支鵝毛筆和一瓶墨水，記下他們聽到的重要內容。突然有一天，天空下起大雨，老師和學生們把演說的地點換到一個被廢棄的地下室裡，有時直接到老師家裡去。老師坐在椅子上侃侃而談，學生們認眞地坐著，聽老師講課。這樣的小團體就是大學的起源。中世紀時，「university（大學）」就是指老師和學生們組成的集體。最重要的是老師，上課地點不是什麼關鍵的問題。

舉一個公元9世紀的例子說一說。那不勒斯有一座名爲薩勒諾的小城市，城裡有很多醫術精湛的醫生。很多想要學醫術的年輕人慕名而來，著名的薩勒諾大學就這樣誕生了（它存在於世間約有一千年，一八一七年被關閉），這所大學努力向世人傳授希波克拉底流傳下來的醫術（希波克拉底是古希臘最優秀的醫生，生活在公元前5世紀）。

再舉一個例子。阿伯拉爾是一位來自法國布列塔尼的年輕教士，他從12世紀早期開始就在巴黎向人講述他的邏輯學和神學。不少年輕人聽說他的事蹟後，積極地來到巴黎求學。不久後，一些學生從英國、德國、意大利甚至是更遠的瑞典和匈牙利來到巴黎，踴躍參與辯論。世界著名的巴黎大學就是在這樣的情況下誕生在塞納河中的一個小島上，緊靠著一座歷史悠久的教堂。

格拉提安是一位來自意大利博洛尼亞的教士，他編寫了一本關於基督教會的律法教科書。這本書在歐洲廣泛流傳，許多年輕教士和普通民眾因仰慕其名聲，紛紛趕往格拉提安的所在地，聽他講解這本書。他們形成了一個互幫互助、互相傳播信息的組織，能夠有力地對抗苛刻的房東、店主和女管家。博洛尼亞大學就是由這個組織發展而來的。

後來不知道發生了什麼事，一場爭鬥在巴黎大學內部爆發，一群憤懣不平的教師和學生跨過英吉利海峽，在泰晤士河邊的牛津小鎮停留，放心地開展教學工作，世界聞名的牛津大學從此誕生。一二二二年，博洛尼亞大學也有同樣的情況出現，追求獨立的老師憤怒地離開原先的大學，來到帕都亞教學，一群學生隨之而來，這座城市從此也有了知名的大學。同時，西班牙的瓦拉多里、波蘭的克拉科夫、法國的普瓦提埃和德國的羅斯托克也發生了類似的事情。

我們在現代大學中經常能聽到代數、幾何等精密學科，但是很難理解早期大學中所講述的荒誕課程。這不是最重要的問題。我想要說的是，中世紀（尤其是在13世紀初期）不是死氣沉沉的黑暗時期。當時的年輕人也充滿激情，懷著強烈的好奇心靦腆地提問題。文藝復興就是在這種熱血沸騰的情況下興起的。

中世紀的帷幕慢慢落下之前，上面隱約飄過一個孤獨的影子。我覺得你有必要記住他的名字，還要瞭解更多和他有關的故事。這個人就是但丁，他在一二六五年出生，父親是佛羅倫斯阿利格里家族的一名律師，他的家族世世代代都住在這座城市中，因此他從小就在這里長大。大畫家喬托❷當時正把聖方濟各❸的感人事蹟刻畫在聖十字教堂的牆壁上。之後，但丁經常在上學時看到城中有許多血跡，那是因爲當時的教皇派（古爾夫黨）與皇帝派（吉伯林黨）發生爭鬥，製造了不少流血事件。

中世紀的實驗室

但丁憂慮地向阿爾卑斯山的對面望去，希望來自北方的強悍皇帝可以治理意大利混亂的局

❷ 喬托，意大利文藝復興時期畫家。

❸ 聖方濟各，創立了方濟各會，喜歡助人爲樂。

面，使社會不再動盪不安。一三〇二年，皇帝在佛羅倫斯的勢力徹底消失。從那時起直至他在拉文納荒城去世的一三二一年，但丁一直四處漂泊，居無定所，由他的保護人爲他提供一些經濟來源。後人常常提起這些人，因爲如果沒有他們幫助落難的詩人，就不會有詩人偉大的作品面世。長期的流浪和苦難使但丁意識到自己必須站出來，澄清昔日的政治行爲。除此之外，當初但丁還在故鄉居住時，經常在阿諾河邊走來走去，只爲了能見他心愛的貝爾特麗齊．波提娜麗姑娘一面。可令人悲傷的是，貝爾特麗齊成了別人的新娘，而且「皇帝派」事件還沒發生時就告別了人世。

但丁的政治理想早已不復存在。那時候他曾經滿懷激情地投身於家鄉的政治事業，但是被人在法庭上舉報他私吞公款。但丁用詩歌編織了一個想像中的世界，意圖向世人表明自己是清白的，並同時安慰自己。詩歌根據他的

但丁

流亡經歷展開敘述，還諷刺了意大利上流社會自私自利和貪得無厭的行爲。

他的長篇詩歌的開端告訴我們：一三〇〇年復活節前的星期四，他迷失在森林中，此時一隻豹子、一頭獅子和一匹狼出現在他面前。在這危急的時刻，穿著白衣的古羅馬詩人、哲學家維吉爾在他身旁現身。原來身在天堂的聖母馬利亞和他那亡故的初戀情人貝爾特麗齊知道他遇難，便派遣維吉爾下凡解救他。維吉爾領著但丁經過煉獄和地獄的通道向外行走。他們到達地獄最深的一層，看到被永遠冰封著的撒旦。撒旦四周環繞著許多陰險的罪人、欺世惑衆的人和叛徒。走進地獄最深層以前，但丁遇見了佛羅倫斯的很多著名人物，不僅有境遇淒涼的皇帝和教皇，還有悲慘的騎士和高利貸者。

這個故事很神奇，如同百科全書一樣把13世紀時人們的苦難和希望、行爲與思想記載下來。那個很久以前飄浮在痛苦中的佛羅倫斯孤影，依稀顯現在這幅畫裡面。

接下來，這位生活在中世紀的惆悵詩人被死亡牽引到上帝面前，同時文藝復興先驅的生命之門就此打開。他是弗朗西斯科·彼特拉克[4]，在意大利阿萊佐小鎮出生，父親是一名公證員。彼特拉克父親的經歷幾乎和但丁一樣，都是因爲政治問題而遭遇流放，這就是彼特拉克沒有

---

[4] 弗朗西斯科·彼特拉克，意大利詩人，擅長寫十四行詩。

出生在佛羅倫斯的原因。彼特拉克15歲時，被父親送去法國蒙彼利埃❺讀書，父親希望他成為一名律師，讓他學習法律。但是年少的彼特拉克不想做律師，甚至討厭法律。對於世上的一切職業，他只想成為學者或詩人。後來他意志堅定地實現了理想。他曾經四處旅遊，去過萊茵河畔、佛蘭德的修道院，到列日、羅馬和巴黎等地方抄寫古代的經典著作。他汲取了豐富的文化知識後，便隱居於靜謐的沃克魯斯山區中，致力於文學創作和哲學研究。很快，他就憑藉著淵博的學識和優美的詩句揚名歐洲，差不多在同一時間，他接到那不勒斯國王和巴黎大學的盛情邀請，他們希望他到當地去講解學術理論，他愉快地答應了。

在經過羅馬時，羅馬人早已熟知彼特拉克的名字，原因是他曾經重新對大量古羅馬文獻進行研究，做出了巨大貢獻。羅馬人一直都熱衷於把崇高的榮譽授予他人，於是他們興高采烈地在古羅馬帝國的廣場上冊封彼特拉克為「桂冠詩人」。

自此以後，彼特拉克的人生被榮譽占滿。他詳細地記錄了人們喜聞樂見的事情。當時的人們非常厭惡乏味的宗教辯論。當悲慘的但丁逍遙自在地穿梭在陰森的地獄中時，彼特拉克卻高聲歌唱著美好的愛情，感嘆大自然之美，和太陽打招呼，從來沒有說過任何陰鬱的東西。假如他到某個城市去，城裡的人們都會出來迎接他，就像在為凱旋的英雄慶祝那樣。當然，要是他可以和正

---

❺ 蒙彼利埃，法國南部城市。

值青年的故事之王薄伽丘❻一起光臨這座城市，那就眞是太完美了。他們是這個時代的名人，不僅充滿激情，懷有強烈的好奇心，容易接納新的事物，而且常常去圖書館學習，尋找被衆人遺忘的維吉爾、奧維德❼和盧克萊修❽等古代拉丁詩人的寫作手稿。與其他人一樣，他們也是耶穌忠誠的信徒，假如人們因爲命中注定要死亡而終日愁眉苦臉、衣衫不整，那可眞不值得。爲什麼不盡情地去享受美好的生命呢？你問我要證據？那請你用鐵鏟挖掘腳下的泥土認眞看一看。你能看到什麼？精緻的花瓶、華美的雕塑、壯觀的建築物……這些珍貴的遺產都是歷史上那強大的帝國給後人留下的。他們曾經統治文明世界一千多年。我們可以從奧古斯都大帝的半身像上瞭解到，古代的人們都是如此富裕、英俊、強壯。雖然異教徒不可能在死後邁入天堂，頂多是在煉獄中忍耐痛苦，就像但丁之前遇見的情景那樣。

可那又如何？古時候生活在羅馬的愉快日子不就像在天堂一樣嗎？人一生只能活一次，既然這樣，請你盡情享受生活，表達你的愉快和幸福吧。

總而言之，這樣的時代精神充滿了當時的意大利城市。

---

❻ 薄伽丘，意大利作家，代表作爲《十日談》。

❼ 奧維德，古羅馬詩人，代表作爲《變形記》。

❽ 盧克萊修，古羅馬詩人、哲學家，代表作爲《物性論》。

你應該聽說過「自行車熱」和「汽車熱」吧？不久之前，第一輛自行車誕生。幾十萬年來，人們一直用雙腿來步行移動。自行車的出現使人們能夠輕鬆迅速地到達更加遙遠的地方，人們因此欣喜若狂。

近來，一個極具天賦的工程師發明了第一輛汽車。不需要腳踏板，你只要舒服地坐下，就可以利用馬達和汽油快速行駛在大路上。擁有一輛屬於自己的汽車成了人們的夢想。放眼望去，人人都在討論勞斯萊斯、福特、計油器、里程表和汽油。

很多探險家為了開採石油資源而奔向遠方未知的國家。蘇門答臘和剛果的熱帶雨林為人們生產出許多橡膠。一夜之間，石油和橡膠躍升為世界上最值錢的東西，引起許多人的爭奪，引發了不少暴力事件。幾乎全世界的人都沉浸在「汽車熱」中，一些正在學說話的孩子還沒學會說「爸爸媽媽」，卻學會說「汽車」了。

意大利人在14世紀時發現了宏偉的古羅馬遺跡，並深深陶醉於此。歐洲其他地區的人們很快便受到影響。假如有人發掘出一本來源不明的古代手稿，整個城市就會放假慶祝。假設有人寫了一本關於語法的書籍，便會如現在的火花塞發明人一樣名聲大噪。一些專注研究「人性」「人道」的人文主義學者（與探討「神性」「天道」的神學家不同）也獲得了巨大的榮譽。探險家征服食人島後，也會被人們當作英雄一樣誇讚和崇拜。

這場知識復興的運動受到一次政治事件的影響後，更加有利於哲學家研究古代著作，有力地推動作家進行創作。土耳其人再次攻擊歐洲，古羅馬帝國的殘餘勢力君士坦丁堡因此陷入困境。一三九三年，東羅馬帝國的皇帝曼紐爾・巴里奧洛格派遣伊曼紐爾・克利索羅拉斯去向西歐人求援。然而，西歐人的援軍堅決不幫助他們。羅馬天主教會非常樂意看到東正教徒⑨遭受上帝懲罰的畫面，對羅馬人而言，東正教徒被稱爲希臘世界的異端，這是他們應得的報應。雖然西歐人對拜占庭人的最終命運不感興趣，但他們很關心古希臘人的存亡。他們一直知道古希臘人在結束特洛伊戰爭5個世紀後在博斯普魯斯海峽邊建立了拜占庭城。歐洲人如今非常想要研究柏拉圖、亞里士多德和荷馬的原作，所以他們對希臘語非常感興趣。他們的學習慾望非常強烈，但遺憾的是他們沒有好的書本、語法教科書和教師。就在這時候，佛羅倫斯的官員聽說克里索羅拉斯要來，他們立刻發出邀請：「我們的市民對希臘語非常感興趣，您能否來這裡教授希臘語呢？」克里索羅拉斯愉快地答應了。於是他成了西歐首位希臘語教授，把阿爾法、貝塔、伽馬等希臘字母教給幾百個積極學習的學生。許多學生

⑨東正教、天主教和新教是基督教的三大派別。

文藝復興

想要早點學會希臘語，更加直接地瞭解索福克勒斯和荷馬，不惜歷盡艱難險阻（甚至乞討）趕到阿諾河邊的佛羅倫斯城，有時還住在髒亂的馬廄中，或留宿在破爛窄小的閣樓裡。

此時，大學中迂腐的經院學者依然堅守落後的知識理論，把古老的神學和邏輯學傳授給學生，爲學生詳細解讀《聖經．舊約》，研究亞里士多德著作的阿拉伯文、拉丁文、西班牙文版本。一開始時他們感到很恐慌，後來變得憤怒：年輕的學生不好好地進入正經的大學上課，偏偏要去聽一些人文主義者的文藝復興怪誕言論，這怎麼能行。

經院學者氣沖沖地向市政府舉報這種情況。可是人們對那些古時候的話題不感興趣，就算強迫他們去聽也不會有什麼好結果。經院學者注定要接受失敗的結局。其實他們也曾偶然地獲得了勝利。他們與一些宗教狂熱分子聯合起來戰鬥。佛羅倫斯作爲文藝復興的中心，承受著新舊兩大勢力的衝擊。多明我會[10]的一個僧侶成了中世紀陣營的首領，他滿臉愁苦、對一切美好的事物都懷著厭惡之情，他每日都會在聖馬利亞大教堂發出憤怒的嘶吼，警醒大家不要反抗上帝。他大聲喊道：「懺悔吧！爲你們褻瀆上帝而懺悔！爲你們重視物慾而懺悔！」

上帝的聲音彷彿在他耳邊響起，上帝的長劍似乎出現在他眼前。他經常向孩子們佈道，提醒孩子們不要像他們的父親那樣走向墮落。他組織了一個童子軍團體，專門爲上帝服務，他甚至大

---

⑩ 多明我會，天主教托缽修會之一，創立於1215年。

言不懈地向世人宣告自己是上帝的使者。民衆的心裡產生了恐懼，運動開始時的激動之情逐漸消散，他們爲追求美、追求歡樂而懺悔。他們高聲歌唱讚頌上帝的詩篇，跳著極不神聖的舞蹈（舞蹈是美麗且歡樂的），同時把書籍、畫作和雕塑全部搬到集市上堆起來，請多明我會的僧侶薩沃納羅拉點火燒燬這些珍貴的文化成果。

直到一切燒成冰冷的灰燼後，人們才醒悟過來自己幹了什麼。他們竟然聽從這個宗教狂熱分子的話，親手毀滅了自己熱愛的一切。他們憤怒地把這個僧侶關進大牢。薩沃納羅拉在獄中被刑罰痛苦折磨，但他一直不肯承認罪行。他希望大家和自己一樣，做一個正直的人，過神聖純潔的生活。他難以忍受人們站在他信仰的對立面，只要看到罪惡，他就迫不及待地想要消滅它。

他極力效忠教會，對他而言，熱愛異教徒的書籍知識和精緻的藝術品都是極大的罪惡。可是現在，薩沃納羅拉孤身一人。他英勇戰鬥的年代已經逝去。羅馬教皇不打算解救他。不但如此，教皇還默許讓忠誠的佛羅倫斯民衆把薩沃納羅拉拉到絞刑架上絞死，最後在人們的歡呼聲中燒燬他的屍體。

這個悲慘結局是必然的。如果薩沃納羅拉出生在11世紀，也許他會幸運地成爲偉人。然而他生活在15世紀，他的失敗無法避免。在這個特殊的時代中，教皇也變成了支持人文主義的人，梵蒂岡正式成爲收藏古希臘和古羅馬珍貴文物的博物館，中世紀已經道盡途窮了。

第四十章　表現時代

——通過某種現象表達生存的快樂，是我們內心的一種需求。如通過詩歌、雕塑、建築、繪畫、著作等表達自身幸福感，都是很好的選擇。

一位虔誠的老者在一四一七年去世了。在他一生的91年中，有72年是在聖阿格尼斯山修道院度過的。這座修道院位於茨沃勒古城（荷蘭的漢莎聯盟城市之一）郊區，靠近伊色爾河。這位和藹的老者是知名的托馬斯修士，人們通常叫他坎普滕的托馬斯，因爲他生於坎普滕村。托馬斯12歲時前往德文特學習。格哈德·格魯特在這裡創建了「共同生活兄弟會」，他是從巴黎大學、科隆大學和布拉格大學畢業的遊方傳教士。他創建的兄弟會基本由木工、房屋刷漆師傅、採石工匠等俗人組成，他們都希望能夠儘力做好自己的工作，同時加入基督門徒純潔的生活中。

爲了讓生活窮困的孩子們能夠接受耶穌基督的崇高教育，兄弟會在當地創辦了一所學校。小托馬斯的啓蒙教育就是在這所學校完成的，他在這裡學習了拉丁文中動詞變位的規則，抄寫過古代手稿等。在完成所有的教育後，他決心從事神職工作，所以拿著經書幾經波折來到了茨沃勒。

來到這裡的托馬斯感到十分輕鬆，因爲他終於擺脫了那個吵鬧煩躁浮誇的世界。

托馬斯生活在一個喧囂的時代中，瘟疫橫行，社會動亂。約翰尼斯・胡斯（英國宗教改革者約翰・威克利夫的好友及追隨者）的忠實信徒們正在中歐的波西米亞發動戰爭，因爲他們敬愛的領導者悲慘死亡了，他們要爲他報仇。前不久，胡斯被執行火刑，在火刑柱上活活被燒死了，這是康斯坦茨市議會通過的決議。但是在更久之前，邀請胡斯前來瑞士向共商教會改革的教皇、皇帝、紅衣主教（23位）、大主教和主教（33位）、修道院院長（150位）和王公貴族（100多位）講述其宗教思想的也是康斯坦茨市議會，他們當時許諾保證胡斯的安全，但現在卻沒有信守諾言。

約翰尼斯・胡斯

西歐的法國人正在和侵略國土的英國人決一死戰，這場戰爭十分激烈，持續了近百年。聖女貞德❶在多年前救了法國一命。但是在百年戰爭結束後，法國又與勃艮第陷入了戰亂，目的是奪取西歐霸權。

羅馬教皇正在請求萬能的上帝幫助他，希望能夠對法國南部亞維農地區的另一位教皇加以懲戒。亞維農的教皇也沒有坐以待斃，打起精神與之對抗。土耳其人在邊遠的東方正拼盡全力消滅東羅馬帝國的殘留勢力。俄羅斯人則籌劃著十字軍東征，這是最後一次了，他們想要完全毀滅韃靼統治者。

此時的托馬斯守在一間簡陋的小屋子裡，兩耳不聞窗外事。他滿足於通過思想和古代手稿中蘊含的深奧智慧溝通、交談。他創作了《傚法基督》一書，表達自己對上帝的崇敬之情。這本書後來揚名世界，譯本種數達到第二，第一是《聖經》。閱讀這本書的人數和閱讀《聖經》的人數差不多，這本書改善了很多人的生活狀況。作者在這本書中，匯聚了自己全部的夢想，將其演化成一個簡單的現實——「一個人寧靜地坐在角落中，看著這本書，安度此生。」

托馬斯修士代表了中世紀純潔的夢想。中世紀匯聚了全部剩餘力量與激情澎湃的文藝復興、熱情吶喊新時代的人文主義者拚死一戰。修道院革新自我，要求衆僧控制私慾，改正陋習。很多眞誠直率的人以身作則，希望那些誤入歧途的世俗之人能夠重拾純潔的信念。但這些付出毫無功

❶聖女貞德，法國女民族英雄。

效。新時代銳不可當，所向披靡。修身養性的時代已經淹沒在歷史的潮流中，「表現」的時代到來了。

現在請給我一個道歉的機會，因爲書中運用了太多奇怪的詞彙。我本想只用一些單音節詞彙完成這本歷史書的創作，但卻發現這不現實。就像要編著一本有關幾何的教材，那如「弦」「三角」「平行六面體」等專有名詞就必須出現。學生想要高效學習數學，也必須先弄清楚這些專有名詞。想要弄清歷史（也包括現實生活），我們必須先明白一些奇怪的詞彙，它們都是從拉丁語和希臘語中產生的，這就是我們開展下一階段工作之前需要完成的任務。現在，我們就開始吧。

我們把文藝復興稱爲「表現」時代，是因爲相比於只作爲聽衆，聆聽皇帝與教皇的命令，文藝復興時期的人更希望能夠站在舞台中央，「表現」自己完美的思維，聽衆的身分已經難以滿足他們的需求了。如果人們熱心於政治，就會選擇走佛羅倫斯的尼科．馬基雅維利❷的道路，深刻思考成功國家和成功統治者的含義，並創作一本書「表現」這一思想。喜歡繪畫的人會通過繪畫完美「表現」自己對柔和線條、鮮豔色澤的愛好，所以喬托、拉斐爾❸、安吉利科❹等傑出人士

---

❷ 尼科．馬基雅維利，意大利文藝復興時期政治家、歷史學家，著有《君主論》。
❸ 拉斐爾，意大利文藝復興時期畫家。
❹ 安吉利科，意大利文藝復興時期畫家。

走進了我們的視線，爲衆人所知。當然，只有藝術家們眞正喜歡並欣賞「表現」永久的美，人們才能夠接納他們。

對線條和顏色的沉迷，對機械和水利的迷戀，塑造了偉人——列奧納多・達文西。達文西既熱愛繪畫，又對熱氣球和飛行器實驗十分熱心，同時，他還致力於倫巴底平原的水利工作，可以說是不可多得的全能型人才。他通過文學、繪畫、雕塑、結構精巧的機械裝備等，隨心所欲地「表現」享受生命精彩的無限歡樂。精力同樣充沛的還有米開朗琪羅，他用畫筆和調色板塑造了一個多姿多彩的世界，但健壯的雙手似乎還有無窮的力量，於是他開始投身於建築與雕塑，以無比結實的大理石爲原材料，創造出了一個個溫柔雅緻的感人作品。同時，聖彼得大教堂的設計也有米開朗琪羅的貢獻，他用最具象感性的方法「表現」教會的榮譽和尊嚴。這樣的案例不勝枚舉。

大教堂

很快，這群熱衷於「表現」自我的人就占據了意大利，甚至全歐洲。他們對生活充滿熱情，對工作勤勤懇懇，盡心竭力地創造著人類用之不竭的美和智慧。美因茨人約翰尼斯・甘瑟弗雷希

（人們一般叫他約翰・谷騰堡）創造了一種複製印刷書籍的新方式。他充分利用了古代木刻法和現有方式的優勢，通過隨意排列組合單獨的軟鉛字母組成詞彙和長篇文章。雖然很快他就身陷印刷機專利官司，難以脫身，甚至爲此耗盡家財，落魄身亡，但他發明的「表現」了他天資聰穎的機械卻遍佈世間，造福人類。

緊接著，威尼斯的埃爾達斯、巴黎的埃提安、安特衛普的普拉丁、巴塞爾的伏羅本等人開始在生產中運用新的印刷方式，提高了印刷效率，大量經典著作產出並普遍上市，這其中包括印著谷騰堡版《聖經》中哥特字母的書籍，印著意大利字母的書籍，印著希臘字母甚至希伯來字母的書籍。

總而言之，只要你的「表現」足夠完美，大可不必擔心沒人欣賞。文化被特權階級壟斷的時代已經結束了。人們失去了無知的擋箭牌，因爲哈勒姆❺的厄爾澤維已經印刷出大量通俗易懂的文本。想要和亞里士多德、柏拉圖、維吉爾、賀拉斯❻、普林尼❼等古代傑出的作家、哲學家、

---

❺ 哈勒姆，荷蘭西部城市。

❻ 賀拉斯，古羅馬文藝理論家，詩人。

❼ 普林尼，歷史上有老普林尼和小普林尼兩位作家。老普林尼的代表作爲《自然史》，小普林尼以他的書信集最爲知名。

科學家交流，只需要花費幾塊錢，只要你願意，他們就能像老師，像朋友一樣激發你潛藏的智慧。印刷文字實現了人們追求自由、平等的夢想，使人文主義成了現實。

第四十一章 大發現

——擺脫了中世紀的鎖鏈，歐洲人渴望擁有更廣闊的生活空間。他們已經不滿足於狹窄的歐洲了，希望能夠放開手腳，實現雄偉的志向。所以，宏偉的地理大發現順應時代的潮流到來了。

在十字軍東征的影響下，很多人掌握了旅行的竅門。但當時提供給人們的選擇並不多，只有沿著威尼斯前往雅法❶的路線，這是眾所周知的一條線路，幾乎沒有人敢開闢一條新的道路。13世紀，威尼斯的波羅兄弟穿越千山萬壑，跨過一望無際的蒙古大沙漠，克服艱難險阻來到了神祕的元朝大汗（中國蒙古族的皇帝）的皇宮。波羅家族的馬可·波羅❷在東方度過了20多年，最終創作出一本遊記。在這本遊記中，他談天說地，妙語連珠，向我們展現了神祕的東方「持盤」

❶ 雅法，世界上最古老的港口，以色列第二大城市。

❷ 馬可·波羅，13世紀意大利旅行家。

馬可・波羅

（意大利語中的「日本」）島上金光閃閃的寶物。對東方一無所知的歐洲人十分嚮往書中描述的場景。從那時開始，東方便被貼上了遍地黃金的標籤，這是一個巨大的誘餌，人們都希望能夠有機會來到這裡，過上無憂無慮的神仙般的生活。但面對陸路旅途的未知阻礙和風險，人們前進的步伐開始躊躇了。

也許陸路不是我們唯一的選擇，從海路一樣可以到達東方。但在中世紀，人們對航海並沒有興趣。這主要是因爲中世紀的船隻都太小了。我們都知道麥哲倫❸的環球航行，那是一次偉大的航行，歷時數年，爲世人所知，但他們使用的船隻體積還不如現在的普通渡輪。一般每隻船上只能容納20個到50個人；船艙空間很小，艙頂較低，想要在船艙內直起身基本不可能；船上的廚房條件較差，如果天氣不好，就無

❸麥哲倫，人類歷史上第一次環球航行的組織者，證明了地球是圓的。

法生火；水手們的飲食條件很差，提供給他們的食物大都還沒煮熟。中世紀時期，人們對於醃製鱈魚、曬魚乾的技術已經掌握得爐火純青了，但是還沒有掌握製作罐頭的技術。也就是說，離岸的水手們沒有機會品嚐新鮮的果蔬。提供給水手們的淡水，事先放在一個木桶中，但是用不了多久，這些水就會變味，我們能聞到爛木頭和鐵鏽混雜的味道，臭烘烘的，而且水會變得黏稠。

中世紀的人們對細菌一無所知（13世紀，學識淵博的僧人羅傑·培根通過實驗似乎發現了細菌，但是他很聰明，並沒有公佈這個結果）。所以，根本不清楚飲用這些不乾淨的水有可能引發疾病。這導致不少船員因感染傷寒去世，有些時候甚至整船的人都會全部死亡。如果我們得知人們航海初期船員的死亡率，一定會十分驚訝。

一五一九年，跟隨麥哲倫一起從塞維利亞出發的船員有二百多名，但最終安全返回的只有18人。17世紀，西歐與印度群島之間的海上貿易已經很繁榮了，但對於在阿姆斯特丹和巴達維亞❹之間往返的商船，即便正常情況下死亡率也高達40％。這些水手去世的原因大多和沒有新鮮果蔬有關，這會引發人體疾病，導致血液出現問題，最開始表現爲牙齦出血，最終會精疲力盡而亡，這就是我們現在熟知的壞血症。

現實條件就是這麼差。所以，歐洲的菁英人才都沒有選擇航海就很容易理解了。跟隨麥哲

---

❹ 巴達維亞，現在印尼首都雅加達，東南亞第一大城市，世界著名港口。

麥哲倫

倫、哥倫布、達・伽馬❺等優秀的航海家外出航行的船員大部分都是一些剛剛度過服刑期的罪犯、殺人犯或者沒有家的盜竊者，這些人幾乎可以說是社會敗類了。

當時航海條件的艱難與危險是現如今生活條件優越的我們難以想像的。船員們如果沒有頑強的毅力，沒有無畏的膽識，根本不可能完成那些堪稱奇蹟的航行任務。那時候船隻質量很差，隨時都可能漏水，船上配置的設備也很簡單。即使13世紀中期，人們開始在船隻上配備指南針（從中國傳到阿拉伯半島，十字軍引進歐洲），但航海地圖卻未必精確，也就是說，人們航行的路線多半是看運氣。運氣好些，也許他們只需要在海上漂泊一年到三年就可以回到歐洲；如果運氣不好，他們就可能有去無回，完全消失，或者漂流到荒無人煙的海

❺達伽馬，葡萄牙航海家，開拓了繞過好望角從歐洲到達印度的航海路線。

岸上。但是，也只有他們才稱得上是以生命作爲代價的眞正意義的冒險者，他們把生活當作一場奇幻的冒險之旅。只要他們從遠處朦朦朧朧地看見陸地的模樣，或者找到一片未知的海域，就會感到所有的付出都是値得的，那些經歷過的苦痛、飢餓、疾病都是値得的。

地理大發現太吸引人了，我有種加長這本書篇幅的衝動，將其寫成厚重的一卷。但是創作歷史書，還是應當秉承倫勃朗❻蝕刻畫的創作方法，簡單講述最接近實際的歷史，重點刻畫重要的歷史事件、偉大的歷史人物、價値非凡的歷史節點，而對於一些不太重要的東西則應當簡筆帶過，或者將其當作背景處理。所以，本章剩餘的部分，我們重點介紹一些關鍵的航海事件。

14、15世紀，幾乎每一位航海家都希望能夠找到一條通往他們念念不忘的震旦之國（中國）、持盤古島（日本）和傳聞中神奇香料島的安全航線，這是他們的夢想。其實十字軍東征時期，歐洲人就迷上了香料。因爲那時候，人們對冷藏保存食物一無所知，在他們眼中，香料能夠創造奇蹟。只要在食物上撒上一些胡椒或者肉荳蔻❼粉，食物就可以存放很長時間，絕對安全，即便是那些容易變質的魚肉也不例外。

威尼斯人和熱那亞人創造了地中海航行的奇蹟，葡萄牙人則在大西洋探險中傳承了一段佳

---

❻ 倫勃朗，17世紀歐洲最偉大的畫家之一，荷蘭歷史上最偉大的畫家。

❼ 肉荳蔻，一種藥用植物，重要的熱帶香料。

話。西班牙人和葡萄牙人在與摩爾人經歷多年戰爭後，愛國熱情越發高漲。這種感情只要產生了，就很難耗盡，即便戰爭結束了，他們也會將這種熱情投入新的領域。

13世紀，葡萄牙國王阿方索三世征服了阿爾加維王國，該國位於西班牙半島的西南部，最終歸入葡萄牙。緊接著，葡萄牙人在持續了一個世紀之久的和穆斯林的戰爭中，漸漸占據優勢。然後，葡萄牙人跨過直布羅陀海峽，占領了位於阿拉伯城塔裡發（阿拉伯語，原意爲「庫存」，在經過與西班牙語的交融後，演變爲「關稅」之意）對面的休達城❽，繼而，葡萄牙人又占領了丹吉爾❾，將其作爲一個搶奪非洲領地的根據地。

葡萄牙人已經做好了所有探險的準備，探險之旅即將開始。

一四一五年，一次規模巨大的探險活動，在亨利親王（他是西班牙約翰一世和岡特的約翰之女菲麗帕的兒子。從莎士比亞的戲劇《理查二世》中我們可以瞭解到一些與岡特的約翰相關的故事）的領導下開始了，這位親王被稱爲「航海家亨利」，對探險熱情滿滿，他們的目的地是非洲西北部荒蕪熾熱的海灘。腓尼基人和古代北歐人曾經到達過那裡，那是很久之前的事情了，他們聲稱那裡是渾身長毛的「野人」的地盤。不過，後來我們得知他們口中的「野人」其實就是大猩

---

❽休達城，與摩洛哥毗鄰，位於直布羅陀海峽附近的地中海沿岸。

❾丹吉爾，摩洛哥港口城市。

猩。在亨利親王的率領下，船員們開始了這次航行。他們的探險之旅很成功，發現了加納利群島和馬德拉島——實際上，大約一個世紀之前，熱那亞的一艘商業用船就曾到這裡拜訪過，他們描繪出了亞速爾群島的地圖（葡萄牙人和西班牙人曾對亞速爾群島有一定的瞭解，但並不十分清楚），此外，船隊還發現了塞內加爾河的河口，就在非洲的西海岸，他們認爲這就是尼羅河的入海口。15世紀中期，船隊到達佛得角（也就是綠角），他們欣賞了這片從非洲海岸前往巴西途中的島嶼群——佛得角群島。

亨利的探險活動還在繼續，且探險領域不斷擴大，遠遠超出了海域。在十字軍東征的影響下，葡萄牙誕生了一支基督騎士團，這是聖殿騎士團的拓展。一三一二年，聖殿騎士團的制度被教皇克萊門特五世廢除。法國國王「美男子菲利普」得償所願，迅速對手下全部聖殿騎士施行火刑，並藉機剝奪了他們的全部財產。亨利親王作爲基督騎士團的領袖，對騎士團的地產收入合理運用，組織了幾支遠征隊，用於撒哈拉沙漠和幾內亞海岸的探險行動。

總體而言，亨利的思維方式還帶有鮮明的中世紀特色。他堅信世間存在傳說中的「祭司皇帝約翰」，他花費了大量的人力物力，希望能夠找到它。這是一個古老的傳說，12世紀中葉，人們聲稱基督傳教士約翰建立了一個宏偉的帝國，但卻沒有人知道它的具體方位，這個傳說充滿了神祕的色彩。三百年來，很多人都深深迷上了這個傳說，亨利就是其中一位。但是，當這個傳說的眞相完全展現在人們面前時，亨利已經離世30年了。

一四八六年，巴托羅繆·迪亞斯從海路出發，尋找「祭司皇帝約翰」創建的神奇國度，這位探險家最終抵達非洲最南部，被大風圍困，向東航行受阻。因此，他將這一地點命名為「風暴角」，但是海員里斯本發現這一地理位置更有利於探索通往印度的航線。因此，這裡被稱為「好望角」。

時隔一年，佩德洛·德·科維漢姆帶著美弟奇家族的介紹信踏上了尋找神祕國度的旅途。他一直向南航行，最終穿過地中海，跨過埃及，抵達亞丁港，船隊從這裡穿越波斯灣（亞歷山大大帝在一八〇〇年前抵達過波斯灣，從那以後，歐洲人幾乎沒有到過這裡）。接著，他抵達了果阿和卡利卡特，兩地位於印度沿岸，他們在此聽到了馬達加斯加❿的傳說，它被稱為月亮之島。傳說，它位於印度和非洲之間的海域中。隨後，科維漢姆開始返航。他從麥加和麥地那悄然路過，跨越紅海。一四九〇年，他經歷千難萬險，終於抵達「祭司皇帝約翰」創建的神祕國度。揭開了這一國度的神祕面紗，「祭司皇帝約翰」其實就是阿比尼西亞（也稱作埃塞俄比亞）的「黑王」。公元4世紀時，這裡的人們就已經信仰基督教了，也就是說，在基督教傳教士抵達斯堪的那維亞前七百年左右，這裡的人們就信仰基督教了。

通過多次的航海經驗，葡萄牙的地理學家和地圖繪製者們總結經驗，他們更加堅信想要到達

---

❿ 馬達加斯加，世界第四大島，位於非洲東南部。

印度，就應當沿著海路向東航行，這個方向是正確的，只是過程也許會比較艱難。由此，引發了一場規模宏大的討論。部分人堅信只要越過好望角，繼續向東，終會到達印度；但另一部分人則反對這一觀點，他們認爲：「這些努力都毫無價值，想要到達中國應當向西航行，穿過大西洋。」

在進一步講述前，我需要先聲明一個事實。那個時代的人們，只要懂得一點常識，就理所當然地認爲地球是圓的，而非扁平的。公元2世紀，克勞狄·托勒密提出了托勒密體系，講述宇宙的結構，這位埃及的地理學家明確指出地球是方的。導致這一結論的原因和人們有限的感官世界有密切關係，且由於其通俗易懂，被中世紀的人普遍認可了。這一理論在文藝復興時期才被科學家們推翻，人們開始接受波蘭數學家尼古拉·哥白尼的學說，認爲地球是圓的。哥白尼在大量觀察和試驗的基礎上，提出了自己的理論：地球不過是一顆小行星，和衆多的行星一樣，繞著太陽運轉。但是，哥白尼爲了保護自身免於宗教裁判所的判決，謹愼地將這一偉大的理論埋藏了36年。一五四三年，哥白尼去世，這一理論公之於世。

從本質上來說，宗教裁判所和教皇法庭一樣，其目的在於樹立羅馬教皇的權威，保證其不被打破。13世紀，法國的阿爾比教派和意大利華爾德教派的異端分子嚴重威脅著教皇的權威，宗教裁判所由此成立。實質上，我們所說的這些異端分子基本都性格溫順，他們忠誠於自己的信仰，對私有財產不感興趣，渴望能夠和基督一樣，過著簡單的生活。通過這些閒談，我們明白了當時的航海家堅信地球是圓的這一理論。他們的分歧在於究竟哪條航線更加方便快捷。

在衆多主張向西航行的水手中，有一位熱那亞水手，名叫克里斯托弗·哥倫布。他在青年時期曾在帕維亞大學深造，研究數學和幾何學，之後繼承了父親的家業，經營羊毛生意。但是不久後，我們就在東地中海的開俄斯島發現了他的蹤跡，他已經開始商務旅行了。後來，我們又在英格蘭看到過他，不過他究竟是作爲商人做羊毛生意去的，還是作爲船長去的，我們就不得而知了。一四七七年2月，哥倫布前往冰島（這是他親口說的）。但也許他去的並非冰島，而是法羅群島，因爲這些島嶼在2月時特別寒冷，很容易被人們誤認爲冰島。哥倫布在那裡有幸目睹了古代北歐人驍勇的後代。通過與當地人的交流，他們得知，10世紀時，格陵蘭島就是這些人的家園了。11世紀，這些人因爲利夫船長的船被海風攻擊，隨著海風漂泊到了文蘭島，這是美洲的領地，當然，他們到達的也有可能是美洲的拉布拉多半島。

至於這些古老的西方殖民地最後究竟結果怎樣，我們無法知道。利夫的兄弟托爾斯坦因的妻子在丈夫去世後，嫁給了托芬·卡爾塞夫納。一〇〇三年，托芬·卡爾塞夫納在美洲建立起殖民地，並把自己的名字作爲殖民地的名稱。但這一殖民地僅僅持續了三年，這是因紐特人頑強抵抗的結果。一四四〇年起，格陵蘭島上的全部居民都失去了消息。這很有可能與黑死病有關，挪威地區的居民就曾因爲黑死病死去了大半，我們有理由相信它同樣能夠奪去所有格陵蘭島居民的生命。但無論歷史怎樣，法羅群島或者冰島的居民始終相信那些「遠方廣闊的西方土地」傳說。想必哥倫布也對此有所耳聞。之後，他在蘇格蘭北部群島的漁民那裡又得知了一些信息。最終，他抵達葡萄牙，和一位船長的女兒結婚了，這位船長在亨利親王的手下做事。

從此（一四七八年），哥倫布致力於向西航行探索通向印度的航線。經過再三考慮，他詳細規劃了向西航行的路線，並將計劃告訴了葡萄牙王室和西班牙王室。但對於當時的葡萄牙而言，他們執著於探索向東航行的路線，且已經獨占這一航線，對此胸有成竹，所以根本沒有在意哥倫布的計劃。西班牙也沒有足夠的資金支持這一計劃。

一四六九年，阿拉貢的斐迪南大公和卡斯蒂利亞的伊莎貝拉成婚，從此，阿拉貢和卡斯蒂利亞合併爲一個王國。兩國聯合後，將全部的力量投入與摩爾人的戰爭中，其目的在於爭奪格拉納達領地，這是最後一塊領地了。這場戰爭幾乎耗盡了西班牙人所有的資金，面對哥倫布提出的需要承擔巨大風險的計劃，他們沒有能力也沒有勇氣支持。

哥倫布從未停下過追夢的腳步，爲了實現自己的理想，他拼盡全力，從未鬆懈，稱得上是一個難得的英勇堅韌的意大利人。哥倫布的故事想必早已家喻戶曉，我不需要再多說什麼了。一四九二年1月2日，格拉納達被攻陷，摩爾人戰敗。同年4月，哥倫布快速與西班牙的國王、王后達成協議。8月3日，週五，3艘小船和88名船員組成了一支船隊，在哥倫布的帶領下船隊從帕羅斯出發，踏上了探險之旅。這些船員中很多都是罪犯，他們參與航行的目的是免受刑罰。經過兩個多月的航行，10月12日（週五）凌晨兩點，哥倫布看到了與陸地相連的海岸線。一四九三年

1月4日，他們準備返回，安排了44名船員（全部身亡）留守在拉納維達德。2月中旬，哥倫布到達亞速爾群島，險些被當地葡萄牙人當成不法分子送進監獄。一四九三年3月15日，哥倫布成功返航，回到了帕羅斯島。

他爲自己的勝利興奮不已，第一時間就帶著印第安人（哥倫布一直認爲他到達的地方是印度群島，因此稱當地人爲紅色印第安人，也就是印度人）前往巴塞羅那，希望把這個令人興奮的消息和西班牙王室共享，他告訴王室人員，他已經找到了通往黃金遍地的中國和日本的路線。

直到哥倫布去世，他也沒有發現眞正的事實。在他晚年時期，進行了第四次航行，到達了南美大陸。也許，那時的他心中產生了一些疑問。但是，直到他去世，他依然堅信亞洲和歐洲之間沒有獨立的大陸，他認爲自己確實找到了前往中國的路線。

當哥倫布執著於向西探尋海上之路時，葡萄牙人也不斷向東尋找航線。和西班牙人相比，他們似乎更受幸運女神的青睞。一四九八年，達·伽馬凱旋。他到達了馬拉貝爾海岸⓫，並從那裡帶著大量香料，成功返回里斯本。一五〇二年，達·伽馬依照之前的航線繼續前進，直達印度。向東探險的顯著成果，和向西探險的寥寥收穫形成了鮮明的對比，讓人感到有些不妙。一四九七年和一四九八年，約翰·卡伯特和塞巴斯蒂安·卡伯特兄弟踏上了尋找日本的旅途，他們最終到

⓫ 馬拉貝爾海岸，印度西南的沿海地區。

達紐芬蘭島，看到了一片冰雪世界。實際上，北歐人在5個世紀以前就曾到達過紐芬蘭島。佛羅倫斯人亞美利哥·韋斯普奇（他被人們認為是西班牙的領航員，人們把他的名字作為新大陸的名稱）一直探索巴西海岸的航線，但並沒有到達他夢寐以求的印度群島。

一五一三年，歐洲地理學家發現了真正的事實，此時，哥倫布已經離世7年了。瓦斯科·努涅斯·德·巴爾沃亞穿越巴拿馬地峽，翻越達連峰，看到了一片一望無際的大海——這是一片全新的海域。

一五一九年如約而至，葡萄牙航海家斐迪南·德·麥哲倫踏上了探險之旅。他在西班牙王室的支持下，用5艘小船組成了一支船隊，向西航行尋找香料之國（除了向西他們沒有第二個選擇，因為葡萄牙人早已霸占了向東航行的路線，除葡萄牙以外任何國家都無法加入）。

麥哲倫成功越過非洲與巴西間的大西洋後，繼續南行，到達了一個狹小的海峽——這是巴塔哥尼亞（被稱為「大腳人的國家」）和火地島（某夜，船員們看到了島上閃爍著火光，這證明當地有人居住，因此，船員將其稱為火地島）之間的一個海峽。麥哲倫的船隊在這裡遭遇了狂風暴雪的肆虐，惡劣的天氣持續了5週，狀況凶險。船員們因為害怕發動起義，但最終卻被麥哲倫武力壓制了。天氣條件好轉，船隊重新出發，麥哲倫拋棄了兩名船員，聲稱他們需要在這荒涼的島上反省。內亂平息，船隊繼續向前行駛，發現海峽的範圍越來越大，他們進入了一片從未到達過的海域。所有的事情都已經平息了，麥哲倫將這片海域命名為「太平洋」，緊接著繼續西行。船隊在大海上漂泊了98天，始終沒有看到陸地。生活條件越來越差，船員們食不果腹，甚至開始食用船上的老鼠或者船帆。

一五二一年3月，船隊終於看到了陸地，他們到達拉卓恩群島（翻譯為「盜匪的地盤」）。麥哲倫的船隊在抵達海岸時，被當地的居民剝奪了所有的財產，因此麥哲倫稱其為拉卓恩群島。之後，他們繼續西行，逐漸靠近夢寐以求的香料之國。

接著，他們又到達了一片陸地，這裡荒無人煙。麥哲倫將其稱為「菲律賓」群島，這是君主查理五世之子菲利普二世（歷史聲譽不好）的名字。開始時，菲律賓的當地居民對麥哲倫及其船員們十分歡迎，態度友善。但麥哲倫強制他們信仰基督教，甚至企圖用火炮等武力手段達到目的。這讓菲律賓居民十分不滿，他們奮勇抵抗，與麥哲倫及其手下對抗到底，最終，麥哲倫和大部分手下都失去了生命。平息了這場戰亂後，麥哲倫船隊損失慘重，船隻只有三艘，但實際上存活下來的船員根本不需要這麼多船，兩艘已經完全夠用了，所以，他們燒燬了其中一隻船，繼續向西航行。然後，他們找到了嚮往已久的香料之島——摩鹿加，欣賞了婆羅洲⑫，抵達蒂多雷島。但是，到達此處時，卻發生了意外，一隻船一直漏水，無法使用，所以一部分船員只能留守當地。最終，船長塞巴斯蒂安·戴爾·加諾跟隨著「維多利亞」號船回到了西班牙，這是他們僅

⑫ 婆羅洲，位於印度尼西亞的加里曼丹島。

剩的一艘船，他和船員們跨過印度洋，差點就發現了澳大利亞（17世紀初，荷蘭東印度公司的船隊發現了這片陸地）。這場耗時長久，路途艱難的探險之旅宣佈結束。

在所有的航行中，這次航行最有價值。經過3年時間，耗費了大量的人力物力，這次航行圓滿結束，它向世人證明了地球確實是圓的。此外，它還揭開了哥倫布事件的謎底，證明了哥倫布到達的地方不是印度，而是一片新大陸。自此，葡萄牙和西班牙兩國開始全心全力投入與西印度群島和美洲的商業交往中，兩國都竭力發揮自身價值，絕不退讓。教皇亞歷山大六世（他是唯一擔任此神聖職位的異教徒）爲了避免兩國之間的爭執，將地球劃分爲東西兩半，把西經50度子午線作爲分界線，這就是我們熟知的一四九四年的托爾德西里亞斯分界約定。約定指出，地球的東部屬於葡萄牙人，他們可以在這裡自由建立殖民地，而西部則屬西班牙人。知道了這一點，我們就不難理解一個現象了，南美大陸中，除巴西之外，基本都是西班牙的殖民地，而葡萄牙的殖民地則多位於印度群島和非

新世界

洲。這種格局在17、18世紀被打破了。後來居上的英國和荷蘭依靠自己的實力占領了大部分殖民地，完全不理會教皇的說法。

事實上，當威尼斯的里奧托（中世紀時期的「股票交易所」）得知哥倫布發現了中國和印度後，特別害怕，這甚至導致當時的股票價格下跌了40％到50％。之後，人們得知哥倫布並沒有找到到達中國的航線，這才讓威尼斯商人從恐慌中走出來，淡定了一些。直到達·伽馬和麥哲倫探險成功後，威尼斯和熱那亞的統治者們才意識到原來向東航行也是完全可以到達印度群島的，他們後悔當初對哥倫布的建議置之不理，甚至態度輕蔑。但是現在爲時已晚，在中世紀和文藝復興時期繁榮的商業中心，現在已經開始衰落了，地中海成了內海，人們不再重視到達印度和中國的陸路，這意味著統治者們的財富來源就要中斷了。意大利的繁榮如同落日的餘暉，馬上就要成爲歷史了，明日之星將是大西洋，它會很快成爲商業中心和文化中心。即便發展到現在，大西洋沿岸依然一片繁華之景。

人類文明從尼羅河沿岸的人們用文字記錄開始，至今已經有五千年了。接下來，就讓我們看看文明的變遷歷史吧！尼羅河流域是文明最初開始的地方，接著幼發拉底河和底格里斯河之間的美索不達米亞文明逐漸發展起來。然後，地中海沿岸的文明繁榮昌盛，使其發展成爲世界貿易中心。克里特文明、古希臘文明、羅馬文明都在這裡誕生，這裡蘊藏著豐富的藝術、科學、哲學思想。16世紀，地中海文明逐漸衰落，大西洋文明呈現繁榮之勢。所以，大西洋沿岸的國家開始成爲世界的中心。

在世界大戰結束後，各地損失慘重，很多人認爲大西洋在世界上的地位已經下降了。甚至有人預言跨過美洲大陸看到的太平洋將會成爲世界的中心，對此，我不發表觀點。

在西線航行取得進展後，我們發現：航海家的船隻體積不斷擴大，他們的視野也越來越廣。接下來，我們看一看歷史變遷在人們生活中的具體表現。我們用船隻作爲案例：當平底船被帆船替代後，腓尼基人、愛琴海人、古希臘人、迦太基人和羅馬人的文明也逐漸取代了尼羅河和幼發拉底河流域的文明；當橫帆航船替代帆船占據海域時，葡萄牙和西班牙人後來居上；當滿帆船成爲大海的新寵時，英國人和荷蘭人主宰了整個世界。

發展到今天，我們似乎已經不是特別需要船隻了，人們使用飛機的頻率越來越高，它將逐步取代帆船和汽船原本的位置。接下來，飛機和水力創建的文明將會主導整個世界。我相信，人類會把海洋歸還給大自然，讓它爲魚兒提供一個幸福的家，人類和海洋的關係將會重新回到遠古時期，我們會像我們的祖先一樣和海洋生物和諧共存，還大海一片寧靜。

第四十二章　佛陀和孔子

——與佛陀和孔子相關的故事。

地理大發現爲西歐的基督教徒提供了更多與印度人和中國人交往的機會，他們進入了東方人的視野。基督徒們十分清楚，宗教不是信仰的全部，還有他們早已見識過穆斯林，還有那些受到北非異教部落人們敬仰的原始神靈。但是，走進印度和中國的基督教殖民者們還是有些震驚，他們沒有想到原來世界上的異教徒如此之多，他們不僅對基督聞所未聞，甚至對基督教義完全沒有興趣。這些人堅信他們傳承了近千年的宗教絕對比西方的宗教更具優勢。這本書命名爲《人類的故事》，如果我們只描述歐洲和西半球的歷史，有些欠妥，所以，我們接下來把目光轉向東方，聊一聊佛陀和孔子的故事。他們生活的年代距今已經有幾千年了，但直到今天，我們依然把他們的思想奉爲哲學，依然以他們的行爲作爲榜樣，他們的言談舉止、深奧思想對許多人產生了重大的作用，影響頗深。

佛陀被印度人奉爲最崇高的「牧羊人」。他的一生充滿了神祕色彩。公元前6世紀，佛陀誕生在一個能夠看到喜馬拉雅山的地方。在這裡，雅利安民族（印歐種族東支的自稱）的崇高領袖查拉圖斯特拉❶（瑣羅亞斯德）四百年前就曾教育他的百姓們，生命就是善與惡的較量，善神奧姆茲德和惡神阿里曼之間的鬥爭永遠不會停止。

佛陀是釋迦部落首領淨飯王和鄰國公主摩訶摩耶的兒子，出身尊貴。其母年少時便嫁給了淨飯王，但是隨著時間流逝，月升月落，年復一年，她一直沒能爲丈夫孕育子嗣，無人傳承王位。直到50歲，她才懷有身孕。她興奮地回到自己的家鄉，希望娘家人能夠小心照料，讓她健康地生下孩子。

公主的家鄉與此地相距甚遠，她翻山越嶺才回到考裡延人的部落，旅途十分艱辛。孩子降生的那天夜晚，摩訶摩耶正在藍毗尼花園乘涼，時間上有些突然。她稱孩子爲悉達多，不過人們習慣叫他佛陀，有「悟者」之意。

時光飛逝，悉達多已經成年。19歲時，帥氣瀟灑的他和表妹雅蘇陀羅結爲夫妻。接下來的十年時間，悉達多的生活領域全部侷限於王宮之中，他對外界的苦難一無所知，生活的目標只有一個，那就是安靜等候繼承王位。

30歲時，悉達多的生活出現了轉機。一次偶然的機會，他出宮的旅途中碰見了一位瀕臨死亡

---

❶ 查拉圖斯特拉，公元前6世紀伊朗先知，拜火教創始人。

的老者，老者十分虛弱，幾乎沒有力氣。他對此十分驚訝，於是告訴了車匿❷，但這並沒有引起車匿的驚慌，他反應平淡地說，世界上命苦的人很多，這只是其中的一個，沒什麼特別的。這次經歷讓王子有些傷感，但是他並沒有表現出來，回到王宮後依然過著自己應有的生活。他試圖忘卻這段經歷，擺脫煩惱。沒過多久，王子再次出宮，碰見了一個被疾病困擾的窮苦人。悉達多十分疑惑，詢問車匿，爲什麼這個人這麼痛苦呢？車匿回應道，疾病在這個世界上十分普遍，我們對此無計可施。年少的王子對此十分同情，心情沉重，但並沒有什麼過激的反應，只是再次回到王宮，和家人生活在一起。

幾週過後，一天傍晚時分，悉達多出宮前往河邊洗澡。一切就好像上帝提前安排好的一樣，他坐的馬車經過一道水溝時，一具漂浮著的屍體嚇到了馬匹。他從小就生活在王宮中，從未親身經歷過如此可怕的場景，有些驚慌失措。但是車匿的反應卻很從容，只是告訴他，不必太當回事兒，世界上的人都逃不開生老病死，這是生命必須經歷的過程，所有的一切都會結束，不可能永遠存在。我們都將走向死亡，走進墳墓，這是不可避免的結局。

當天，悉達多回到家已經是晚上了。一進門，他就受到了熱烈的歡迎，人們告訴了他一個好消息，他的妻子爲他生下了一個小王子。也就是說，王位又有繼承人了，這是一件值得慶祝的喜

❷車匿，佛陀弟子，釋迦牟尼僕役，負責爲他駕車，後一起出家。

事。但是這種快樂的氛圍卻沒能感染悉達多。看著新生命的誕生，他甚至感到有些恐慌，這是對生存的恐慌。世界上的貧苦和死亡就像是惡夢一樣，在他的腦海中揮之不去。

那一晚，月色正好，潔白的月光灑落一地。但悉達多卻輾轉難眠，所有的問題都縈繞在心頭，他需要認真思考。如果這些關於生存的疑惑得不到解答，他將永遠失去真正的快樂。所以，他決定離開家人，獨自解開內心的疑惑。他來到妻子的臥室，但並沒有打擾她休息，只是安靜地看了妻兒一眼，也是最後一眼，就離開了。他帶著絕對忠心的車匿，離開了生活多年的家。

悉達多和車匿共同消失在黑暗的夜晚中，悉達多此行是爲了讓靈魂有個落腳之處，而車匿則是爲了追隨自己的主人，以表忠心。

悉達多開始了流浪的生活，四海爲家。當時的印度局勢動盪，社會混亂。在歷史上，雅利安人（可以說是歐洲人的表親）個性鮮明，不願服輸，他們毫不費力就打敗了印度人的祖先——印度土著居民。自此，雅利安人統治了這些性格溫和，體型柔弱的黃種人。雅利安人爲了方便管理，穩定統治，鞏固權威，在印度實行等級制度，將所有人口按照等級劃分，最

佛陀進入深山

終形成了「種姓」制度，並發展僵化。在等級體系中，身分最爲尊貴的是雅利安人，他們是等級最高的「種姓」，包括武士和貴族階級，第二等級的是祭司，第三等級爲農民和商人。土著居民在等級制度中被定義爲「吠舍」，也就是身分最低賤的奴隸，所有人都歧視他們，他們就像是生活在黑暗的世界中，永遠看不到光明。

種姓制度的發展對宗教信仰也產生了一定的影響。遠古時期的印歐人在經歷了數千年的漂泊後，親身經歷了很多奇怪的事情。人們把這些事情收集、整理、總結，最後寫成了一本書——《吠陀經》。這本書是用梵文書寫的。梵文是一種語言，和歐洲的希臘語、拉丁語、俄語、德語等幾十種語言十分相似。《吠陀經》被人們稱爲聖書，但是並不是任何一個人都可以閱讀，統治者規定，只有等級較高的3個種姓才允許閱讀《吠陀經》，至於等級最低的「吠舍」，根本沒有機會認識這本書。貴族或僧侶們甚至還明文規定：禁止任何人向「吠舍」透露書籍的相關內容，一旦發現，嚴懲不貸。

可見，大部分印度人的生活環境都極其惡劣。他們能夠從俗世中獲得的愉悅感少得可憐，但是，他們的情緒需要發洩，所以，他們開始尋找其他辦法，幫助自己脫離苦海。在這種狀況下，很多人沉浸在對下一世生活的美好憧憬中，希望能夠由此感到一些溫暖。

在印度的神話傳說中，梵天創造了全部生命，主宰著生命的生存與滅亡，體現著人們崇高的理想。不少人希望能夠向梵天學習，像梵天一樣對權力、財富無慾無求，認爲梵天就是自己一生追求的目標。在他們眼中，純潔的思想遠高於純潔的行動，所以，他們踏入荒蕪的沙漠，食用樹葉，折磨肉體，充實靈魂，希望以此領悟梵天眞正的聰明才智。

這些遠離凡塵，執著於眞理的漂泊者深深吸引著悉達多，思慮再三後，他決定像他們一樣行動。於是，他選擇了剃度，放棄了攜帶的價值非凡的珠寶，寫下訣別信，將其交給車匿，拜託忠心的車匿能夠給家人帶去消息。然後，這位青年王子獨自踏入了荒蕪的沙漠。

悉達多神聖純潔的行爲很快傳遍了各地，五位年輕人聽到後，十分仰慕，於是決定追隨悉達多。悉達多沒有拒絕，將5個人收歸門下。接著，悉達多帶領五位年輕人踏進了深山中。他們在靈鷲山❸荒蕪的山峰中徘徊，隱居了6年，悉達多把自己知道的一切都告訴了徒弟們。但通過這幾年的潛心修練，他發現自己離超脫完美的境界還差很遠，面對花花世界，他無法絕情絕欲。所以，悉達多決定再次獨自上路，他拋開了五位徒弟，獨自在一棵菩提樹下打坐，經過了七七四十九天的齋戒。他的勞苦修行終於看到了成果，梵天顯現了。

自此，人們尊稱悉達多爲「佛陀」，意思是拯救人們走出苦難的「參悟一切的人」。

佛陀塵世中最後的45年是在恆河附近的山谷中度過的。他在那裡，向衆人講述順從、溫和等質樸的教義。公元前四八八年，佛陀去世了，他在塵世的生命圓滿完結。至此，他已經受到了數

❸靈鷲山，著名的佛陀說法之地，位於中印度摩羯陀國首都王舍城的東北側。

百萬人的熱愛。佛陀的教義對待任何人都一律平等，即便是等級最低的「吠舍」也崇拜他。

這種倡導衆生一律平等的教義，教導人們憧憬下一世的生活，給予了人們更多的希望，這自然會引起貴族、僧侶和商賈的不滿，他們想盡辦法試圖將這種信仰扼殺在搖籃中。一旦抓住機會，他們就會鼓勵印度人信仰歷史悠久的婆羅門教❹，希望所有人都能夠齋戒，折磨肉體。不過，他們的目的並沒有達到，佛教也沒有被扼殺。之後，佛教的衆多信徒翻越喜馬拉雅山，給中國帶來了佛的思想。他們甚至還將佛的教導傳到了黃海對面的日本。佛教的衆多信徒絕對信仰佛陀的智慧，他們禁止採取任何暴力手段。發展到現在，佛教的信徒數量達到了空前的高潮，比歷史上任何時候都要多，甚至比基督徒和穆斯林的總數還要多得多。

——緊接著，我們聊聊中國的聖賢之人孔子，他的故事沒有佛陀那麼複雜，十分簡單。大約公元前五五〇年，孔子誕生，他的一生生活平靜、閒適，不爲名利困擾。當時的中國社會一片雜亂，勢力雄厚的中央集權政府還沒建立起來，百姓生活窮困潦倒。到處都是強盜，殺人放火，搶劫掠奪幾乎隨處可見。即便物資豐厚的中國北部和中部地區，也是遍地難民。

孔子提倡仁政，他希望能幫助百姓擺脫苦難，脫離苦海。他生性溫順，反對暴力，反對依靠嚴苛的刑法治理國家。他堅信想要安邦立國，必須改變人們內心眞正的想法。孔子的做法可謂迎

❹ 婆羅門教，印度古代宗教，現在流行的印度教古代形式。

難而上，他花費一生的精力試圖改善中原地區數百萬人的天性。中國人並不喜歡西方的宗教。他們雖迷信神仙鬼怪，但他們並不懂得先知，更別說「神啓」了。在我們知道的所有傳說中人類偉大的精神領袖之列，孔子是特別的，他從未說過自己看到過神靈現身，從未說過自己接受了神的旨意，是神派來的使者，更從未暗示過自己在神的啓迪下實現了什麼，這可以說是空前絕後的。

孔子對他人十分理解寬容，他懂得仁愛，喜歡一個人閒走漫遊，沒事的時候拿起心愛的笛子吹奏動人傷感的樂曲。他對名利沒有太大的慾望，也從未要求人們對其言聽計從，仰慕追隨。

這種行爲和古希臘的部分智者很像，特別是斯多葛學派。他們都追求簡單眞誠的生活，希望能夠進行眞正有意義、有價值的思考，但從未考慮過收穫，他們爲心靈守護了一片淨土，保持了靈魂的安靜祥和。

孔子待人友善寬容。他曾親自拜訪中國另一位偉大的思想家——老子。老子是道家學派的創始者，其倡導的教義和早期基督教倡導的「金律」❺極爲相似。

孔子對待所有人都心存仁善，避免仇恨。他教導人們要學會自律，這是一種美德。根據孔子的思想，如果我們眞正有德，就不會怨天尤人，被煩惱困擾，無論命運如何，都是上天的安排，

---

❺金律，「愛人如己」，出自《聖經》的「誡命」。作者對其有一定誤解，其實應該是和孔子的「己所不欲，勿施於人」有一定的相似之處。

我們應當隨遇而安，知足常樂，而不是抱怨嘮叨。這些聖賢人明白，看待事物時一定要學會從多個角度考慮，不管什麼事情都有好的一面。

孔子開始遊學時，幾乎沒有追隨者。但是隨著時間的變化，孔子的門徒不斷增加。公元前四七八年，孔子去世，在他晚年時期，很多王公貴族都公開了自己作爲孔子弟子的身分。當耶穌出生在伯利恆馬槽時，中國人的思想早已受到孔子深遠地影響了，百姓的生活也受到了一定程度的影響——只是作用的形式並不是原始的、單純的方式。歲月流逝，社會變遷，人類的社會也兜兜轉轉經歷了很多，很多宗教順應時代的潮流做出了一些改變。就像耶穌最原始的教義是教導人們謙遜、順從、遠離塵世的功名利祿。但是在各各他事件❻發生了15個世紀後，基督教會的領袖們卻開始浪費奢侈，揮霍無度，他們投入大量資金興修土木工程，建起了一座又一座富麗堂皇的教堂。教皇的行爲和最開始伯利恆馬槽的悲涼狀況，實在無法相提並論。

最初，老子思想的內容和基督教的「金律」十分相似。但是不到三個世紀，老子竟成了一位十分可怕的神。世俗的迷信徹底掩蓋了他睿智的思想，平民百姓的生活陷入了緊張不安。

孔子重要的思想之一是孝順。但是沒過多久，人們就不再關注子孫的狀況了，而是將自己的全部精神和時間轉移到去世的父母身上。他們總是費盡心思回憶過往，但卻從未重視過未來，所

---

❻ 各各他事件，耶穌被釘上十字架的事件。

以對祖先的敬仰開始變得和西方的宗教儀式極爲相似。人們在爲祖先選擇安葬地時，更願意選擇南面的山坡，因爲那裡光線充足、土壤肥美，但他們可能會選擇在缺乏營養，十分陰冷的北面土地上種植稻穀。表現出一副很孝順的樣子，即便飢寒交迫，也不能委屈祖先的英靈。

即便如此，孔子的思想言論還是對越來越多的東亞人產生了深遠的影響。儒家思想中一些見解深刻精闢的言論，改變了每一個中國人的思想，讓他們對生活的哲學有了一定的瞭解。它影響著生活中的每一個人，不管你是在環境惡劣的地下室工作的洗衣工，還是在富麗堂皇的宮殿中處理國家大事的王侯將相，都會受到它的影響。

16世紀，激情澎湃霸道無理的基督教徒從西方來到了東方，他們和東方歷史悠久的教義相互碰撞。他們看到了安靜慈祥的佛陀雕像，看到了溫順祥和的孔子畫像，但對西班牙人和葡萄牙人而言，這些都是陌生的，他們有些驚慌失措，因爲他們從未見過如此慈眉善目的神人，更不知道該怎麼樣敬仰他們。他們理所當然地認爲，這些慈善的神人和西方的神明相距甚遠，西方的神是苦難的預言者，而東方的神則是魔鬼的代言人，根本不值得基督教徒的尊重，他們更像是偶像崇拜或者奇門邪術。當這些思想阻礙了西方人的香料與絲綢貿易時，他們開始思考用武力解決問題，甚至企圖用堅船利炮打開東方的大門，迫使東方人接受西方的信仰。這種行爲顯然是有違道德的，我們必須加以批判，這不僅不利於未來的貿易，也會給我們留下敵對的印象。

第四十三章　宗教改革

——牆上的鐘擺，前後交替運動，按照規律循環往復，這在某種程度上和人類的發展存在相似之處。文藝復興時期，人們瘋狂地熱愛文藝，對宗教置之不理；但是當宗教改革到來時，人們又把宗教當作潮流，反而對文藝毫無興趣。

一提到「宗教改革」，我們就會想到很多歷史上勇敢的清教徒，這個詞我們已經很熟悉了。這些清教徒們倡導「宗教信仰自由」，為了實現自己的理想，他們不惜跨洋越海。隨著時間的流逝，現在宗教改革一詞幾乎成了「思想自由」的代名詞（特別是那些新教國家），馬丁・路德❶被當作積極的領軍人物。

但是，我們書寫歷史的目的並不是為了不斷推崇那些值得人們尊重的偉人，所以，這本歷史

❶馬丁・路德，16世紀德國宗教改革倡導者，新教路德宗創始人。

書也不會這麼安排。德國歷史學家蘭克曾說，弄清楚「究竟發生了什麼」才是歷史研究最重要的部分。只有做到這一點，我們才能夠公平客觀地看待歷史。

界限分明的好事和壞事在歷史中幾乎不存在，我們生活的世界絕非單純的黑白兩色。如果歷史學家可以做到絕對眞誠，就應當公平客觀地評價所有歷史事件。但現實卻是，歷史學家很難絕對拋開個人喜好，所以，想要做到這一點實屬不易。但是，我們必須儘力做到，避免在書寫歷史的過程中摻雜太多的個人情感。

就拿我自己來說。由於成長環境的新教特色鮮明，在生長到12歲時，我還從未見過任何天主教徒。因此，當我剛開始碰見他們時，會感到不自在，甚至內心有些恐懼。我曾聽到過一些迫害新教徒的傳聞，據說艾爾巴公爵爲了徹底消滅路德派和加爾文派❷的異類，促使西班牙宗教裁判所殘忍殺害了數以萬計的新教徒，他們有些死於絞刑，有些死於火刑，有些甚至被五馬分屍。我總是覺得這些事情彷彿發生在昨天，一切都歷歷在目，也許不久的將來歷史就會再度重演。也

❷ 加爾文派，16世紀法國宗教改革家、神學家約翰·加爾文及其教派其他人的總稱，支持馬丁·路德「因信稱義」學說。

許，聖巴托羅繆之夜❸很快就會再次降臨，我將在沉睡中徹底離開，瘦弱的身體被人從窗戶中扔出，也許我會和尊貴的科利尼將軍❹一樣，遭遇極爲相似的不幸。

多年後，我定居在了一個信奉天主教的國家。在這裡生活期間，我發現和我的左鄰右舍相比，他們更加開心、包容，同時，他們也富有智慧，這讓我有些震驚。直到那時，我才意識到，原來天主教徒們在宗教改革中的行爲也有一定的道理。

不可否認，16、17世紀那些心存善念的人對待問題的態度絕不會和我一樣。他們親身經歷了那場複雜的宗教改革，堅信眞理和自己同在。這無疑是一場殊死搏鬥，對於這一問題，我們無話可說，畢竟選擇生存是我們的本能。

一五〇〇年，很容易記住的一年。這一年，查理五世出生了。通過研究歷史，我們會發現幾個高度集權化的國家結束了中世紀封建割據的混亂局勢。接著，查理成了多國中最傑出的君主。但是，一五〇〇年，他剛剛出生，只是一個嬰兒。查理是斐迪南和伊莎貝拉的孫子，也是哈布斯堡王室的馬克西米利安（中世紀的最後一位騎士）和瑪麗（「勇敢者」查理的女兒，「勇敢者」

---

❸聖巴托羅繆之夜，一五七二年8月24日凌晨，胡格諾派正在慶祝首領婚禮，法國天主教徒亨利・吉斯率軍隊突襲，殺死胡格諾教徒兩千多人。人們把這一夜稱爲「聖巴托羅繆之夜」。

❹科利尼將軍，法國新教領袖。

查理就是我們常說的勃艮第大公，在與法國的戰爭中完勝，但卻死在了一位瑞士農民的手中）的孫子，出身尊貴。這個剛剛出生的嬰兒擁有著世界上面積最大的領地，他的父母、祖父母、外祖父母、叔叔舅舅、堂表兄弟、姑媽阿姨在德國、奧地利、荷蘭、比利時、意大利和西班牙的所有領土，以及他們在亞洲、非洲、美洲的全部殖民地都屬於查理。他出生在根特的佛德蘭伯爵的城堡中，這個地方曾是德國人的監獄，這好像是上帝故意安排的一個巧合。但更加神奇的是，作為德意志和西班牙的君主，查理從小卻接受佛德蘭的教育教導。

查理的父親在查理很小的時候就去世了（傳說是被人毒害的，但我們無法查證），父親去世後，母親悲痛欲絕，精神失常（帶著丈夫的棺材各地奔走），因此，姑媽瑪格麗特一直撫養小查理成長。待查理成人後，就統治了德國、意大利、西班牙等幾百個大大小小的奇特民族，他沒有第二個選擇。但查理從小受到的是佛德蘭教育，對天主教尤為忠心，反對一切宗教歧視。查理從小就很閒散。但是上天偏偏不給他悠閒的機會，他生在了人們被宗教沖昏頭腦的混亂時代。一生都在各大城市間遊走奔波，忙忙碌碌，根本無法安定。他內心極其渴望和平與穩定，但一輩子都處於戰亂中。55歲時，他再難承受人類的厭煩和仇恨，接近崩潰。他放棄了所有塵世間的事務。三年後，他深感疲勞，內心絕望，離開了這個世界。

對於皇帝查理，我們到此為止。下面我們開始談論教會，這可以說是當時社會中的第二股強大的勢力，關於它的故事有哪些呢？中世紀早期，教會費盡心思期望能夠使異教徒歸順。教會的改變也是從那時開始的。教會的經濟實力越來越雄厚，教皇早已不是貧困的基督徒的牧羊人，這是我們能夠看到的最明顯也是最重要的變化。教皇一般都住在富麗堂皇的宮殿中，總有一大群藝術家、音樂家和著名文人圍繞著他。教皇的教堂、禮拜堂中裝飾華貴，隨處可見全新的聖像，就像是古希臘的神祇⑤。他對藝術品的重視程度遠遠高於對教務的重視：一般來說，教皇十分之九的時間和精力都在古羅馬雕像、新出土的古希臘花瓶、新夏宮設計、新劇首演等悠閒自得的事情上，只有十分之一的時間用來處理教務。大主教和紅衣主教們爭相模仿教皇的生活方式，教皇又反過來把他們當作行動的榜樣。在這種環境中，盡職盡責的只有鄉村牧師了，他們避免塵世醜惡的干擾，避免追逐異教徒迷戀的美和享受，同時也和修道院保持距離。修道院中的僧侶們和以前大不一樣了，他們早把那些勤儉質樸的信仰拋在了腦後，一心追求舒適，只要相安無事，他們就會放肆地追求聽覺與視覺的享受。

最後，我們說一說平民百姓。和過去相比，他們的生活狀況改變了很多：生活條件越來越好，房屋越來越舒適，孩子們有條件接受好的教育，城市環境整潔美觀。百姓們手中有火槍，一旦受到欺壓，可以奮起抵抗，這幫助他們徹底擺脫了負擔了幾百年的沉重賦稅。到此爲止，宗教改革的主人公們都已登上了歷史的舞台。

---

⑤古希臘的神祇，最初基督教反對古希臘的偶像崇拜，認爲是異類行爲。

下面，我們談一談文藝復興對歐洲產生了哪些影響。這有助於我們進一步瞭解爲什麼文藝復興之後，歐洲會重新掀起瘋狂熱衷宗教的浪潮。

意大利是文藝復興的發源地，後來文藝復興蔓延到法國。在西班牙，文藝復興並沒有產生巨大的影響，因爲西班牙人和摩爾人間的戰爭持續了五百年，這使西班牙人越來越狹隘，難以接受新事物，他們痴迷於宗教。文藝復興的影響範圍越來越大，但跨越阿爾卑斯山之後，它的性質卻有了很大的變化。

歐洲南北方氣候的巨大反差，影響著兩地人的生活習慣，北歐人和南歐人生活習慣差別很大。意大利的光照充分，人們更喜歡從事戶外鍛鍊，喜歡把酒言歡，喜歡感受生活的美。而德國、荷蘭、英國、瑞典等地則處於北歐，氣候寒冷，人們更希望能夠在暖和的屋子裡待著，他們很嚴肅，不喜歡玩笑，很在乎內心的靈魂，絕不用神靈逗樂。所以，北歐人把全部的注意力放在了文藝復興時期的「人文」上，書籍、古代作家的研究、語法、教科書等深受他們的喜愛。但他們卻對全面復甦古希臘、古羅馬文明的號召置之不理，他們沒有接受的勇氣，而這正是意大利文藝復興最重要的成果。

但是，擔任教皇和紅衣主教的基本都是意大利人。他們把教會變成了娛樂的場所，在這裡大張旗鼓地討論藝術、音樂、戲劇，但卻從來不談論信仰。由此，個性嚴謹的北歐人和隨意樂天的南歐人之間出現了裂痕，這條裂痕越來越寬。但沒有人預測到這會對教會產生不利的影響。

此外，還有一些因素導致了宗教改革運動在德國爆發，而非瑞典，更不是英國，當然，這都不是主要的原因。德國人對羅馬沒有好感，日耳曼皇帝和教皇積怨已久，他們之間的爭鬥從未停止過。在歐洲的其他國家中，國王通常利用手中強大的權力掌握政權，能夠保護百姓不被教士們剝削。但是，德國屬於例外，這裡的皇帝有名無實，沒有掌握實際權力，王公貴族們的人品參差不齊，市民們大多忠厚老實，國家卻沒有能力保護他們不被主教或者教士們欺壓，百姓的財富大多被主教和教士們掠奪了。教士們把搜刮來的錢財投入教堂的修建上，很多富麗堂皇的教堂拔地而起，教士以此討好教皇（文藝復興期間，教皇尤其鍾愛富麗堂皇的教堂）。德國人對這種現象十分不滿，覺得利益虧損。

除此之外，還有一個鮮為人知的原因。印刷機是德國發明的，所以在北歐地區，書籍十分廉價。《聖經》本是手抄本，教士負責解釋，幾乎沒有例外。但是現在《聖經》卻走進了尋常百姓家，只要人們略懂拉丁文，就完全可以自讀《聖經》。這和教規不符。人們親自閱讀後，發現教士告訴他們的很多內容和《聖經》本來的記載並不相同。這使人們內心感到疑惑，並開始發問。而且，這些問題必須得到合理的解答，否則會造成更大的問題。矛盾不斷加劇，北方的人文主義者終於無法忍受了，他們開始攻擊僧侶。但他們內心仍然畏懼教皇，所以盡量避免對教皇的直接攻擊。開始時，他們總是把修道院中懶散愚昧的僧侶作為攻擊的對象。

讓人驚訝的是，領導這場運動的竟是忠誠於教會的百姓。此人是荷蘭鹿特丹人，一般大家都叫他伊拉斯謨。他出生在一個貧困的家庭中，曾求學於德文特的拉丁學校（坎普滕的托馬斯修士也曾在這所學校讀書），後來成了一名教士。之後，他從一直居住的修道院走出來，前往歐洲各地遊學，並把自己的所見所聞記錄下來。完成這段旅程後，伊拉斯謨開始創作（如果放在現代社會，人們一般會將其劃分為社論作家）。他的著作《矇昧者書簡》中包含很多詼諧搞笑的匿名信，給讀者帶來了無窮的快樂。這本書形式新穎，作者採用獨具特色的德語-拉丁語的打油詩形式，讓我們鮮明地感受到了中世紀晚期僧侶的愚昧和自大。伊拉斯謨學富五車，思維縝密，熟練掌握了拉丁語和希臘語。他仔細校對了希臘文的《聖經．新約》，同時把這本書翻譯成了拉丁文。可以說，這是第一本值得人們信賴的拉丁文版《聖經．新約》。他堅信「笑容能夠證明眞理」，並沿用這一創作方式，具有很強的說服力，這一點和羅馬詩人賀拉斯十分相似。

一五〇〇年，伊拉斯謨拜訪了托馬斯．摩爾爵士。緊接著的幾週時間，他創作了《愚人頌》。這本書詼諧幽默，以幽默作爲最尖銳的利器攻擊僧侶和其追隨者，可以說是16世紀的暢銷書之一，後被翻譯成各國語言。這本書影響力中最重要的一點是，它使伊拉斯謨的全部宗教改革著作走進了歐洲各國人的視野中。他的這些書，揭示了教會存在的問題，倡導人們進行改革，呼籲人們幫助他復興基督的信仰，這是一個偉大而艱巨的任務。

這一規劃規模巨大，包含著對未來的憧憬，但最終卻沒有取得有效的成果。伊拉斯謨是一個理智包容的人，對於大部分教會的敵對者提出的要求，他沒有辦法滿足。所以，這些人只能靜候時機，希望歷史的舞台上能夠出現一位更加剛強的領導人物。

這位領導人出現了，他就是馬丁．路德。

路德出生在德國北部的一個農村，聰慧異常，英勇果敢。他曾就讀於愛爾福特大學，並在該校取得了藝術學碩士學位，完成高等教育後，他在一家多明我會修道院中修行，之後進入威登堡神學院，成了一名大學教授，他不喜歡對著農夫們闡述《聖經》。在閒暇時間，路德致力於《舊約》和《新約》的原文研究。不久後，他發現耶穌基督本人的教導並非教皇和主教們所說的那樣，兩者之間的差別太大了。

路德翻譯聖經

一五一一年，路德因爲公事前往羅馬。此時，尤里烏斯二世剛剛登上教皇的寶座，因爲博爾吉亞家族的亞歷山大六世（他曾搜刮了很多錢財，以期爲子女謀取利益）離世了。新上任的教皇作風正派，但唯獨對征戰和興修土木十分迷戀。這個人十分眞誠，但是穩重的德國神學家路德卻不敢苟同。他對此十分絕望，決定返回威登堡。但沒想到之後的情況更加糟糕。

尤里烏斯臨死時，留下遺言，要求繼承者擴建聖彼得大教堂。這一工程十分浩大，聖彼得大教堂也許還沒有修建完成就已經需要開始維修了。但是，教皇的府庫早就空了，這是老教皇亞歷山大六世的傑作，一五一三年，利奧十世接任教皇一職時，教廷已經快要破產了。爲了能夠獲得資金，他開始出售「贖罪券」，這是一個歷史悠久的辦法。贖罪券實質上是一張羊皮紙，只是我們需要付出一定的金錢才能夠換取，教會聲稱獲得贖罪券的人能夠減少在煉獄中度過的時間。按照中世紀晚期的教義，這是合情合理的。教會本就可以寬恕那些在去世前眞誠悔過的人，自然也可以減少他們的靈魂在煉獄中的時間。

但是人們必須用金錢換取贖罪券，這實在太可憐了，不過這是教廷獲取收入最簡便的方式。而且那些生活極度貧困的人可以免費得到贖罪券。

一五一七年，德國薩克森地區的贖罪券全部掌握在一個多明我會修士的手中，他叫約翰·特澤爾，只有他才擁有這地區贖罪券的銷售權。他是一個好高騖遠的銷售員。他希望能夠快速獲得利潤，經常採取一些比較強制的銷售方式，這引起了當地眞誠信徒們的不滿。

路德是一個老實人，面對衆怒，他衝動地做出了一個決定。一五一七年10月31日，路德親自在薩克森宮廷教堂門前張貼了九十五條聲明，這些都是他寫的。聲明使用拉丁文，強烈批判了教會出售贖罪券的行爲。當然，路德並非革命者，更沒有企圖引發暴亂，他這麼做只是表達自己對出售贖罪券行爲的不滿，希望神職同事們能夠清楚他的立場。這一做法本來是神職人員和教授之間的私人行爲，其目的並非是要把教會的錯誤展現在衆人面前。

但是，比較可惜的是，那時候人們的關注點全部在宗教事務上。討論任何事情，都可能會引發劇烈的思想波動。薩克森的九十五條聲明，不到兩個月就衆人皆知了，它幾乎成了歐洲所有地方談論的話題，討論十分激烈。面對這件事，每個人都必須選擇隊伍，每位神職人員都必須表態。教廷終於感到了不妙，他們馬上向這位威登堡神學院教授發出邀請，希望他能夠前往羅馬，發表演講，向衆人闡述自己的觀點。路德想到了胡斯，他必須接受教訓，理智回絕。於是羅馬教會以路德蔑視教廷權威爲由，革除了他的教籍。但是，路德當著衆多支持者的面，親自燒燬了教皇的敕令。這意味著，路德和教皇之間再沒有緩和的餘地了。

於是，路德成了那些對羅馬教會不滿的基督徒們的領導人，雖然這不是他的本意。諸如烏里奇・馮・胡登等德意志愛國者紛紛趕到，希望能夠保護路德。緊接著，威登堡、愛爾福特、萊比錫大學的學生們也公開表示，一旦路德被抓捕，他們一定會拚死保護路德的安全。薩克森選帝侯❻對此事態度明確，他向激情澎湃的年輕人聲明只要路德在薩克森，就一定會盡全力保護他不被傷害。

這些事情發生在一五二〇年。這一年，查理五世20歲，他統治著半個世界，必須與教皇互幫互助。所以，他決定召開一次宗教大會，地點定在了萊茵河畔的沃爾姆斯，他要求路德參加，並

❻ 薩克森選帝侯，指那些有選舉德意志國王和羅馬帝國皇帝權利的諸侯。

在會議上對自己的出格行為做出合理的解釋。這時候，路德早已成了德意志的民族英雄，他毫不猶豫就答應了。但是到達沃爾姆斯後，路德卻堅決維護他所寫的聲明，守護自己的每一句話，絕不更改。他忠心於上帝，不在乎生死。

沃爾姆斯會議對這件事的討論持續了很久，他們得出的結論是路德是罪人，他引起了公憤，他們禁止所有德國人向路德提供住所和食物，禁止任何人翻看路德的著作，但是路德的生命卻沒有任何危險。在大部分德國人眼中，沃爾姆斯敕令很不公平，遭到了嫌棄。為了保證路德的安全，人們讓他躲藏在了威登堡的城堡中，這座城堡的所有者是薩克森選帝侯。即便路德落到了這般田地，還是堅強地和教廷對抗，他把《舊約》和《新約》翻譯成德語，讓所有人都能夠親自得到上帝的教誨。

事情發展到這種狀況，宗教改革已經不只是宗教和信仰的問題了。社會混亂不堪，很多人開始趁機惹是生非：不懂現代大教堂建築之美，甚至厭惡這種美的民衆，開始破壞這些東西，甚至直接毀滅；落魄的騎士們企圖拿回自己失去的一切，他們占領了本屬於修道院的大片土地；內心憤懣的王公們抓住機會擴大勢力；鼓動大家帶領災民們瘋狂攻擊城堡，搶劫擄掠，和發瘋的十字軍一般無二。

帝國內暴亂已成現實。部分王公加入新教，成了新教徒（也就是路德口中的「對抗教廷者」），他們殘忍地殺害了統治區內的天主教徒。還有一部分忠誠於天主教的王公們，他們對自己的子民中信仰新教的百姓施加殘酷的絞刑。一五二六年，斯貝雅會議明確指出「臣民必須跟隨領主的信仰，歸屬於領主的教派」，希望能夠有效解決百姓的宗教信仰問題。這一規定導致德意志聯邦數千個小公國開始處於敵對狀態，妨礙了德國的正常發展，使其落後了幾百年。

一五四六年2月，路德去世了。人們把他埋葬在他反對出售贖罪劵的教堂中，那件事已經過去29年了。不到30年的時間，文藝復興時期人們無視宗教、注重塵世享樂的思想不見了蹤跡，現在世界的關注點全部在宗教改革上，人們不是爭執，就是談論。多年來一直統一的宗教帝國在一夜之間灰飛煙滅。天主教徒和新教徒們爲了宣傳某些神學教義，進行了殊死搏鬥，戰火甚至蔓延到整個西歐世界。但是，如果用現代人的眼光審視這些神學教義，就會發現它們毫無道理可言，就像是古代伊特魯里亞充滿神奇色彩的銘文一樣。

第四十四章　宗教戰爭

——一個宗教大爭論的年代。

歐洲在16、17世紀時，處於宗教大爭論的年代。

如果我們認眞觀察現代社會，就會發現，有關「經濟」的討論是我們話題的中心，幾乎每個人都在談論，比如工作報酬、工作時間、罷工、財富在社會生活中的作用等話題。這是我們生活的年代人們最關心的話題。

但在一六〇〇年到一六五〇年期間，孩子們的處境卻非常艱難。在那段時間內，不管是天主教徒還是新教徒，他們整日聽到的都是與「宗教」相關的話題，滿腦子都是「命中注定」「聖餐變體論❶」「自由意志❷」等偏僻冷門的詞彙，從他們口中說出來的也都是一些和「眞正信仰」

---

❶ 聖餐變體論，早期天主教認爲，在聖餐中，經過祝福的麵包和紅酒可變成基督的身體和血液。

❷ 自由意志，伊拉斯謨的主張。

相關的論調。孩子在幼年時期，就在父母的願望下經過洗禮，成了天主教、路德教、加爾文教、茨溫利教❸、再洗禮教❹等教派的教徒。他們只能閱讀部分書籍，如路德編寫的《奧格斯堡教理問答》，加爾文編寫的《基督教原理》，或是《英國公禱書》❺中三十九條信條等，因爲只有這些書才能代表「眞正的信仰」，才能提升他們的神學修爲。

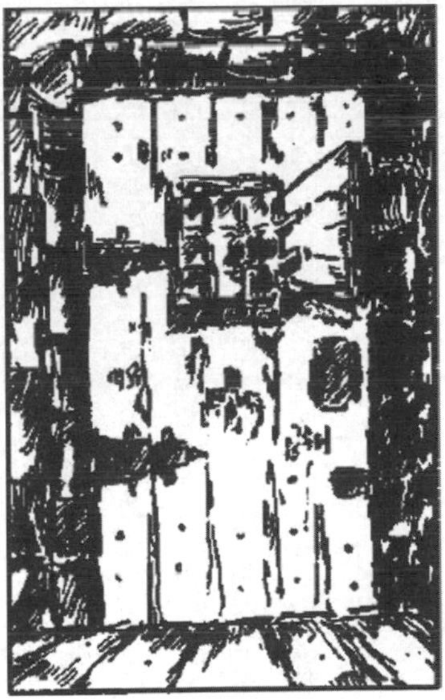
宗教裁判所

亨利八世的故事時常在他們的耳畔響起：傳說亨利八世有過好幾段婚姻，他曾稱自己是英格蘭聖公會的最高首腦，他掠奪了教會的全部財產，剝奪了教皇對主教和教士的任命權，雖然這一權力已經維持了很多年。一提到宗教裁判所，人們就會想到一些驚悚的畫面，如令人害怕的地牢

❸茨溫利教，瑞士宗教改革家茨溫利創辦的新教。

❹再洗禮教，宗教改革時期一些主張成人洗禮教派的總稱。

❺《英國公禱書》，英國國教信守的教條。

或者行刑室，總會讓人陷入惡夢中。恐怖的故事還在繼續，一群像瘋子一樣的荷蘭新教徒爲了體會殘殺信仰不同的人的趣味，竟然抓捕並絞死了十幾個手無縛雞之力的老教士。最糟糕的是，處於敵對的雙方實力差不多。這使本來可以快速解決的衝突，延續了八代人左右，事情的發展更加撲朔迷離。

在本書中，我只選取一些比較重要的事件簡單概述，如果你對這一時期的其他事件有興趣，不妨找一本專門講述宗教改革的歷史專著閱讀，裡面的記錄一定會十分清楚。

在新教徒進行改革變遷時，天主教內部也進行了徹底的改革。那些曾經活躍在歷史上，同時兼任業餘人文主義者和希臘羅馬古董交易商的教皇，已經不見了蹤影，現在隆重登場的是那些十分嚴肅、一絲不苟的新教皇，他們對待工作十分認眞，壓力巨大，每天用20個小時處理工作。

修道院曾經風靡一時追逐享樂的生活現在已經結束了。教士和修女們改頭換面，他們開始認眞上早課，努力學習教義教規，幫助照料生病的人，撫慰那些瀕臨死亡的人。宗教裁判所沒日沒夜地工作，防止任何可能含有危險教義的印刷品在民眾中流傳。故事敘述到這裡，一般來說，下面我們會開始講述不幸的伽利略❻的故事。伽利略酷愛天文，他利用自己的小望遠鏡觀察宇宙，通過觀察提出了一些星體運行的規律，其中有些規律和官方的結論有著天壤之別。從宗教裁判所

❻伽利略，意大利物理學家，數學家，天文學家和哲學家。

的角度看，伽利略的行爲有些匪夷所思，十分危險，於是他被抓進了地牢。其實，我們應當更加客觀地看待教皇、主教和宗教裁判所。新教徒身上也存在無知和狹隘的一面，他們對科學和醫學經常滿懷仇恨，認爲在這些領域積極研究的人是具有危害性的敵對者。

我們以衆所周知的加爾文爲例。我們都知道，加爾文是法國著名的宗教改革家，但實際上他還有一個身分——日內瓦地區政治和宗教事務的雙重暴君。在法國政府準備對邁克爾・賽爾維修（西班牙的神學家和外科醫生，同時還擔任第一位著名的解剖學家維薩裡的助手）施以絞刑時，加爾文提供了有效的幫助。之後，賽爾維修逃離法國監獄，前往日內瓦躲避災難。但出乎意料的是，加爾文又親手把他送進了監獄，通過長時間的審訊，認定塞爾維修的理論屬於有害的學說，決定對其施加火刑，他們根本不理會賽爾維修傑出科學家的顯赫身分和榮譽。

事情的發展越來越糟糕。但是對於這　事件，我並沒有收集到更多值得信賴的歷史數據和材料，所以我無法談論更多。總而言之，與天主教徒相比，新教徒對這場爭鬥的厭惡感產生得更早。那些被施加火刑、絞刑的群衆，基本都是平凡善良的民衆。他們因爲生不逢時，被宗教信仰連累，成了教會的無辜受害者。

過了很多年，宗教寬容一詞才出現在我們的視野中（隨著年齡的增加，你們一定要記住這一點），即便我們生活在「現代社會」中，我們的寬容也只侷限在一些微不足道的小事上。比如，我們對非洲土著居民的容忍度很高，他們是佛教徒還是伊斯蘭教徒，根本沒什麼人關心。但如果換作身邊的鄰居，就不一樣了。假設鄰居本是一位自由貿易者，堅決反對徵收高額保護性關稅，但卻毫無預兆地加入了某個關稅改革政黨，於是開始倡導對部分進口商品徵收高額稅費，這種情況下，人們的容忍度就會很低，甚至會惡語相向。17世紀仁善的天主教徒或者新教徒與此類似，如果他們聽聞自己的好友竟然信仰了某種有害的學說，一定會破口大罵。

那一時期，人們把「異端」當作一種恐怖的疾病。在現代社會中，如果身邊有人不注重衛生，就會患上傷寒症等一些恐怖的傳染性疾病。這種情況下，我們需要立刻匯報給衛生部門，請求他們將病人帶走隔離，以保證整個社區的安全。同樣，在16、17世紀，人們經常把異端分子（指一些公開懷疑天主教和新教信仰的人們）當作恐怖的存在，這比攜帶傷寒病菌的患者更加可怕。因爲在他們眼中，傷寒造成的傷害也只可能（的確概率很大）侷限於我們的身體，但異端卻可能摧毀我們永恆的心靈。所以，那些理智仁善的民眾一旦發現異端，就會立刻向警察匯報，把這當成自己義不容辭的責任。不然，他就可能犯下錯誤，就像生活在現代社會中人們發現天花或者霍亂等疾病時，隱瞞醫生。

在我們成長的過程中，總會聽到一些關於預防性治療的話題。那麼，究竟預防性治療是什麼呢？眾所周知，一般情況下，患者都是在發病後進入醫院治療的。而我們所說的預防性治療，指的是我們應當防患於未然。在我們身體健康的狀況下，醫生通過觀察我們的日常生活習慣，指引我們按時清理身體中的垃圾，平衡飲食，做好個人衛生工作，有效預防一切可能引發疾病的因素。也許這還遠遠不夠，一些醫生甚至會特地前往學校，告訴孩子們應該怎樣科學刷牙，正確防止感冒等疾病。

16世紀，和生理上潛在的威脅相比，人們更加看重心靈潛藏的威脅（這就是我儘力期望大家明白的）。所以，人們構建了一套完整的體系，防止靈魂疾病的發生。在孩子剛開始能夠認字時，長輩應當用眞正的（僅存的獨一無二的「眞正」的）信仰教導他。這種方式並非毫無作用，最起碼它客觀上間接推動了歐洲整個社會的發展。在新教國家中，各大高校拔地而起，紛紛建立，其目的是爲了宣傳教理。雖然它們最重要的任務是教授神學，但或多或少總會傳授給孩子們一些其他方面的知識，這有利於培養人們的閱讀習慣。同時，這也確實促進了印刷業的進一步發展。

天主教徒當然也不會束手就擒，他們對教育的關注度很高，並且爲此花費了大量的時間和精力。對於這件事，羅馬天主教會在新成立的耶穌會中找到了共鳴。西班牙的一名戰士創建了耶穌會。他曾長期生活放蕩，但卻瞬間幡然醒悟。因此，爲了懲戒自己曾經犯下的錯誤，他積極主動地擔負起了爲教會效勞的責任。這一行爲和古代的罪犯很像，他們因爲偶然的機會受到了救世主的點撥，然後甘願爲他人服務一生。

這位西班牙的戰士就是伊格納修·德·羅耀拉，他出生時，距離發現新大陸還有一年的時間。他因戰爭受傷，醫生診斷爲腿部終身殘疾。根據他自己的描述，他就是在住院期間，得到了聖母和聖子的開導，接受命令，拋棄之前的放蕩生活方式。在康復出院後，羅耀拉決定前往聖地，繼續十字軍沒有完成的神聖任務。但是，他到達耶路撒冷之後，才發現這個任務幾乎不可能完成。所以，他返回歐洲，加入了對抗路德教派的鬥爭中。

一五三四年，羅耀拉前往巴黎大學的索邦神學院求學，和其他七名學生聯合組成了一個兄弟會。八位兄弟一起發誓，從今天起，一定要採取純潔的生活方式，真誠老實，不求富貴，全心全意地為教會服務。經過幾年後，這個規模很小的兄弟會快速發展，已經成了一個正規組織，教皇保羅三世為其命名，稱為「耶穌會」。

羅耀拉本就是一名士兵，十分注重紀律，嚴格遵守下級服從上級的原則，這在很大程度上促進了耶穌會的成功。耶穌會主要投身於教育事業，每位老師在開始授課前都會接受正式的培訓。老師要讓學生在接受教育的同時感受到快樂，注重學生的思想和心靈，體貼入微地照顧他們。在這種教育模式下，一批忠誠的天主教徒誕生了，他們和中世紀早期的人們很像，嚴格恪守自己的信仰，絕對忠誠。

耶穌會從沒有絕對專注於窮人的教育，這一點是明智的。他們偶爾也會擔任未來帝王的家庭老師，踏入權貴們的住所。那麼耶穌會的這一行為代表了什麼呢？在之後講述三十年戰爭時，你就會理解了。不過，在那次瘋狂的宗教戰爭全面爆發之前，還發生了很多事情。

查理五世去世後，德國和奧地利由他的兄弟斐迪南接管，而包括西班牙、荷蘭、西印度群島和美洲在內的其餘領土均尤其子菲利普接管。菲利普是查理五世和葡萄牙公主（查理的堂妹）之子，近親結合導致菲利普舉止怪誕。他的親生兒子——唐·卡洛斯就是瘋子，在他的默許下，這個可憐的孩子被殘忍殺害了。菲利普本人倒沒有發展成一個瘋子，但是他狂熱地熱衷於教會，這太過瘋狂了。他對自己上帝代言人的身分深信不疑，認爲自己就是上帝派往人間的救世主，所以只要有人反對他的觀點，他就會宣佈此人爲人類的公敵，並將其肉體毀滅，並對這些人的鄰居加以教導，淨化其眞誠的靈魂。

卡斯蒂利亞❼和阿拉貢❽的國庫不斷接收著來自新大陸的財富，這使西班牙在那一時期十分富裕。但倒楣的是，西班牙當時存在一種經濟怪象。西班牙的農民，不分性別，都很勤快，但是上層社會卻看不起所有的勞動（不包括陸軍、海軍和公共機關）。盡職盡責的摩爾工匠們，已經被驅逐出西班牙了。所以，西班牙人只能把全部金錢送往國外，換取本國需要的糧食等生活必需品，誰讓他們不屑於生產呢？也就是說，西班牙的世界金庫稱號只是一個虛名，現實是他們很窮。

16世紀，西班牙可以說是最強大的國家，但擁有其統治權的菲利普卻只能依靠尼德蘭繳納的

---

❼卡斯蒂利亞，伊比利亞半島中部卡斯蒂利亞地區的封建王國。

❽阿拉貢，11至15世紀伊比利亞半島東北部的王國。

稅款維持其收入，這是當時的商業中心。不過，尼德蘭人和荷蘭人是路德教與加爾文教的信徒，當地教堂中全部聖像都已經被他們銷毀了，他們甚至否定了教皇牧羊人的身分，奉行新譯《聖經》的教導，遵從內心辦事。

這種狀況使國王菲利普左右爲難。他不願包容荷蘭子民的異端思想，但卻無法擺脫對當地稅收的依賴，國王出於對上帝的忠誠，認爲有必要對荷蘭人信仰新教的靈魂加以約束；但同時他也明白，一旦將宗教裁判所設在尼德蘭，對異端分子施加火刑，奪取他們的生命，他就會失去大部分收入來源。

菲利普是個做事拖泥帶水的人，特別是處理這件事情時，他態度搖擺不定，有時溫和，有時嚴厲，有時承諾，有時威脅。但不管他態度如何，荷蘭人卻一直無動於衷。他們吟唱讚美詩的同時，接受著路德派和加爾文派牧師的教義宣傳。菲利普對此毫無辦法，無奈之下只能派號稱「鐵腕人物」的艾爾巴公爵前往荷蘭，企圖制服這些屢教不改的罪犯。艾爾巴到達荷蘭後，立刻下令斬殺宗教首領，這是他到達此地後做的第一件事，但當地人並沒有感覺到危險正在逼近，他們沒有馬上離開。

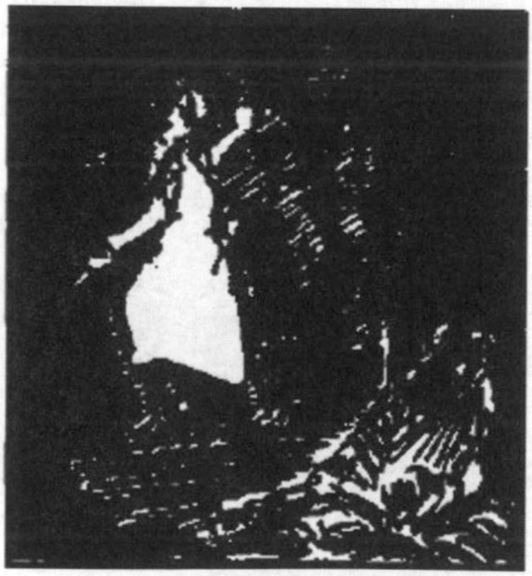

聖巴托羅繆之夜

緊接著，一五七二年來臨了，這一年，法國新教領袖在聖巴托羅繆之夜遇難了，艾爾巴在已經占領的幾座荷蘭城中展開了大屠殺。次年，他帶兵攻打萊頓城，這是荷蘭的製造中心。

同時，防禦性聯盟烏得勒支同盟成立，這一聯盟由尼德蘭北部的七個省組成。擔任海陸軍總司令（衆所周知，荷蘭水軍曾被稱爲「海上乞丐」）的是德國大公奧蘭治的威廉，他曾擔任過查理五世的私人秘書。威廉挖開海防大壩，海水倒灌形成了一片較淺的內海，包圍了萊頓城，威廉試圖通過這個辦法拯救這座城市。他帶領了一支奇特海軍前往萊頓城，駁船與平底船組成的海軍一會兒劃，一會兒推，一會兒拉，拼盡全力終於穿過泥沼，幫助萊頓人擺脫了苦難。

刺殺威廉

西班牙無敵艦隊慘敗，這在歷史上從未發生過。這一事件震驚了整個世界，絕不亞於俄軍在瀋陽被日本打敗引起的反響。從這一事件開始，新教徒受到了很大的鼓舞。菲利普毫無辦法，只能重新制訂計劃，他決定僱用一位宗教狂熱分子刺殺奧蘭治的威廉，刺殺成功了。但是，領袖慘死事件並沒有挫敗七省人民的銳氣，反而激發了他們的鬥志。一五八一年，海牙大會由七省代表召開，會議正式宣佈他們將廢除「萬惡的國王菲利普」，自己行使主權。在此之前，國家的主權向來遵守「君權神授」的原則。

這一事件具有里程碑式的意義，和英國貴族起義簽訂《大憲章》相比，這一事件代表著人們在爭取政治自由的道路上又取得了新的進展。荷蘭人民依然單純地以爲：「國王和臣民之間存在一份無須言明的契約，雙方理應主動承認責任，履行義務。只要有一方有違契約內容，另一方可以隨時終止契約關係。」

一七七六年，被英國國王喬治三世統治的北美臣民也曾做出過類似聲明，但是這一地區的人們和統治者之間隔著三千英里的大洋，也就是說，他們所處的環境還比較安全。但是荷蘭七省聯盟會議在發表這一決定生死（如果不慎失敗，他們面臨的就是冷酷的煎熬）的聲明時，西班牙的海軍正在開展殘忍的復仇行動，槍炮聲就在不遠處接連不斷地響起。

伊麗莎白是新教的信仰者，自從她繼承了「血腥瑪麗」的王位，一支強大的西班牙艦隊即將對荷蘭和英國發起進攻的傳言就沸騰了。實際上，這個傳言已經有很長時間了，海濱地區的水手們對此也十分熟悉。16世紀80年代，這些傳聞全部兌現了。曾經到過里斯本的一位海員說，在西班牙和葡萄牙的所有碼頭上，我們都能夠看到人們在製造戰船。此時，帕爾馬公爵正在尼德蘭南部（在現在比利時境內）組建一支強大的遠征軍，只要碰見西班牙的軍隊，就一定會把他們從比利時港口奧斯坦德運到倫敦和阿姆斯特丹。

一五八六年，西班牙無敵艦隊已經做好了準備，他們即將向北前進遠行。但是，大量軍隊駐守在荷蘭的弗蘭德沿岸港口，英吉利海峽早已被控制了。西班牙艦隊向來都是在南方平靜的海域上作戰的，現在面對北方海域極爲惡劣的氣候條件，他們有些不知所措，這是他們從未遇到過的情況，最終的結果也毫無疑問，在敵人艦隊的攻擊和暴風雨的襲擊下，他們失敗了。對於當時的具體狀況，我就不再詳細描述了，只有一點需要告訴大家，西班牙的大部分戰船沉在了北海的海底，倖存的幾艘戰船經過冰島返回了西班牙，向人們講述了那段恐怖的歷程。

從此，英國與荷蘭迅速發展起來，成爲強國。

16世紀末，霍特曼讀了林碩頓（荷蘭人，曾效力於葡萄牙）撰寫的一本小書，在這本書的幫助下，他找到了前往印度的航線。之後，他組建了荷蘭東印度公司，加入了爭奪亞非殖民地的戰爭，與西班牙、葡萄牙一較高下。

無敵艦隊來了

在海外殖民地爭奪戰爭期間，荷蘭法庭碰見了一樁十分奇怪的案件。17世紀初，荷蘭一位名叫范·希姆斯柯克（他曾經帶領船隊，嘗試從東北航線到達印度群島，但因爲海洋冰封，他們被困在了新地島上，在那裡度過了整個冬季）的軍官，在馬六甲海峽❾繳獲了一艘葡萄牙商船。我們曾說過，教皇一度讓西班牙和葡萄牙平分整個世界，大家是否還有印象？所以，葡萄牙人理所當然地認爲印度群島附近的海域屬於其私有財產。那時候，葡萄牙和尼德蘭七省聯盟還沒有開戰，他們表示，私人貿易公司的船長無權踏足其領地，偷盜其船隻。因此，他們對此行使了訴訟權。荷蘭東印度公司聘請的律師是青年人德·格魯特（也叫格勞秀斯），在爭論的過程中，他指出「海洋是公共領域，對任何人都是開放的」，這一觀點讓人驚訝。按照他的理論，屬於國傢私有海域的僅僅是該國大砲在海岸上能夠達到的射程，至於其他海域，對於任何國家來說都是一樣的，它們只是爲所有船隻免費提供了道路。

這一理論剛剛發表，就引起了巨大的反響，幾乎全部航海人員都加入了反對者的行列。針對這一問題，英國人約翰·塞爾頓特意寫了一篇文章，論述「領海權」，文中明確指出一個國家的「領海」範圍應當是該國周圍的海域。我談論這件事，是因爲到現在都沒有找到解決這一問題的完美方案，在上一次世界大戰❿中，這一問題帶來了很多困擾。

---

❾ 馬六甲海峽，位於馬來半島和蘇門答臘島之間的一個重要海峽。

❿ 上一次世界大戰，指第一次世界大戰。

哈德遜之死

下面，我們繼續討論西班牙與英國、荷蘭的戰爭。印度群島、好望角、斯里蘭卡、中國海岸和日本等歸屬於西班牙的殖民地，在不到20年的時間內，所有權都發生了轉讓，它們成了新教徒的領地。一六二一年，西印度公司正式成立。該公司隨後使巴西戰敗，北美哈德遜河河口的新阿姆斯特丹⓫也是該公司建立的。一六〇九年，亨利．哈德遜⓬發現了這條河，因此將其命名為哈德遜河。

這些新的殖民地給荷蘭和英國帶來了巨大的利潤。他們把主要的精力放在了商貿活動中，至於陸上戰爭則交給僱用的外國士兵。在他們看來，只要信仰新教，否定天主教，就能夠實現政治獨立，經濟繁榮。但是，在歐洲的很多地方，反對天主教的行為卻使人們處於水深火熱中，其嚴重性遠遠超過了世界大戰帶來的危害。

⓫新阿姆斯特丹，即今天的紐約。
⓬亨利．哈德遜，英國探險家和航海家。

從一六一八年開始，這場戰爭持續了30年之久，最終以一六四八年簽訂的《威斯特伐利亞條約》⑬告終。不斷加劇的宗教仇恨堆積了一個世紀，戰爭已經無法避免。我之前就曾提及，這場戰爭太過恐怖了，人們彼此搏殺，戰況混亂，最終以雙方無力再戰告終。

中歐多數地區在一代人的時間內變成了一片荒涼之地。甚至有時候人們為了找到一匹死馬填飽肚子，都需要和野狼大戰一場。德國六分之五的城鎮和村莊都在戰爭中化為廢墟，法爾茨地區被掃蕩了28次，人口數量驟減，戰爭爆發前這裡的人口已經達到了一千八百萬，而戰後只剩下四百萬了。

哈布斯堡家族的斐迪南二世成為德意志皇帝後，恨意就開始積聚了。斐迪南從小接受耶穌會的教育，是一位虔誠的天主教信徒，十分順從。在他青年時期，就曾發誓要清除自己領土上的全部異端。他的競爭對手弗雷德里克（法爾茨的新教徒選帝侯，英王詹姆士一世的女婿）成功當選波西米亞國王，這件事發生在斐迪南二世成為德意志皇帝的前兩天。這結果和斐迪南的意願完全不同。

緊接著，波西米亞被哈布斯堡的大軍侵擾了。面對如此強大的敵人，年輕的弗雷德里克國王

---

⑬《威斯特伐利亞條約》，指由西班牙，羅馬帝國，奧地利帝國的哈布斯堡王室，法國，瑞典，羅馬帝國內勃蘭登堡、薩克森、巴伐利亞等諸侯邦國簽訂的停戰協定。

開始向各方求助，但是都沒有得到回應。本來波西米亞有可能得到荷蘭共和國的幫助，但當時的荷蘭共和國正和西班牙的哈布斯堡王族開戰，這耗費了他們大量的精力，已經無法再幫助他人了。而英國的斯圖亞特王朝[14]對此則十分不屑，他們更希望能夠鞏固自己的絕對權力，而不是把人力和財力耗費在距離遙遠的波西米亞戰爭上。所以，哈布斯堡大軍只用了幾個月的時間就趕走了法爾茨選帝侯。其領土由巴伐利亞的天主教王族接管。三十年戰爭正式開始。

哈布斯堡大軍在提利和華倫斯坦帶領下，從德國新教地區出發，一直攻打到波羅的海沿岸。丹麥國王克里斯蒂安四世是新教的忠誠信徒，所以理所當然地把日益強盛的天主教鄰國當作巨大的威脅。所以，在德國勢力還沒有穩定的時候，丹麥率先派兵進入德國，占據先機，但他們最終還是失敗了。華倫斯繼續追打，丹麥不得不求和。此時，新教徒在波羅的海地區的勢力只剩斯塔拉爾松一座島嶼。

一六三〇年的夏天，瓦薩家族的古斯塔夫．阿道爾夫來到斯特拉爾松，他是瑞典的國王。在對抗俄羅斯人的侵略戰爭中，他取得了勝利，一戰成名。古斯塔夫信仰新教，他胸懷大志，一直希望能夠將瑞典發展爲北方大帝國的核心。對於他的行爲，歐洲的新教王公們十分支持，熱烈歡

---

[14] 斯圖亞特王朝，一三七一至一七一四年統治蘇格蘭和一六〇三至一七一四年統治英格蘭和愛爾蘭的王朝。

迎，他們甚至認爲他能夠拯救路德事業。古斯塔夫首先打敗了提利，這就是那位不久前開展大屠殺的馬德堡新教徒，緊接著，他帶領軍隊長途跋涉，跨過德國腹地，著手準備攻打哈布斯堡王室的意大利領地，可以說，他取得了輝煌的勝利。但是，後方的天主教軍隊一直是個巨大的威脅，所以，古斯塔夫轉變戰略，在魯岑戰役中戰勝了哈布斯堡的主力軍隊，沉重打擊了哈布斯堡王室的勢力。可惜的是，他因爲在戰爭中離隊犧牲了。

斐迪南對人缺乏信任。在遭遇挫折後，他對自己的手下有些不信任了，在他的策劃下，軍隊總司令華倫斯坦被謀殺了。人們得知這一消息後，法國天主教的波旁王室開始和新教的支持者瑞典結爲同盟，他們本來和哈布斯堡王室之間就有仇怨，而且已經有很長時間了。路易十三的大軍把矛頭指向了德國東部。在戰爭中，法國軍隊和瑞典軍隊分別在圖蘭、孔第將軍和巴納、威瑪將軍的率領下奮力抗爭，得到了衆人的讚揚，一時聲名遠颺。

瑞典通過這場戰爭不僅獲得了名望，還獲得了大量財富，這遭到了丹麥人的妒忌。所以，同時信仰新教的丹麥人向瑞典宣戰了，導致瑞典和法國人結成同盟，而法國實際上是信仰天主教的。紅衣教主黎塞留⓯是法國當時的政治領袖，他剛剛剝奪了胡格諾教徒（法國的新教徒）的公開祈禱權，這是一五九八年南特敕令給予他的權利。

⓯ 黎塞留，法國宰相，紅衣主教，政治家。

和很多同類問題相似，一六四八年，參戰的各個國家簽訂《威斯特伐利亞條約》時，戰爭開始前就存在的很多問題依然沒有找到合理的解決方案。天主教國家依然是天主教的信徒，而新教國家則保持對路德、加爾文、茨溫利等教派的信仰。獨立的共和國已經在瑞典和荷蘭的新教徒手中建立了，梅斯、圖爾、凡爾登等城市以及阿爾薩斯已經成了法國領土的一部分。偉人的羅馬帝國其實已經滅亡了，它沒有足夠的人力，沒有足夠的金錢，我們看不到任何希望，也感受不到任何勇氣。

如果非要說三十年戰爭帶來的好處，那隻能是給人們提供了一個很好的反面教材，讓人們引以爲戒。戰爭結束後，天主教徒和新教徒都打消了戰爭的念頭，他們無視彼此的存在，但宗教狂熱和信仰仇恨依然存在。而且，這場爭鬥剛剛結束，新教就發生了內亂，各個派別之間開始相互爭論，十分激烈。在荷蘭，人們關於「命定論」（在你的眼中，這是一個難以理解的神學概念，但是你的曾祖父卻認爲這一問題十分重要，必須討論清楚）存在巨大的分歧，這引起了劇烈的爭論，荷蘭的政治家奧登巴恩維爾

阿姆斯特丹

特的約翰（在荷蘭共和國剛剛獨立的20年中，他建功無數，在促進東印度公司發展上作用顯著）因此被殺害了。英國內部的分歧則引發了內戰。

內戰最終導致了國王被依法處死，這在歐洲從未發生過。不過，在詳細描述這場大革命之前，我們有必要對英國的歷史做一個簡單說明。在這本書中，我只選擇一些能夠幫助我們理解現代社會的歷史事件，至於選擇或者不選擇某些國家，並非刻意爲之，也和個人喜好無關。對於挪威、瑞士、塞爾維亞、中國的相關故事，我也很有興趣，但是對於16、17世紀的歐洲來講，這些國家的影響力根本不值一提，所以，我只能一筆帶過。不過，英國和這些國家完全不同。它雖然是一個面積不大的島國，但是在過去的五百年中，它的一舉一動幾乎影響著整個世界的文明發展。如果對英國歷史一無所知，恐怕現在的報紙對我們而言也會成爲天書。下面，就讓我們看看，當歐洲大陸還掌握在君主專制的手中時，英國的議會制是怎樣發展的。

第四十五章　英國革命

——國王主張「君權神授」，「議會」雖然知道自己並非如此神聖，但卻堅持他們的做法是合情合理的。所以，國王與議會之間展開了激烈的爭鬥，最終，國王失敗了。

凱撒是第一個發現歐洲西北部的人，公元前55年，凱撒帶領大軍橫渡英吉利海峽，迫使英格蘭歸順。之後，英國作爲羅馬的行省存在了四百年。直到蠻族入侵羅馬，羅馬才緊急召回了在英國駐守的軍隊。這使不列顚變成了一個無政府、無保障的荒涼島嶼。

但這種狀況很快就被打破了。島國的氣候適宜，物產豐富，北日耳曼的撒克遜部落很快注意到了這一點。他們跨過海洋，在此安營紮寨，隨後，盎格魯·撒克遜王國在此建立，這是最早的侵略者盎格魯人和撒克遜人的合稱。但是，英格蘭還沒有形成統一的局面，這裡仍然處於分裂割據的狀態，建立起來的各個小國之間經常出現摩擦，這裡缺乏一位領袖。北歐的海盜不斷侵擾島國的麥西亞、諾森布里亞、威塞克斯、蘇塞克斯、肯特、東盎格里亞等地區，其中還包括一些我們叫不上名字的地區。這種狀況持續了五百年，時間推進到11世紀。此時，丹麥的克努特帝國崛起，英格蘭、挪威、北德意志都成了它的領地。英格蘭完全失去了獨立。

經過很長時間，丹麥人最終被英格蘭人趕出去了。但是，他們還沒來得及慶祝獨立，北歐部落的一支後裔就占領了這裡。10世紀時，法國曾受到過這個部落的侵略，諾曼底公國拔地而起。隔海相望的英格蘭島嶼物產豐富，早就引起了諾曼底大公威廉的注意，他早有打算。一〇六六年10月，威廉帶領軍隊跨越海峽，10月14日，黑斯廷斯戰役爆發，威塞克斯的哈囉德被殺，這是盎格魯-撒克遜的最後一位國王，他自稱是英格蘭國王。實際上，威廉和安茹王朝（也叫金雀花王朝）的繼任者都只是把島國作爲一塊附屬領地，這屬於他們廣闊領地的一部分，但並不是實際意義上的家園，更像是一片殖民地，這裡住滿了落後的民族。但同時，他們要求島國居民必須接受他們的語言和文化，並認眞學習。隨著時間的推移，英格蘭「殖民地」的發展程度遠遠超過了「諾曼底祖國」。同時，法國國王意識到了諾曼底王公們並非絕對服從，所以他拼盡全力與鄰國諾曼底-英格蘭抗爭。終於，經過近百年的戰爭，法國人在聖女貞德的帶領下徹底把這些「外國人」從領土中驅趕出去了。一四三〇年，貢比埃涅戰役爆發，貞德不幸被勃艮第人俘虜，隨後被轉賣到英國士兵的手中。英國人一直認爲貞德就是女巫，於是對其施加火刑，奪取了她的生命。

英王已經無法在歐洲大陸站穩腳跟了，所以他只能把全部的精力放在治理不列顚上。此時的英格蘭局勢十分複雜，封建貴族們混戰（中世紀時期，混戰屢見不鮮，這和天花、痲疹類似）不斷，陸續在「紅白玫瑰戰爭」❶中喪生。所以，國王根本無須花費太多心思，就完全可以穩固王權。15世紀末，英格蘭中央集權發展迅速，成了一個十分強大的國家，此時，這裡的統治者是都鐸王朝的亨利七世。在戰爭中僥倖存活的部分貴族試圖再次影響整個國家，但都被亨利七世鎮壓了，在這裡，我們不可避免地要提到亨利七世採取的手段，那就是著名的星法院❷，一個讓人毛骨悚然的法庭。

一五〇九年，英格蘭國王由亨利八世繼承，從此，英格蘭的歷史翻開了嶄新的一頁。它從一個落伍的中世紀島國轉變成了一個強大的現代帝國。

亨利對宗教沒什麼激情。他曾離婚多次，所以和教皇的關係較差，於是，他趁機擺脫了羅馬教廷。這使得英格蘭聖公會成了首個眞正的「國家教會」，國王不僅是塵世的統治者，也是百姓的精神領軍人物。一五三四年，變革開始，英國牧師紛紛表態支持（路德派新教徒不斷攻擊他們）王朝，同時，修道院的財產全部被沒收，王權大大加強。隨後，商人和手工匠們也加入了支持者的行列。這些從小在海島上長大的居民，與大陸之間一直隔著廣闊的海峽，他們對所有外來事物都沒有興趣，更不希望自己虔誠的靈魂被意大利人統治。

---

❶紅白玫瑰戰爭，百年戰爭之後，英國貴族的兩個集團分別用紅、白玫瑰作爲各自的徽記，故得名。

❷星法院，依國王特權設立並與政府密切聯繫的專門法院。

一五四七年，亨利去世，10歲的幼子繼承了王位。負責監護小國王的人對路德教讚賞有加，於是決定全力以赴，發展新教。可憐的是，小國王未滿16歲就失去了生命。他的姐姐瑪麗繼承王位，她是當時西班牙國王菲利普二世的愛妻。瑪麗信仰天主教，對新上任的「國家教會」主教施加火刑。她除了維護自己的信仰外，一直跟丈夫保持著同一步調。

值得慶幸的是，瑪麗一五五八年就去世了，她的王位並沒有維持多長時間。隨後，亨利八世和安娜・波琳（亨利八世的妻子，這是他六位妻子中的第二位，在其失寵後，亨利下令將其斬首）的女兒——伊麗莎白繼承了王位。她曾在瑪麗執政期間入獄，因得到神聖羅馬帝國皇帝的援助，才得以安全。所以，伊麗莎白對天主教和西班牙的一切都充滿了仇恨。伊麗莎白酷似她的父親，他們都對宗教沒什麼興趣，擅長判斷他人的性格，其準確度讓人驚訝。伊麗莎白執政的45年，一直想方設法強化王朝的實際權力，擴大國家財政收入。同時，一大批知名人士紛紛成為她的擁護者，這使伊麗莎白時期在英國歷史上留下了不容忽視的一筆。如果你有興趣瞭解當時的具體情況，不妨找一本伊麗莎白時代的專著閱讀。

但是，伊麗莎白的王位並非萬無一失，斯圖亞特王室的瑪麗就是一個巨大的威脅。瑪麗是法國公爵夫人和蘇格蘭貴族之女。同時，她還有兩個身分——法國國王弗朗西斯二世的遺孀和美弟奇家族凱瑟琳的兒媳。凱瑟琳一手謀劃了聖巴托羅繆之夜的大屠殺。英國斯圖亞特王朝的第一位國王就是瑪麗的兒子。瑪麗對天主教十分忠誠，所以只要是伊麗莎白的敵人，都有可能成為她的盟友。但她政治能力不足，處理加爾文教時採取的方式又太過殘暴，導致了蘇格蘭暴動。瑪麗被迫出逃，最後在英格蘭境內勉強安身，她整整躲藏了18年，但卻從未感謝過伊麗莎白的收留之恩，反而一直籌劃著推翻伊麗莎白的王位。最終，伊麗莎白只能遵從她親信的提議，「殺掉蘇格蘭女王」。

一五八七年，瑪麗遇難，同時，引發了英國與西班牙之間的戰爭。菲利普的「無敵艦隊」在英國和荷蘭海上聯軍的攻打下，一敗塗地，之前我們就提到過這一歷史事實。西班牙本想趁機消滅兩個反對天主教的強大國家，但卻慘敗而歸。

荷蘭和英國對印度和美洲垂涎已久，但一直苦於沒有理由，這次戰爭的勝利正好爲他們提供了一個理由——他們要復仇，爲那些被殘害的西班牙新教徒復仇。英國本是最早繼承哥倫布事業的國家之一。一四九六年，威斯尼人喬萬尼·卡波特帶領英國船隊，最先發現了北美大陸，並對其進行考察。拉布拉多和紐芬蘭在之後的殖民地中並非至關重要，但紐芬蘭沿岸的海洋卻促進了英國捕魚業的發展，收效可觀。次年，即一四九七年，卡波特到達佛羅里達海岸。

緊接著，亨利七世和亨利八世時期到來，可謂多事之秋。英國初始階段，發展遲緩，在海外探險領域無法投入足夠的資金。直到伊麗莎白統治時期，英國一片太平盛世，瑪麗入獄，水手們出海遠航的條件得到了保證。英國人威洛比曾經到達過挪威北角，那時伊麗莎白還小。之後，他的下屬理查·昌瑟勒船長繼續東行，希望能夠到達印度群島，最終他們到達了俄國的阿爾漢格爾斯克港口❸，和莫斯科帝國之間開始了商業來往，當時的莫斯科對歐洲來說距離遙遠，且充滿了神祕色彩。伊麗莎白當政期間，探索這條航線的人數不勝數。

「聯合股份公司」在商人探險家的努力下成立，這爲之後實力強大的貿易公司奠定了基礎。伊麗莎白時期的船員基本由海盜和外交家組成，他們不惜成本，敢於在未知的航行中賭上一切，只要能夠獲得財富，他們根本不在乎手段，凡是能夠裝進船艙的物品都逃不了被他們走私的命運，甚至出現了販賣人口的狀況。水手們在航行中，處處炫耀英格蘭的國旗和英國女王的威望，幾乎世界的每一個角落都受到了影響。在國內，伊麗莎白女王利用著名的威廉・莎士比亞玩樂消遣，英格蘭所有的智者都支持女王。亨利八世遺留的封建國家，現在已經發展成一個現代民族國家了。

一六〇三年，70歲的伊麗莎白女王去世，繼承英國王位的是詹姆士一世。他是亨利七世的曾孫，是伊麗莎白的侄子，是蘇格蘭女王瑪麗的兒子。詹姆士接任國王後，發現英國並沒有受到歐洲大陸厄運的影響，他對上帝充滿了感激。歐洲當時的狀況十分混亂，天主教徒和新教徒們已經沒有理智可言了，他們整天都在和敵對者戰鬥，他們希望能夠徹底消滅敵對者，從而確立自己信仰的不可動搖的統治地位。但是英格蘭卻呈現出一片祥和，所有的問題都被「宗教改革」以和平

❸ 阿爾漢格爾斯克港口，歷史上俄羅斯重要的港口。

的方式解決了，他們沒有步路德或者羅耀拉的後塵，沒有走向極端。這對英國後來的發展有很大的幫助，使它在殖民地爭奪戰及國際事務中占據了較大的優勢，一直擔任領導者。直到世界大戰結束，這種優勢開始弱化，斯圖亞特王朝的災難性事件無法阻擋歷史向前推進的步伐。

斯圖亞特王朝一直被英國人當作「外國人」，但是他們對此毫無意識，也無法理解。在英國，都鐸王朝的成員們可以隨意盜竊馬匹，無須承擔任何責任，但如果換做是斯圖亞特王朝的成員則不可能有這樣的待遇，甚至他們的視線在馬鞍上多停留一會兒，都會被人們議論。老女王貝絲❹統治時期，這裡幾乎隨心所欲，沒有什麼避諱，因爲她一直採取政策，堅持鼓勵誠實的（或者不誠實的）商人賺取利益，所以，人們都很尊敬她。女王偶爾越權處理國會的一些事情，也會被人們忽略，因爲女王採取的強勢外交手段，取得了巨大的成功，其帶來的收益十分可觀。

詹姆士國王看似並沒有改變政策。但是，人們卻無法從他身上感受到如同伊麗莎白一樣的熱情。他同樣鼓勵對外貿易，同樣約束天主教徒的自由，但他卻坦然接受了西班牙對英國的示好，與西班牙建交。這引起了大多數英國人的不滿，但他們卻迫於國王的權威，不敢反抗。

很快，衝突就顯現了。詹姆士國王一直相信「君權神授」，這和一六二五年繼承王位的查理一世相同。他們都相信自己特權加身，完全可以按照自己的意願治理國家，不需要理會百姓的建議。

---

❹貝絲，伊麗莎白的暱稱。

「君權神授」的觀點並不新穎。教皇，從某種角度看，可以說是羅馬帝國皇帝的繼承者（也可以說，他們傳承了羅馬帝國一統世界的古代思想），他們自稱爲「基督在凡塵的代言人」，這一點得到了民衆的認可。上帝對世界享有絕對的統治權，他們可以根據自己的意願管理這個世界，從沒有人懷疑過這一點，所以他們也不會質疑上帝「代言人」的權力。在人們眼中，教皇直接對上帝負責，他是宇宙的絕對領袖。所以，教皇享有一切權力，民衆必須毫無理由地服從他的領導。

隨著路德宗教改革的進行，教皇的部分特權已經沒有了。很多塵世君主信仰新教，他們抓住機會取代教皇的位置，成爲「國家教會」的領導者，他們認爲自己是本國領土內「基督的代理人」。人們對這一點深信不疑。他們沒有經過任何思考就接受了這一觀點，就像我們理所當然地認爲議會制是合情合理的。但是，詹姆士國王總是不斷強調「君權神授」，這引起了民衆的反感。那麼，究竟是什麼原因導致的呢？是受到了路德教或者加爾文教等新教思想的影響嗎？這個理由有失公允。因此，眞誠的英格蘭民衆突然開始懷疑「君權神授」的王權，這其中一定還有其他因素的影響。

尼德蘭是最早反對「君權神授」觀點的。一五八一年，尼德蘭三級會議召開，會議決定廢除他們法律上的君主——西班牙的菲利普二世。會議表示：「國王如果違反了契約的內容，就應當被解僱，這一點和奸詐的僕人一樣。」自此，北海沿岸就流傳著國王需要對百姓負責的說法。這和當地人民經濟實力雄厚，地位不斷提升有著密切的關係。在貧窮的中歐地區，一切都是不現實的，百姓生活貧困，每時每刻都被衛隊監視著，根本沒有勇氣討論這些，稍有不愼就可能會被抓進地牢，那裡一片漆黑。但是荷蘭和英國的狀況則完全不同，這裡的商人實力強大，國家陸軍和海軍的開支基本是他們在維持，且他們懂得如何把「銀行貸款」變成維護自己利益的武器，所以，他們完全沒有擔心的必要。他們經常會和哈布斯堡王室、波旁王室、斯圖亞特王室宣揚的「君權神授」相抗衡，他們的資本就是金錢具有的「神聖特權」。他們很清楚金錢的魔力，自己完全有能力和國王的封建軍隊對抗。這些人完全可以不考慮後果，想做什麼就做什麼，不存在任何風險，但是對其他的國家的臣民來說，他們只能被迫接受。

最先奮起反抗的是英格蘭人民。斯圖亞特王室公然宣佈，他們可以不承擔任何責任，爲所欲爲。英格蘭人民再也無法忍受了，不列顚島國的中產階級展開行動，他們把議會作爲自己的陣營，試圖阻止王室濫用職權。國王對此十分反感，不僅沒有接受建議，甚至下令解散議會。之後，查理一世獨掌大權，這一狀況持續了11年。他把國家當作自己的私人農莊，不顧法律規定，私自徵收賦稅，完全不考慮人民的感受。但這位國王卻懂得如何用人，敢於堅持自我信仰，這一點不可否認。

查理本想和蘇格蘭人民結成盟友，但卻沒能如願，甚至和蘇格蘭長老會教派發生了衝突，這一點十分可惜。後來，資金問題一直困擾著查理，他不得不再次召開議會，雖然這並非他的本意。一六四〇年4月，議會再次召開，但是議員們卻大發雷霆，紛紛表達自己內心的反感。所以，這次議會僅僅維持了幾週時間就又被解散了。11月，新的議會組成，但是和以前的議會相比，這屆議會更加強勢。議員們似乎開始明白，想要解決「君權神授」治理國家還是利用「議會」治理國家的問題，最有效的方式還是武力。所以，他們馬上行動起來，判決了6個主要的國王顧問。同時，他們還明確表態，國王在沒有得到議會允許的情況下，沒有權利私自解散議會。一六四一年12月1日，議會蒐集了國王的種種惡行，將其全部寫在《大抗議書》中，遞交給了國王，表達人們的不滿。

一六四二年，查理前往農村，他這次離開倫敦的主要目的是想要找到支持者。戰爭已經迫在眉睫。國王和議會就絕對權力的歸屬問題展開了殊死搏鬥，雙方各自建立了軍隊。在大戰中，清教徒（英國聖公會的成員，他們一心想要淨化本教教義）盛氣凌人，這是英格蘭所有的宗教派別中最大的一個。奧利弗·克倫威爾[5]帶領的「聖潔兵團」，紀律嚴明，目標神聖而明確，他們執著於自己的信仰一路前行，成了模範，眾軍紛紛向其學習。查理帶領的軍隊在戰爭中兩次大敗，受到了沉重的打擊，一六四五年納斯比戰役爆發後，軍隊倉皇出逃，前往蘇格蘭。很快，蘇格蘭人把查理出賣給了英格蘭人，只能說他運氣太差了。

隨後，蘇格蘭長老會和英格蘭清教徒之間又出現了矛盾。一六四八年8月，雙方在普萊頓荒

---

[5] 奧利弗·克倫威爾，一五九九—一六五八年，17世紀英國資產階級獨立派首領。

野上大戰三天，戰況激烈，第二場內戰宣告結束。愛丁堡被克倫威爾成功占領。士兵們本就瞧不起紙上談兵，對於毫無意義的宗教爭論更是無法忍受，他們終於爆發了，開始行動。士兵們衝進議會，驅逐那些反對清教徒的議員。剩餘議員成立了「殘餘議會」，控訴國王的叛國行徑。上議院拒絕進一步審判國王，緊接著特別法庭成立，國王被判處死刑。一六四九年1月30日，查理一世從容地從白廳的一扇窗戶走向了斷頭台。他到死大概都不明白，作爲一位現代社會的國王到底應該如何擺放自己的位置。當天，自食其力的人們選舉出了自己的代表，他們處死了一位國王。

人們通常把查理去世後的這段時期稱爲克倫威爾時期。克倫威爾雖然一開始就統治著英格蘭，但卻一直都是非正式的獨裁者，一六五三年，克倫威爾才正式被任命爲護國公。克倫威爾執政5年，繼續採取伊麗莎白推行的政策。英格蘭一直將西班牙作爲他們的頭號大敵，向西班牙開戰的話題成了全國人討論的焦點。

克倫威爾執政期間，國家高度重視海外貿易和商人的利益，全國信奉並嚴格實行新教教義。克倫威爾保住了英格蘭在國際上的地位，這一點他做得十分成功，但是在社會改革方面他卻遭遇了嚴重的挫折。我們必須清楚，想要統治全世界的思想眞的太難了，不僅是因爲人口數量衆多，同時，他們每個人都有自己的觀點。從長遠利益考慮，這一原則十分明智。如果政府在做事時，只考慮一部分人的利益，其統治地位就很難長久維持。清教徒在反對國王濫用職權上做出了巨大的貢獻，但是人們卻難以容忍他作爲英格蘭統治者的行徑。

一六五八年，克倫威爾去世，斯圖亞特王朝不費吹灰之力就復辟了。這時，英國人發現他們對清教徒已經忍無可忍了，其厭惡程度和當年對待查理很像。所以，人們對斯圖亞特王室十分歡迎，把它當成了救命的稻草。只要斯圖亞特王室能夠放棄「君權神授」的觀點，接受議會擁有至高無上的權力，那麼英國的臣民們依然會十分尊重他們的國王。

之後兩代人爲了實現這一目標堅持不懈，努力奮鬥。但是，斯圖亞特王室並沒有看清局勢，依然保持著陳舊的習慣。一六六〇年，查理二世回到英國，繼承王位。他天生懶散，喜歡賣弄小聰明，經常說謊，所以他和人民之間開始時相處得還算和睦。一六六二年，《統一法案》通過了，他抓住機會清除了神職人員中與他政見不同的異己勢力，給予清教徒沉重的打擊。一六六四年，《祕密集會法案》通過，明令禁止異己勢力開展宗教集會等活動，一旦發現違反法令者，立即流放西印度群島。這種做法其實就是古老的「君權神授」論的表現。這一做法讓很多人感到了厭煩，他們對這種套路已經十分熟悉了，議會也中斷了對國王的資金支持。

議會的反抗，切斷了查理二世大部分的經濟來源，無奈之下，他只能悄悄從法國路易國王手中借錢，這是他的鄰居，也是他的表親。爲了每年能夠獲得20萬英鎊的資金，查理二世出賣了新教盟友，同時還私下嘲諷議會的那群可憐蟲。

經濟問題解決後，查理二世的自信增加了不少。他年幼時曾背井離鄉，居住在親戚家，親戚一家人都信仰天主教，所以查理二世對天主教的印象很好。他希望英格蘭人民能夠重新回歸羅馬教會，畢竟現在的他們只是不慎走錯了道路。緊接著，《免罪宣言》發佈，國王將所有約束天主教和異見者的法律全部廢除了。同時，人們開始聽到各種各樣的傳言，有人說詹姆士已經成了天主教的信徒，此人正是查理的弟弟。人們對此十分擔心，很多人懷疑這件事情背後隱藏著恐怖的陰謀，這和教皇脫不了干係。很快，這種想法在整個英國蔓延開來。大部分英國人都對戰爭十分恐懼，在他們的眼中，國王專制，信仰天主教，甚至「君權神授」都可以接受，但唯獨戰爭不行，他們並不希望內戰再度降臨。但並不是所有人都能夠理解這一觀點，很多國教的反對者們，態度強硬，英勇頑強，他們追隨著幾個大貴族，誓死反對王權的徹底回歸。

在之後的10年中，雙方保持敵對狀態，各自成立了自己的黨派，分別爲輝格黨和托利黨。輝格黨爲中產階級代言，保護他們的利益。這個看似詼諧的名字，有著歷史淵源，這些人堅決站在國王的對立面，這和一六四〇年，蘇格蘭長老會帶領馬伕（輝格莫人）攻打王宮的狀況極爲相似。托利黨中「托利」一詞，本是指愛爾蘭的保皇者，這裡我們用來指支持國王的民衆。兩黨相互對立，但沒有人想成爲衝突爆發的導火索，所以他們都靜候時機。一六八五年，查理二世去世，詹姆士二世繼任王位，他是一位忠誠的天主教信徒。詹姆士上位後，首先模仿國外建立起「常備軍」，其指揮權歸法國的天主教徒。一六八八年，又一份《免罪宣言》頒佈，並要求全部的聖公會教堂必須宣讀。他的這一行爲明顯不合常規，早已越過了明令禁止的界限，除了人們尊敬的國王外，人們無法容忍任何人這麼做。7位拒絕宣讀這些條款的主教們被以「叛國誹謗罪」

起訴了。經過法庭的審判，陪審團最終宣佈「無罪」，民衆對這一結果十分滿意。

但不巧的是，詹姆士（他第二位妻子是摩德納伊斯特家族的瑪利亞，是一位虔誠的天主教信徒）的兒子降生了。也就是說，從此以後，英國的王位繼承者就是一位天主教徒，他的姐姐瑪麗或者安娜雖然信仰新教，但是已經無權繼承王位了。但是，人們對這件事充滿了疑惑。因爲按照瑪利亞的年齡，生育已經十分困難了。這其中一定大有問題。也許和耶穌會教士存在一定的關係，很有可能是他悄悄把一個毫不相干的嬰兒帶進了英國的王宮，希望他繼任英國的國王之位。這在國內引起了很大的反響，內戰似乎隨時有可能爆發。輝格黨和托利黨快速結盟，兩個黨派中的7名著名成員聯名給威廉三世寫信，希望他能夠回來主持大局，這是詹姆士大女兒瑪麗的丈夫，也是荷蘭的護國主，人們希望他能夠解決這位合法的小王儲，他實在不被人們喜愛。

一六八八年11月15日，威廉抵達托爾比。爲保護岳父詹姆士的安全，威廉安排其出逃法國。一六八九年1月22日，議會在威廉的主持下召開。2月13日，英國王位由威廉和瑪麗接任。英國的新教擺脫了困境。

同時，議會已經不滿足於國王諮詢機構的身分了，他們希望獲得更多的權力。所以，他們渴望抓住一切機會，利用時機。他們從檔案室中一個佈滿灰塵的角落中找到了一六二八年的《權利請願書》，然後草擬了思想更加激進的《權利法案》，企圖限制國王在各方面的權力。他們要求國王追隨聖公會的信仰，取消了國王廢除法律的權力，同時指出國王沒有權力允許某些特權階層違反法律。法案中甚至還明確指出：「國王在沒有得到議會的准許下，無權徵收賦稅，維持軍隊。」到一六八九年爲止，英國議會成功捍衛了權力，這是歐洲大多數國家望塵莫及的，這些權力是他們不敢觸碰的，英國議會卻將其變成了現實。

英國人對威廉時期記憶深刻，甚至到現在都無法忘記，這並不只是因爲這一時期採取了很多進步的措施，更是因爲「責任內閣」的政府管理體制在這一時期第一次出現了。其實這很容易理解，對於國王來說，單獨管理國家真的太難了，他們需要一些可信的幫手。都鐸王朝其實就是一個貴族和神職人員構成的「大智囊團」。但是，當這一機構發展壯大到一定程度時，只能精減人員，最終成了「樞密院」。樞密院的成員們一般都是在王宮中的一間內室覲見國王，久而久之，形成了一個慣例，人們也因此將其稱爲「內閣成員」。很快，「內閣」成了一個流行詞彙。

威廉作爲君主也無法擺脫這種慣例。他從各個黨派中選取了自己的顧問。隨著議會的發展壯大，威廉發現議會成員大多都是輝格黨人士，所以即便他得到了托利黨的幫助，還是沒辦法有效推行一些政策。所以，他果斷地把托利黨從內閣中剔除了，內閣成了輝格黨的天下。經過幾年時間，輝格黨大不如前，逐漸發展起來的托利黨又成了國王新的依靠。一七〇二年，威廉逝世，回顧其一生，我們會發現他一直忙著處理和法王路易間的戰爭，根本沒有精力管理英國政府，所以，英國的重要事務基本都是內閣負責處理的。威廉去世後，愛妻之妹安娜繼承了王位，狀況依然沒有改變。一七一四年，安娜逝世，但是她的17個子女無一在世，所以漢諾威王室的喬治一世繼承了王位，這是詹姆士一世的孫女蘇菲的兒子。

喬治一世是一個俗人，從來沒有認眞研究過英語，對於盤根錯節的政治制度更是手忙腳亂，他看著這些和迷宮一般無二。所以，內閣依然處理著國家事務，喬治一世從不參加任何會議，其實他即便出席也毫無效果，因爲他對英語一竅不通。長期如此，內閣完全可以自己處理英格蘭和蘇格蘭（一七〇七年，蘇格蘭議會和英格蘭議會合併在了一起）的國家事務了，這成了一種習慣，他們沒有必要打擾國王。喬治對此十分滿意，這樣他就有足夠的時間返回歐洲大陸，享受生活了。

在喬治一世和喬治二世執政期間，輝格黨中很多優秀人士相繼組織內閣，比如羅伯特·沃波爾就曾執政21年。輝格黨的領導者地位越來越高，他們的身分已經不只是內閣首腦了，同時也是掌握政權的多數黨領袖。之後，喬治三世繼承王位。他希望能夠奪取權力，架空內閣，取得處理政府重要事務的權力。但卻引發了巨大的災難，這給後人提供了慘痛的教訓，再也沒有人敢嘗試了。所以，18世紀初期，英國就形成了代議制政府，國家事務由責任內閣處理。

需要注意的是，這一政府不會保護社會全部階層的利益，在全國範圍內享有選舉權的人不到十二分之一。但不管怎麼說，它都促進了現代代議制政府的形成。它使用和平的方式，奪取國王的權力，實現了更多國民代表自主管理國家的願望。也許這一舉措沒有給英國帶來巨大的經濟收益，但卻使英國成功地避開了一場血戰。不過，17、18世紀的歐洲卻在劇烈革命的影響下遭遇了一場巨大的災難。

第四十六章　勢均力敵

——法國曾一度吹捧「君權神授」的理論，直到「勢均力敵」的概念出現，國王的野心才被有效控制。

下面我們要說的是，在英國人拼盡全力爭取自由期間，法國發生的一切。我們通常把歷史上某位恰當的人在恰當的時間出現在恰當的國家稱爲天時地利人和，這是很難得的。法國的運氣很好，路易十四的出現給法國帶來了奇蹟，完美地實現了這一美夢。不過他的出現對於歐洲其他地區來說，也許並不是好事。

法國在當時的歐洲國家中，人口第一，國力最強。路易十四繼任王位時，馬薩林和黎塞留兩位紅衣主教已經對法國進行了大整頓，歷史悠久的法蘭西王國可以說是17世紀空前強盛的集權國家。路易十四也不容小覷，他文韜武略，樣樣精通。即便在20世紀的現代社會中，太陽王時代輝煌的痕跡依然清晰可見。路易十四執政期間，王宮中出現了完美無瑕的經典禮儀，人們言談舉止高貴優雅，這其實就是現代社交生活的基本常識，也是最高的模範標準。在外交方面，法語依然保持著國家會議重要官方語言之一的地位，法語本就典雅精緻，辭藻簡練，這在兩個世紀之前就得到了衆人的認可，歐洲其他國家的語言根本達不到這一標準。直到現在，我們依然能從路易十四時代的戲劇中獲得很多啓發，甚至有時候我們會厭惡自己太過粗俗，難以欣賞古典戲劇帶有神祕色彩的美感。路易十四時期，黎塞留創辦法蘭西學院，一直引領學術界的潮流，很多國家對此都十分欣賞，紛紛向其學習。法國取得的此類成就數不勝數，很難一一列舉。例如，現在的菜單依然是用法語寫成的，這有其必然因素。精美的法式烹飪，開始發展起來的原因也許只是因爲國王酷愛美食，但現在已經可以說是一門藝術了，足以納入人類文明的最輝煌成就之列。總而言之，路易十四時期的法國被絢爛和典雅占據，現在我們依然能從其中感受到很多。

可惜的是，光芒四射的表象下依然隱藏著我們難以看到的陰影。表面的光鮮亮麗通常代表著自身的悽慘，法國同樣如此。一六四三年，路易十四接任王位，一七一五年，路易十四去世，這也就意味著他獨自執掌法國大權72年。

首先，我們應當清楚「獨掌大權」是什麼意思。在歷史長河中，很多君主都建立了一種效率非凡的獨裁統治，這就是「開明君主制」，路易十四可以說把這一制度發揮得淋漓盡致。很多國家的君主都不重視國家事務，他們一味玩樂，把國家事務當作一種遊戲，盡情享樂，路易十四對此特別反感。開明時代的君主一般都刻苦勤奮，可以說他們比任何一位百姓都更加辛苦。他們沒日沒夜地處理國事，因爲他們明白什麼是「天賦神權」（可以按照自己的意願治理國家，無須理會百姓的建議），更清楚這一理論帶來的「神聖職權」。

當然，國王並非事無鉅細，一一過目。他同樣需要智囊團的幫助，一般來說，國王需要幾個得力的助手和顧問，一兩位英勇的戰將，幾名精幹的外交家，一些幹練的銀行家和經濟學家。只是這些幫助國王處理國家大事的臣子只能按照國王的意願處理事務，沒有權利私自決定。在這類國家中，百姓認爲君主就是國家政府。人們總是把國家的榮譽和某一代王朝的榮譽聯繫在一些，比如波旁王室統治時期，法蘭西取得了輝煌的成就，那麼，在人們眼中，這所有的利益和榮譽就應當歸屬於波旁王朝。這一點和民主理想完全不同。

這種統治方式的缺點無須多言就很明顯。國王代表了一切，地位上超越了所有人，這使其他人變得無足輕重。那些曾經建功立業的貴族們不得不放棄管理外省事務的權力。在巴黎一幢政府大樓中，坐著一位滿手墨水的小官員，行使著政府管理的職權，但是放在一百多年前，這應該是封建主的職責。現在，這些封建主十分悠閒，他們住在巴黎的宮廷中隨心所欲地享受生活。這給他們的莊園經濟帶來了危險，「在外地主制」很快就會形成。僅僅一代人的時間，那些盡職工作的封建管理者就搬進了凡爾賽宮，他們言談舉止大方得體，但卻整日遊手好閒。

路易十四10歲那年，《威斯特伐利亞條約》簽訂。三十年戰爭宣告結束，歐洲大陸上哈布斯堡王室的輝煌徹底成了歷史。野心勃勃的路易一定不會放過這個機會，他抓住時機，希望家族能夠得到本應當是哈布斯堡王室的榮譽。一六六〇年，路易和西班牙公主瑪利亞・特雷莎結爲夫妻。之後，其岳父菲利普四世（西班牙哈布斯堡王室中瘋瘋癲癲的國王之一）去世，路易立即宣稱西班牙的尼德蘭部分（現在的比利時）是他妻子出嫁時的陪嫁品。這種公然掠奪是對歐洲和平的挑戰，威脅著新教國家的安全。一六六四年，瑞典、英國、荷蘭三國同盟建立，這是歷史上第一個國際聯盟，尼德蘭七省聯盟的外交部部長詹·德·維特對此功不可沒。但是這個聯盟並沒有維持太長時間。路易十四用萬能的財富和冠冕堂皇的承諾收買了英國的查理一世和瑞典的議會，荷蘭被出賣了，它只能獨自承擔後果，別無他路。一六七二年，法國軍隊入侵荷蘭。法軍直抵荷蘭腹地，海防大堤重新啓動。最終，法蘭西太陽王深入荷蘭沼澤淤泥，陷入困境，這和當年的西班牙軍隊如出一轍。一六七八年，《尼姆威根條約》簽訂，但卻沒有從根本上解決任何問題，甚至還導致了另一場大戰。

一六八九年，法軍開始了第二次入侵，直到一六九七年《萊斯維克條約》簽訂，戰爭才結束。但是，路易渴望得到的在歐洲事務處理上的話語權依然沒有成爲現實。雖然，荷蘭暴民殺死了詹·德·維特，幫助路易消滅了最大的敵人，但是威廉三世（在上一章中我們提到過這個人）接任這一職位後，依然和路易保持敵對狀態，阻撓路易一統歐洲。

一七〇一年，西班牙的查理二世去世，這是最後一位哈布斯堡國王，隨後，西班牙陷入爭奪王位的戰亂。一七一三年，《烏得勒支條約》簽訂，但卻沒有產生任何效果。這場戰爭幾乎掏空了路易十四的國庫。法軍在陸地上戰無不勝，但是卻無力抵擋英國與荷蘭的海上聯軍。需要強調的是，在這場持續了很長時間的戰爭結束後，出現了一個新的國際政治根本原則。按照這種原則，沒有哪個國家能夠長時間統治歐洲或者世界。

這就是「勢均力敵」。這一原則雖沒有法律的保護，但卻被人們嚴格執行了三百多年。這一原則的創立者表示，歐洲現在處於民族化發展階段，需要一個和平的環境，這就要求各種利益和衝突之間保持絕對的平衡。絕不允許一個國家或者一代王朝，居高臨下，完全壓制他國。三十年戰爭中，哈布斯堡王室就是被這一原則打敗的，但是，當時的他們對此毫無意識。這和當時的宗教爭端存在很大關係，人們的雙眼被矇蔽了，看不清問題的本質。但從此之後，人們十分清楚，經濟利益永遠是國際爭端中的核心因素。隨後，我們看到了一批新的政治家，他們聰明能幹，十分理智，從未判斷失誤過，就像是收銀機。第一位得到認可的這類政治家是詹·德·維特，而緊隨其後的就是威廉三世，他學到了精髓。這種政治制度下的第一個有意識的犧牲品是路易十四，雖然他擁有至高無上的聲望，但也沒能逃脫。從此之後，犧牲者越來越多。

第四十七章　俄羅斯崛起

——距離遙遠，帶有神祕色彩的莫斯科帝國後來居上，登上了歐洲政治舞台。

一四九二年，哥倫布發現了美洲，這是衆所周知的。其實，在這一年年初，提洛爾❶大主教命令舒納普斯帶領一支科考隊帶著讚詞洋溢的介紹信，踏上了尋訪帶有神祕色彩的莫斯科城的探索之旅，但最終卻失敗了。他們走過萬水千山，終於抵達莫斯科帝國邊境（在人們的意識中，莫斯科帝國應當在歐洲的東方，距離很遠），但不幸的是他們無功而返，因爲莫斯科人對外來人員很不友善。爲了能夠給大主教一個合理的說法，舒納普斯只好前往君士坦丁堡拜訪，這是土耳其異教徒統治的範圍。

英國的理查・昌瑟勒船長在61年後帶領軍隊出發，他們試圖找到從東北方向前往印度的航線。但不幸的是他們在途中遇到了暴風，船隊失控隨著風駛進北海，直達德維納河的入海口。隨

❶提洛爾，現爲奧利地的一個省。

後，昌瑟勒發現這裡就是霍爾莫果利村，屬於莫斯科帝國的國土範圍，且從這裡出發經過幾個小時就能夠到達阿爾漢格爾斯克城，這是一五八四年發現的一座城市。昌瑟勒到達此地後，受到了莫斯科大公的接見，在他的指令下帶回了一份通商條約，這是莫斯科和西方世界的首個通商條約。之後，前往莫斯科的國家越來越多，這裡的神祕性不斷減少，歐洲人對這裡有了進一步的瞭解。

莫斯科

如果用地理常識分析，俄國的國土遼闊，一望無際，地勢低平。雖然烏拉爾山脈在國土上南北分佈，但是山勢低平緩和，對侵略者根本構不成威脅。這裡的河流面積較大，河水清淺，適合游牧民族生活。

隨著時間的發展，羅馬帝國起起落落，最終徹底消失在了歐洲的大地上。同時，斯拉夫部落離故鄉中亞越來越遠，他們曾經長期生活在德涅斯特河❷和第聶伯河❸流域，在這裡的森林和草

---

❷ 德涅斯特河，位於歐洲境內，東南流向，經過烏克蘭和摩爾多瓦兩國，最後匯入黑海。

❸ 第聶伯河，俄羅斯歐洲境內的第二大河，歐洲第三大河流。

原間遊蕩。他們曾經和古希臘人相遇，公元3、4世紀時期的旅行者們偶爾也會提到他們。如果沒有這些資料，我們不會對斯拉夫人有任何瞭解，就如同我們完全不清楚生活在1800年的內華達印第安人。

開始時，這一遊牧民族的生活十分平靜，一片祥和，波瀾不驚。但不幸的是，一條繁華的商業道路需要從他們的國土通過。這條商業道路連接著北歐和君士坦丁堡，彎彎曲曲，路途遙遠。道路開始於波羅的海沿岸，順著波羅的海一直到達涅瓦河口❹，然後跨越拉多加湖，順著沃爾霍夫河一直向南，跨越伊爾門湖，在羅瓦特河處逆流而上，走過一小段路後，到達第聶伯河，然後沿著第聶伯河抵達黑海。

這條商業道路在很久以前就被北歐人發現了。公元9世紀時期，部分北歐人定居在俄羅斯的北部，而另一部分人則開始建立獨立的小王國，這爲之後的法國和德國奠定了基礎。公元八六二年，三位北歐的兄弟渡過波羅的海，在俄羅斯平原地區建立了各自的小王國。三位兄弟中，留裡克活的時間最長，他征服了兄弟建立的王國。北歐人到達俄羅斯20年後，斯拉夫王國拔地而起，定都基輔❺。

❹ 涅瓦河口，白海到波羅的海和伏爾加河到波羅的海兩水系的重要航道。

❺ 基輔，烏克蘭首都。

基輔距黑海很近，所以君士坦丁堡很快就得知了斯拉夫國家建立的消息。這激起了基督傳教士們的熱情，他們渴望前往這片新的領土，傳播耶穌的教義。接著，第聶伯河沿岸佈滿了拜占庭教士的足跡，他們甚至已經進入了俄羅斯內地。但是卻發現這裡的人們生活十分落後，尤其是信仰方面，他們依然信仰古老傳說中居住在森林、河流或者山洞裡的神靈。而當時羅馬傳教士們將所有的精力都投注於治理異教徒條頓人身上，希望能夠教化這些野蠻的人類，也就是說，他們根本沒有精力顧及遠在天邊的斯拉夫部落。這對拜占庭傳教士來說，是一個絕對的好消息，這意味著他們可以毫無顧忌，爲所欲爲。經過多年時間，拜占庭的宗教信仰、文字藝術、建築理念等文明成果充斥了俄羅斯人的意識。作爲東羅馬帝國的殘餘勢力，拜占庭帝國早已沒有了歐洲人的特點，他們受東方人的影響更大，現在，俄羅斯也具有了東方文化的特點。

這些興起於俄羅斯平原地區的國家，政治發展十分曲折。這與北歐人的某種習俗有關，在歐洲，父親去世後留下的財產需要平均分給每一個兒子。所以，當一個建立不久的國家的國王去世後，他的八九個兒子會平均分掉這些領土，之後這些領土會被更多的後代劃分。眾多小國家之間彼此競爭，很容易出現矛盾，一般關係都十分混亂。所以，當亞洲的野蠻部族侵入俄羅斯，這裡戰火四起，紅光衝天時，一切都已經太晚了。這些眾多的國家太過分散了，再加上他們獨立管理，根本不可能團結在一起，形成一支戰鬥力強大的隊伍，更別說抵禦外敵了。

一二二四年，韃靼人第一次入侵俄羅斯。成吉思汗征戰沙場，所向無敵，先後占領了中國大陸、布哈拉、塔什干和土耳其斯坦，一路殺進西方世界。斯拉夫大軍在卡爾卡河附近完全戰敗，蒙古人占領了俄羅斯。但是，蒙古人並沒有占據這裡太長時間。一二三七年，也就是在蒙古人第一次入侵俄羅斯13年之後，他們再次殺了回來，花費5年時間，占領並統治了整個俄羅斯平原，直至一三八〇年。那一年，莫斯科大公德米特里·東斯科伊在庫里科沃平原上與蒙古人大戰，最終取得了勝利，俄羅斯重新獲得了自由。

韃靼人統治俄羅斯長達兩個世紀，這使俄羅斯人的生活十分痛苦，他們難以忍受那種壓迫感。斯拉夫農民淪落為命運悲慘的奴隸。在蒙古人面前，他們為了保住性命只能爬著前行，而蒙古人則衣冠楚楚地坐在俄羅斯南部大草原的帳篷中，極盡侮辱之舉。俄羅斯人過著食不果腹的日子，他們承擔了所有的苦痛和折磨，早已沒有了做人應當具有的尊嚴。最終，所有俄羅斯人都難以忍受生理的折磨變得精神失常，曾經的農民和貴族，現在都無家可歸，他們甚至沒有脅肩諂笑的機會。

逃避根本沒有任何效果。韃靼的騎兵十分敏捷，但同時也以冷血無情著稱。在一望無際的草原上，很難找到可以躲藏的地方，安全的藏身之地幾乎可以說遠在天邊。命運悲慘的俄羅斯人對於蒙古主人施加的任何磨難，都只能忍氣吞聲，因為只有這樣他們才能夠保全性命。對此，歐洲人本來應該有所行動的。但不幸的是，當時的歐洲也一片混亂，教皇和皇帝爭奪權利，歐洲人忙著鎮壓各種異端，本土的各種事務已經讓他們應接不暇了，更別說照顧俄羅斯人了。斯拉夫人只能自己想辦法，尋求自我解救的道路。

最終，拯救俄羅斯人的是北歐人建立的衆多小國之一。它位於莫斯科河畔的陡峭山崖上，處於俄羅斯平原的關鍵位置，定都莫斯科。這個小國家有時候會刻意奉迎韃靼人，有時候也會適當反抗，完全隨形勢而動，這種模棱兩可的態度使其在14世紀中期成了俄羅斯各個民族的首領。需要強調的是，對於韃靼人來說，沒有政治可言，他們最擅長破壞。他們無限擴張領土是爲了增加財政收入。他們爲了以徵收賦稅的名義收取這些利益，只能答應保留部分舊政治體系中的殘餘力量。在大汗的隆恩下，很多小城主都保住了性命，他們成爲蒙古的徵稅人。他們存在的意義就是充實韃靼人的國庫，所以他們一定會侵略左鄰右舍。

莫斯科公國通過剝奪鄰國利益的方法不斷發展壯大。最終開始公開抵抗韃靼人，並取得了勝利。可以說，莫斯科領導了俄羅斯的獨立事業，在這一光環的籠罩下，這裡聚集了很多斯拉夫人，他們對未來充滿了期待，莫斯科逐漸發展成爲俄羅斯的中心城市。一四五三年，君士坦丁堡被土耳其人占領。

經過了10年的時間，莫斯科大公伊凡三世昭告天下，由於拜占庭帝國已經滅亡，它所留下的物質精神遺產應當交由斯拉夫國家繼承，君士坦丁堡留下的古羅馬傳統也應當由斯拉夫國家繼承。一代人之後，伊凡大帝統治俄羅斯，這時的莫斯科已經發展壯大，大公們甚致使用凱撒的稱號（沙皇），並爭取獲得西歐社會的認可。

一五九八年，菲奧多一世逝世，古老的莫斯科王朝宣告結束，北歐人留裡克後裔們統治的時代也徹底結束。隨後的七年中，新沙皇鮑里斯．戈都諾夫即位，他是韃靼人和斯拉夫人的混血兒。他統治了俄羅斯，俄羅斯百姓的命運也就這樣被決定了。俄羅斯雖然國土遼闊，但經濟並不寬裕。俄羅斯的商業沒有發展起來，根本看不到工廠，爲數不多的幾座城市，在歐洲人眼中，也只能稱得上是一片混亂的自傲村落而已。

俄羅斯的中央集權政府實力強大，它受到了斯拉夫、北歐、拜占庭和韃靼的共同作用，這裡的農民基本都是文盲。政府永遠將國家利益放在第一位，所有事物和國家利益比起來都不值一提。他們想要保護國家，就必須建立政府軍隊；想要提供給軍隊必要的物資，就必須讓公務員承擔起徵收賦稅的責任；想要僱傭公務員，就必須擁有大量的土地。幸運的是俄羅斯並不缺少土地，平原地區的土地一望無際，從東到西我們都能看到一大片荒廢的土地。但是，荒地是一文不值的，需要有人利用土地，或者在上面耕種，或者利用它放牧，養活牲畜。所以，國家不斷剝奪游牧民的權利，17世紀初期，他們徹底失去自由民的身分，成爲農奴，成爲土地的附屬品。一八六一年，他們就快要崩潰了，到此時，所有的慘痛命運才宣告結束。

17世紀，俄羅斯的國土面積不斷增加，向東擴展到西伯利亞。遼闊的土地面積和空前強盛的國力，使得歐洲國家不得不對它另眼相看。一六一三年，鮑里斯．戈都諾夫逝世。羅瑪諾家族的邁克爾被推選爲新的沙皇，他是菲奧多的兒子，屬於俄羅斯貴族自己人。他從小就在克里姆林宮❻外的一間小房子中生活。

一六七二年，彼得（他的父親也叫菲奧多）出生，他是邁克爾的曾孫。彼得10歲時，他同父異母的姐姐蘇菲亞繼承了王位。所以，彼得從小就生活在莫斯科郊區，他和那裡的外國人一起生活。在那裡，他看到了各種各樣的外國人，包括蘇格蘭酒店的老闆、荷蘭的商人、瑞士的藥劑師、意大利的理髮師、法國的舞蹈老師和德國的小學教師等。這些人讓年輕的王子對距離遙遠，充滿神祕色彩的歐洲（那是和俄羅斯完全不同的兩個世界）有了最初的瞭解，這種感覺十分奇妙。

彼得成長到17歲時，發動了宮廷政變，蘇菲亞姐姐被趕下王位，彼得自己登上了王位，成為俄羅斯新的國王。他野心很大，一個野蠻的混合著東方化的民族的沙皇頭銜根本無法使他滿足。他希望自己能夠統治一個文明高度發展的國家，希望「拜占庭·韃靼」混在一起的國家能夠發展成為一個文明的歐洲帝國。但是這件事並不簡單，它需要強有力的手段和理智的頭腦，而彼得同時兩者兼備。一六九八年，他開始施行自己的偉人計劃，把現代化的歐洲文明引進了歷史悠久的俄羅斯系統中。接著，奇蹟發生了，病態的俄羅斯竟然沒有崩潰，反而存活了下來。只是在創作這本書的五年前發生了一些事情❼，讓我們知道俄羅斯其實一直沒有完全康復。

---

❻克里姆林宮，位於俄羅斯首都中心的波羅維茨基山崗上，世界第八大奇景。

❼5年前發生的事情，指的是一九一七年俄國十月革命。

第四十八章 俄羅斯和瑞典的交鋒

——俄羅斯和瑞典為了爭奪東北歐的領導地位，交戰了很多年。

一六九八年，彼得沙皇第一次踏上西歐之旅。他的目的地是荷蘭和英格蘭，在途中經過柏林。彼得在小時候就很喜歡水，在父親的農村莊園中，有一個小池塘，裡面養了很多鴨子，小時候，彼得很頑皮，自己製作了可以在水上劃行的小船，不幸的是彼得掉進了水裡，差點喪命。但彼得對水的熱情從未消失過，他努力探索，希望能夠把俄羅斯和海洋連接在一起。

這位年輕君主雖然十分嚴肅，專心致志地治理國家，希望國家繁榮昌盛，但是並沒有受到國民們太多的歡迎。在彼得外出遊歷時，莫斯科的守舊勢力支持

彼得大帝在荷蘭船廠

者們祕密籌劃，意圖粉碎彼得的改革措施，皇宮衛戍隊斯特萊爾茨兵團發動叛亂。彼得在得知這個消息後，第一時間回到國內，以最高指揮官的身分壓制了這場叛亂。彼得對於這批叛亂者的處罰十分嚴厲，沒有留一絲情面，他下令將叛軍首領粉身碎骨；將叛亂士兵全部斬首，無一倖免；對於姐姐蘇菲亞這個策劃者，彼得則下令將其囚禁在修道院中。這使得國家大權完全掌握在彼得手中。一七一六年，彼得再次前往西歐遊歷，國內又一次發生了叛亂，這次叛亂的領導者是阿列克謝，這是彼得的兒子，只不過有些瘋瘋癲癲。無奈之下，彼得不得不放棄原計劃，馬上返回國內。最終，叛亂者領袖阿列克謝在大牢中去世，維護拜占庭古老傳統的人們被流放至西伯利亞的一座鉛礦中，他們的餘生將在這裡勞動。在此之後，因爲不滿意彼得而導致的暴亂再也沒有了。彼得開始了改革計劃，沒有受到任何阻撓。

彼得推行的改革措施很多，我們無法一一列舉。這位沙皇把全部的精力都投入工作中，效率極高，如同一個瘋子，他從

彼得大帝修建新都

不按常理出牌，總是另闢蹊徑。他爲了推行改革發佈的法令多如流水，手下們根本來不及一一記錄在冊。彼得幾乎否定了前人所做的一切，他認爲俄國需要馬上進行一場徹底的變革。他一生勤於治國，在俄羅斯建立了強大的陸軍和海軍，陸軍總人數達20萬人，個個訓練有素，海軍戰船達50艘。彼得徹底清除了古老的政府機構。古老的貴族議會——國家杜馬被解散了。隨後，參議院建立起來，它圍繞在沙皇的周圍，相當於一個諮詢委員會。

俄羅斯包括八大行政區域，也稱爲八大行省。條條道路修建起來，座座城鎮拔地而起。沙皇在自認爲合理的區域發展工業，但完全不考慮原材料的問題。他命人開鑿運河，開採東部山區埋藏的大量礦藏。同時，彼得在國內大力發展教育，中小學和高等教育機構紛紛建立，大學、醫院、職業技術學校的數量也不斷增加，遍地文盲的國情得到了改善。此外，一大批國家棟梁之材也湧現出來。他鼓勵荷蘭造船工程師和世界各地商人工匠定居俄羅斯，爲達到這一目的制定了多種政策。雖然沙皇領導建立了很多印刷廠，但其出版物卻都在皇家官員的嚴密監控下。同時，沙皇編寫了一部新的法律，明確規定了社會各個階層的權利和義務，民法、刑法等衆多法規形成，共同組成了一套完備的法典。沙皇禁止民衆穿俄羅斯舊式服裝，很多警察手裡拿著剪刀，盯著農村中的一條條小路。很快，那些長鬍長髮的俄羅斯山民不見了，取而代之的是——煥然一新的文明大衆。

沙皇堅決維護權力的專制，杜絕任何權力分割行爲，處理宗教問題也是如此。他十分瞭解歐洲大地上，教皇和皇帝爭權奪利的歷史，他不希望同樣的事情在俄羅斯重新上演。一七二一年，莫斯科大主教被廢除，彼得成爲俄羅斯教會的新一任領袖。東正教全部事務在處理時都以宗教會議的指令爲原則。

但是，莫斯科依然存在保守力量，他們反對改革，竭盡全力阻撓改革步伐的順利邁進。所以，彼得經過深思熟慮決定改遷國都。他看上了一片沼澤地，屬波羅的海沿岸，準備將其作爲國都，但這個地方並不適合人口居住。一七〇三年，彼得的拓荒計劃在這裡開展，四萬農民開始在此工作，致力於打造新帝都的堅實根基，他們辛勤勞動了很多年。此時的瑞典集結重兵，攻擊俄國，企圖把新都扼殺在搖籃中，不過，瑞典失敗了。建城工程並沒有受到戰亂、疾病的影響，即便很多建築農民離世，也沒能阻礙新城建設，更別說一年四季的天氣變化了。最終，彼得理想中的都城拔地而起。一七一二年，這座城市被正式宣佈定爲「帝國國都」。經過十幾年的時間，這裡一片繁華之景，人口已達七萬五千人。但是，這裡每年都會遭到涅瓦河的洪水襲擊，一年兩次，幾乎沒有例外。於是，彼得決定修建堤壩，開鑿運河，阻擋洪水來襲。一七二五年，彼得去世，此前他一直領導著歐洲北部最大的城市❶。

俄羅斯帝國的快速崛起，給鄰國造成了很大的威脅，他們開始坐臥不安。其實，彼得對鄰國

---

❶歐洲北部最大的城市，指的是聖彼得堡。

的一切也都密切監視著，如瑞典，它位於波羅的海沿岸。一六五四年，克里斯蒂娜拒絕王位，她希望能夠到達羅馬，在那裡成爲一名虔誠的天主教徒，她是三十年戰爭的英雄古斯塔夫・阿道爾夫唯一的女兒。同時，也是瓦薩王朝的最後一位女王，之後古斯塔夫的侄子繼承王位，這是一位忠誠的新教信徒。查理十世和查理十一世對國家大事十分上心，在他們的統治下，瑞典王國發展壯大，達到了歷史上最輝煌的時期。一六九七年，查理十一世突然離世，查理十二世繼承王位，但當時他只有15歲。

這對於蓄謀已久的北歐各國來說，是一個難得的機會。宗教戰爭期間，瑞典掠奪鄰國的利益發展壯大自我。現在，他們終於看到了復仇的希望。孤單的瑞典和俄國、丹麥、薩克森結成的聯盟迅速投入戰爭。一七〇〇年11月，納爾瓦戰役爆發，最終以彼得軍隊失敗告終，這支軍隊配備的武器實在太簡陋了，且士兵們訓練不足。之後，自稱爲天才軍事家之一的查理，一路所向披靡，踏平了波蘭、薩克森、丹麥和波羅的海沿岸多個省份的農村和城鎮。此時，慘遭失敗的彼得正安分地守在俄羅斯，訓練軍隊。

一七〇九年，波爾塔瓦戰役❷開始，瑞典軍隊早已疲憊不堪，俄羅斯人一舉將其拿下。

---

❷波爾塔瓦戰役，一七〇九年，彼得大帝率領的俄國軍隊在烏克蘭的波爾塔瓦戰役中擊敗瑞典軍隊，取得戰爭勝利。

查理其實是一個奇蹟般的存在，但是他卻被復仇朦蔽了雙眼，做了很多無用工，最終親手葬送了自己的祖國。一七一八年，查理因爲意外死亡（也有可能是被人暗殺的，我們現在無法瞭解眞相）。一七二一年，《尼斯塔德合約》中規定，除了芬蘭外的波羅的海區域所有領土全部從瑞典國土中割除。到此，彼得一手創建的俄羅斯帝國稱霸了北方世界。但是，此時的普魯士正在崛起，即將成爲一個勁敵。

第四十九章　普魯士

——在日耳曼的北方荒涼地區，普魯士快速崛起。

普魯士的發展幾乎能夠代表歐洲邊疆地區一路的發展。9世紀時，查理曼大帝將地中海沿岸歷史悠久的文明中心遷移至西北歐地區，這裡一片荒涼；在法蘭克士兵的奮戰下，歐洲邊界線不斷向東移動。斯拉夫人和立陶宛人（那一時期，他們生活在波羅的海和喀爾巴阡山之間的平原地區）等異教分子被法蘭克士兵制服了，他們的國土自然也歸到了法蘭克人名下。但是，這些地區並沒有得到法蘭克人的足夠重視，它們就像那些美國西部地區一樣，還沒有成立獨立的州，得不到美國的重視。

查理曼大帝曾親自在東部地區邊界建立勃蘭登堡，就是爲了防禦薩克森野蠻部族的攻擊。斯拉夫人的一個分支一直居住在這裡，他們是文德人，10世紀時就歸順了，而勃蘭登堡現在的中心地區就是當時的集市區域，這就是我們稱之爲「勃蘭登堡」的原因。

在11到14世紀時期，這裡有很多人聲稱自己是皇家總督，他們大部分都是貴族世家。15世紀，霍亨索倫家族❶發展壯大，出現在人們的視野中，最終成爲勃蘭登堡的選帝侯。接著，一片荒涼的邊疆省份，慢慢發展成了一個帝國，並且加入了現代世界效率最高的帝國之列。

霍亨索倫家族本是德國南部的一個家族，出身貧寒，剛剛在歐美力量的逼迫下無奈退位。12世紀，腓特烈成爲勃蘭登堡總督，他是霍亨索倫家族的成員之一，這次的好運全來自一樁婚姻。之後，這一家族的後代利用一切可以利用的機會迅速增強家族力量。通過幾個世紀的利益積攢，霍亨索倫家族發展成爲選帝侯，地位尊貴，也就是說，他們有可能成爲德意志皇帝。他們在宗教改革期間是新政的擁護者。17世紀初，霍亨索倫家族加入了北德意志最強盛的王公之列。

三十年戰爭期間，勃蘭登堡和普魯士受到了新教徒和天主教徒土匪般的掠奪。但當時的選帝侯是腓特烈．威廉，在他的睿智領導下，戰爭的損失在短時間內得以彌補。因此，他很快建立起了一個效率極高的國家，凡是國內睿智的人才都得到了任用，凡是國內的經濟力量，都發揮了應有的價值。

如今的普魯士，社會利益高於一切，每一個人都應當爲此犧牲個人利益。這是腓特烈．威廉一世建立起來的國家，他是腓特烈大帝❷的父親，本是一名普魯士軍官，勤儉踏實，對酒吧故事

---

❶ 霍亨索倫家族，德意志主要的政治家族。

❷ 腓特烈大帝，一七一二—一七八六年，普魯士國王，德國國父級的人物。

和味道濃烈的荷蘭香菸情有獨鍾，他討厭所有的禮儀規矩（尤其是法國的）。他一心只想盡職盡責，做好本職工作。他對自己的要求嚴苛，對手下的所有懦弱表現一律嚴懲。但是他和兒子腓特烈的關係卻極其糟糕，甚至比我們想像中更加嚴重。父親是一個生性魯莽的人，但是兒子卻是一個情感柔和的人，他對法國的禮儀規矩情有獨鍾，喜歡文學、哲學和音樂。兩種截然相反的性格必然會導致矛盾的產生。於是，腓特烈企圖潛逃至英國，但不幸被父親發現並被迫返回，父親親手把兒子送上了軍事法庭，並在他眼前殺死了他的好朋友。而這還遠遠不夠，父親把王子安置在外省的一個城堡中，要求他認眞研究治國之道，這是他未來必須掌握的技能。而王子也因此獲益匪淺。一七四〇年，腓特烈即位，無論是貧困人家的孩子應當如何開具出生證明，還是國家的年度預算，他都處理得井然有序。

腓特烈曾經寫過很多書，《反馬基雅維利》就是其中一本。在這本書中，作者對馬基雅維利的政治理念進行了猛烈抨擊。馬基雅維利是一位歷史學家，生活在歷史悠久的佛羅倫斯，他曾明確向他的王侯學生們表示：爲了國家的利益，我們可以不擇手段，撒謊和欺瞞都可以接受。而腓特烈則認爲，想要成爲一名合格的君主，就必須先成爲人民的僕人，就像路易十四那樣，才稱得上是開明君主。在處理國事中，腓特烈每天需要工作20個小時，但卻從未聽取過他人的治國意見。在他手下做事的臣子們，基本沒有實際權力，相當於一些高級書記員。他將普魯士看作私有物品，國家只能按照他的意願進行管理，一切不利於國家利益的行爲要堅決杜絕。

一七四〇年，奧地利皇帝查理六世去世。他在世時，曾在一張羊皮紙上籤署了一份嚴肅的條約，目的是爲了保護自己唯一的女兒瑪利亞·特雷莎的合法權益。他本人的遺體安葬在哈布斯堡的皇陵中，但是，他剛剛下葬，腓特烈就開始進軍奧地利邊境，將西里西亞的一部分地區據爲己有。普魯士翻閱歷史材料，通過對一些繼承權問題的討論，最終對外宣稱，這些國土，甚至是歐洲的所有領土，本就屬於普魯士，只是這種說法並不可信。在多次戰爭後，西里西亞的全部領土被腓特烈占領。在衆多戰爭中，腓特烈有時候眼看就要失敗了，但最終還是反敗爲勝，打敗了奧地利大軍，鞏固了自己的地位。

普魯士的快速發展引起了歐洲各國的注意。18世紀的宗教戰爭中，德意志早已不堪一擊，人們根本沒有把它放在眼裡。但是腓特烈卻憑著自己的迅捷努力，使其發展起來了，這一點和彼得大帝很像，人們對這個國家的態度也發生了很大的轉變，從開始的蔑視到現在的敬重甚至畏懼。普魯士的國家事務被處理得井井有條，百姓根本沒有抱怨的理由；國庫不斷充盈，早已擺脫了赤字；所有的嚴酷刑法一律廢除，司法體系不斷完善；高質量的道路、學校、工廠紛紛建立；行政管理體系盡職盡責，一片忠心，這讓人們徹底臣服於自己的國家，爲了國家的利益他們可以犧牲一切。

實際上在幾個世紀前，法國人、奧地利人、瑞典人、丹麥人、波蘭人一直在德國領土上爭權逐利，根本看不到現在的局面。現在，普魯士發展壯大了，德國人對此十分興奮，他們終於知道什麼是自信了。腓特烈大帝對這一轉變過程起到了至關重要的作用。腓特烈的鼻子是鷹鉤鼻，身邊的人總能從他一身的舊軍裝上聞到一股煙味，他喜歡對鄰居們評論一些事情，這些評論總是一針見血，又極具幽默。他的著作《反馬基雅維利》不過是一個巨大的謊言，其實他爲了本國的利益一直在玩著謊話連篇的外交遊戲。一七八六年，他去世了。陪在他身邊的除了一位僕人和一條忠心的狗外，沒有任何人，他沒有子嗣，朋友們早已拋棄了他。他對狗的熱愛接近瘋狂，甚至超過了人類，因爲他認爲狗是最忠誠的動物，永遠不會背叛自己。

第五十章　重商主義

——當時的國家是通過什麼方式積累財富的呢。

16、17世紀，我們現在熟知的大多數國家是通過怎樣的方式發展而來的呢？對於這一點，如今的我們已經十分清楚了。各國的發展方式多種多樣，或者是國王的精心謀劃，或者是機緣巧合，或者是獨特的地理環境給予的優勢。但不管怎麼說，只要這些國家建立起來，就會把全部的精力投注到內政中，極力提高自己的國際影響力，增加在國際事務中的話語權。但是想要達到這一目的，必須有足夠的金錢。中世紀時期，中央集權的國家還沒有發展起來，國家無法依靠充盈的國庫，國王的全部收入來源都是自己的王室領地，至於其他的官員只能自力更生。在現代化社會中，情況變得撲朔迷離。國家只能支付酬勞，僱用政府官員辦事，因爲騎士已經不存在了。國家的陸軍、海軍及行政管理費用隨隨便便就是幾百萬。那麼，這些錢從哪裡來呢？

中世紀時期，金銀難得一見。我曾說過，生活在中世紀時期的普通人也許一輩子都沒有見過一枚金幣，即便是生活在大城市的人，通常用的也只是銀幣。直到人類發現美洲後，祕魯埋藏的金銀礦才得以開採，世界的金銀資源狀況才有所改善。大西洋沿岸逐漸成了世界貿易中心，取代了地中海的地位。衆多新興的「商業國家」崛起，意大利歷史悠久的「商業城市」已經不具備重要的貿易價值了。在生活中，金銀開始變得稀鬆平常。

歐洲各國瘋狂掠奪殖民地，大量貴重金屬湧入歐洲。16世紀，一群政治經濟學家開始倡導「國富論」。他們對這套理論深信不疑，認定這會給國家創造巨大的收益。他們認爲，金錢是最具有價值的，只要國家的國庫和銀行中儲備足夠多的金銀，國家就會變得富有，儲存最多的國家自然是最富有的。一旦擁有了足夠的金錢，就可以建立強大的軍隊，所以，極度富有的國家也將成爲最爲強大的國家，它們具備統治世界的能力。

這也就是我們常說的「重商主義」。人們從未懷疑過它的正確性，就像是基督教發展初期的信徒一樣，他們相信會有奇蹟發生，現在的美國人對關稅深信不疑。想要最大限度增加國家的金銀儲備量，就必須不斷擴大國家的出口貿易順差，爭取其達到最大值。只要我們出口到鄰國的商品多於從鄰國進口的商品，我們就會從中獲得利潤，而鄰國只能用黃金結算。在這種理論的指導下，17世紀的國家大多都推行以下經濟政策——

第一、想方設法獲取大量貴重金屬；

第二、絕對支持對外貿易的發展；

第三、大力發展原材料加工製造業，鼓勵出口；

第四、鼓勵生育，以滿足工廠需要的勞動力數量，這是農業社會無法滿足的；

第五、這一過程需要國家的大力監控，在必要的時候適當干預。

16、17世紀，人們認爲只要是自然力發展作用的結果，不管我們施加了多少外力，都可以找到其中的規律，但是商業貿易則完全不同，人們認爲它是一種非自然發展的活動，完全沒有規律可循。英國的伊麗莎白女王對此大加讚賞，緊隨潮流，法國的波旁王朝也給予了很大的支持，尤其是路易十四，對此充滿熱情。他身邊就有倡導重商主義的積極分子，如財政大臣柯爾伯，人們對他十分仰慕，甚至認爲他給全歐洲指明了前進的方向。

克倫威爾時期，英國的對外政策就堅守重商主義的原則。實際上，這一政策的具體對像是荷蘭，這是英國最大的敵人。當時，荷蘭船主們承運著歐洲各個國家的大量商品，他們提倡自由貿易，英國只能不擇手段與它對抗，試圖毀滅荷蘭。

按照這種理論的思維模式，我們很容易想到，海外殖民地受到了怎樣的打擊。在重商主義的引導下，那些殖民地其實就是黃金、白銀和香料的儲藏地，殖民地不斷開採這些寶藏的目的是爲了滿足宗主國利益的需求。宗主國幾乎壟斷了亞洲、美洲、非洲的貴重金屬，霸占了熱帶國家的原材料。此外，宗主國明令禁止殖民地和除自己之外的任何國家產生貿易交往，他們杜絕了任何人的干預。

在重商主義的推動下，各個國家的製造工業不斷發展、壯大。同時，爲了滿足貿易需要，各個國家修建運河，建設道路，促進了交通運輸業的發展。而且，這種發展大大提高了工人的技術能力。地主和貴族的權力地位不斷下降，商人的社會地位逐漸提升。

但同時，這種理論引導也造成了巨大的災難。居住在殖民地的人們受到了非人的待遇，他們被宗主國殘酷無情地剝削壓迫，與此對應，宗主國的人們面對的社會競爭力不斷提高，恐怖至極。從某種意義上講，每一個國家都是一個軍營。原本統一的人類世界被瓜分了，任何一塊小領地的人們都把全部的注意力放在本國利益上，他們爲了增加自己的直接利益想盡辦法削減他國利益，掠奪他們的財產。金錢的功用越來越大，幾乎無所不能，人們把「發財致富」當作一個公民最偉大的道德品質。但是，隨著時代的發展，經濟理論也會不斷更新，這一點和外科手術與女性服飾有一定相似之處。進入19世紀後，人們放棄了重商主義，倡導更加自由開放的經濟體系。至少這是我瞭解到的情況。

海上勢力

第五十一章　美國獨立戰爭

——18世紀末，整個歐洲都在流傳著一個消息：北美大陸發生巨大的事變了。

我們要從早期歐洲各國爭奪殖民地的歷史說起，這樣方便我們把這段歷史說清楚。

三十年戰爭前後，歐洲大陸上出現了許多以民族為基礎的現代國家。利慾薰心下，這些國家的統治者陸陸續續在亞洲、非洲展開了很多爭奪殖民地的戰爭。

一百多年後，繼西班牙、葡萄牙後，印度洋和太平洋地區又迎來了他們的「客人」——英國和荷蘭。而事實證明，後者在這裡取得了更多的利益。這其中的道理很簡單，一方面最開始艱難的創業工作已經不需要他們來做了，另一方面因為西班牙和葡萄牙航海家的劣行，令當地土著十分憎惡他們，所以當英國人和荷蘭人到來時，當地土著把他們視為朋友甚至是救世主。這並不是因為英國人和荷蘭人有多麼仁慈。所有的歐洲國家在與弱小民族打交道時一般都會殘忍地對待他們。但是英國人和荷蘭人清楚地知道自己商人的身分，也懂得不能因為宗教影響了生意。所以他們知道什麼時候是停手的時機。跟金銀、香料和稅收比起來，讓這些土著自由地生活又算得了什麼呢！

於是，他們輕鬆地在這個世界上資源最豐富的地區站住了腳。與此同時，他們之間爲了爭奪更多的殖民地，開始互相爭鬥了起來。然而，他們一般會在三千里以外的海上戰鬥，而不是在殖民地上。「誰控制了海洋，誰就能控制陸地」，這是亙古不變的規律。雖然現代又有了飛機，但僅僅只是做出了一些調整，這條規律還是沒有變。在那個沒有飛機的18世紀，英國海軍爲他們的國家贏得了一片又一片的殖民地。

由於17世紀英荷兩國海戰歷史過於複雜，筆者不想多做解釋。任何一種戰爭，都是隨著強者的勝利而落幕。相對來說，英國和法國之間的戰爭就有意思多了。他們先是在美洲大陸上頻繁地交戰，最終英國皇家海軍以強大的實力戰勝了法國艦隊。但英國人和法國人幾乎同時宣佈，所有在美洲大陸上發現的，以及暫時未被發現的財富，都將歸自己所有。一四九七年，卡波特抵達北美大陸，在那裡豎起了英國國旗；27年後，喬萬尼也到達了這裡，然後掛上了法國的國旗。他們都理直氣壯地聲稱自己是那片土地的所有者。

在一般情況下，英國殖民地是那些不信奉英國國教的人的避難所。一六二〇年清教徒到達新

爲自由而戰

英格蘭，一六八一年教友被派去了賓夕法尼亞，於是，10個英國的殖民地就在緬因與卡羅來納這些緊臨海濱的區域建立起來。在這片沒有王室的監督和干涉的殖民地上，人們自由地生活著，共同打造他們的家園，走向幸福的未來。

法國殖民的情況卻恰恰相反，這裡是固有的皇家禁地。他們禁止胡格諾派或法國新教徒進入殖民地，防止他們傳播給印第安人那些不被許可的教義，這一切是因爲他們要保護耶穌會傳教士傳教工作的順利展開。所以，英國殖民地與鄰居同時也是對手的法國殖民地相比，建立基礎要牢固，也更爲開放。而法國殖民地的人更爲保守，他們固執地堅持著自己老一套的做法，缺乏新意，執拗地效忠於王室，總想著有重返巴黎的一天。

在五月花號的船艙裡

不過英國的殖民地也不是處處令人滿意的，這裡的政治狀況也令人頭疼。16世紀，在法國人發現聖勞倫斯河口後，他們先是由大湖地區向南，沿著密西西比河在墨西哥灣建立據點。歷經一個世紀的時間，形成了一條由60個法國據點匯成的防線。這樣一來，位於大西洋沿岸的英國殖民

法國人探索西方

地便與北美大陸腹地斷開了。

然而，各個殖民公司在這之前已經收到了英國發放的土地許可證，英國還承諾「從東海岸到西海岸的所有土地」都是他們的。這個想法是美好的，但事實是一旦英國的殖民地延伸至法國的防線附近，它們就不得不停止前進的腳步。英國人付出了大量的財力和人力來突破這道防線。英、法兩國在邊境交惡。在當地印第安部落的介入下，一場可怕的戰爭發生了，這是白人間的一場殘酷殺戮。

如果還是斯圖亞特王朝在統治英國，這場戰爭也許就不會發生了。斯圖亞特王室想要建立君主專制統治，將議會的勢力削弱，迫不得已不得不尋求波旁王室的幫助。一六八九1689年，英國送走了最後一位斯圖亞特國王，然後迎來了新的繼承者，同時也是路易十四的死對頭荷蘭人威廉。為了搶奪印度和北美殖民地的所有權，自威廉繼位到一七六三年《巴黎條約》❶簽訂，兩國之間的炮火一直連綿不息。

---

❶《巴黎條約》，一七六三年在巴黎簽訂的結束7年戰爭的條約，標誌著普魯士開始崛起。

英國皇家海軍的強大實力打擊得法蘭西軍隊節節敗退。所以與法國斷了聯繫的法屬殖民地，自然而然地落入了英國人的手中。等到英法兩國宣告停戰時，整個北美大陸已經基本全部歸入英國人的囊中。至此，20幾位法國的探險家們——卡蒂埃、尚普蘭、拉薩爾、馬奎特等付出艱辛和努力創造的事業以及他們的貢獻都化爲泡影。

但當時實際上遼闊的北美大陸人煙稀少，只有從東海岸的北部向南延伸的一片狹小地區才有人煙。它的北部住著清教徒（這些對信仰堅定甚至是固執的人，他們至今都無法在英國國教或者是荷蘭的加爾文教上找到與自己信仰的契合點），於一六二〇年登陸，那是馬薩諸塞據點。南邊則是卡羅來納和弗吉尼亞地區（這裡是專門種植菸草的地方，建立的目的就是獲得利潤）。生活在這片天藍水清，充滿詩意的大陸上的開拓者與來自殖民國家的同胞們不同，他們在這裡學會了自強自立，學會了獨立奮鬥。漂洋過海來到這裡的人又怎麼會是懶散和膽小的人呢？當他們在自己的祖國時，種種限制和迫害使得他們憋屈地生活著，像生長在石頭夾縫中的小草。可現在他們來到了這片神奇的土地，作爲勤勞勇敢、充滿幹勁的拓荒者，他們是一定要過自由的生活，做自己的主

野外的碉堡

新英格蘭的第一個冬天

人的。英國的統治者當然不會懂得個中緣由，他們只是習慣性地干涉著殖民者的生活，殖民者的怨氣漸漸累積，矛盾層出不窮。

衝突越來越激烈，一發不可收拾。不管是寄希望於當時在位的英國國王能比喬治三世更聰明些，又或者是首相諾斯公爵出手管管這件事，都已經太遲了。事實是，北美殖民者發現無法用和平的手段來解決時，便開始動用武力。按照當地的一個有趣約定：條頓王公們會把整團的士兵賣給出價最高的人。而那些由忠誠的北美平民變成的叛亂者一旦被這些士兵抓住，就只有死路一條。

殖民者在與英國政府持續了七年的戰爭中，一直處於下風。特別是大批的殖民者還是選擇了效忠英國國王，堅持著要求和。

殖民者們在華盛頓偉大精神的鼓舞下，始終對自己的獨立事業很有毅力。華盛頓在軍隊裝備不及英軍的情況下，還是領導著殖民者不斷挫傷英國政府。如果他們少了華盛頓的出色戰略，可能有好幾次都到了失敗的懸崖邊緣。士兵們的心中一直對獨立事業充滿了希望，即使他們總是餓肚子，冬天要忍受凜冽的寒風，只能蜷縮在冰冷的壕溝裡。而這種信念也支撐著他們一直走到了最後的勝利。

在華盛頓指揮的戰爭逐步取得勝利和班傑明·富蘭克林❷在法國政府和阿姆斯特丹銀行家那裡取得巨大外交成就的同期，革命初期的一件重大事情發生了。那是獨立戰爭爆發的第一年，費城彙集了各殖民地的代表，在這裡他們排除眾難，鄭重地做出了一七七六年6月、7月的那個歷史性的決策。

維吉尼亞的理查德·亨利·李在一七七六年6月向參加費城會議的代表們提出了一個觀點：「聯合起來的殖民地理應是獨立並且自由的國家，它無須向英國王室獻忠心，同時與英國政府的一切政治聯繫也沒有存在的意義了。」

提案獲得了馬薩諸塞的約翰·亞當斯（後來的美國第二任總統）的大力支持，最終在7月2

喬治·華盛頓

❷班傑明·富蘭克林，美國著名政治家、科學家，曾出任美國駐法國大使。

日正式通過。同月4日，大陸會議正式發佈了《獨立宣言》。這篇宣言出自日後美國歷史上最著名的總統之一的湯馬斯．傑佛遜之手。

北美大陸傳來的一連串消息在歐洲大陸也引起了不小的震盪，先是《獨立宣言》的發表，緊接著獨立戰爭也勝利了。之後便是有名的一七八七年憲法（美國第一部成文憲法）順利通過。在17世紀，結束了宗教戰爭的歐洲大陸建立了高度集中的王朝專制。而當時的現實情況是這樣的：國王的行宮在到處擴建，城市中的貧民窟也在瘋狂增多；就連貴族和職業人員也對他們所面對的經濟和政治制度產生了懷疑。如果說貧民窟的人們正處於絕望和無助的無盡黑暗中的話，那北美獨立戰爭的勝利就是照進他們生命中的一道曙光，它提醒著他們，一些看似沒有任何可能的事情，卻是有可能成功的。

歷史上稱列克星頓戰役❸的第一聲槍響「響徹全球」，這多少還是用了誇張的手法。畢竟，就我們現在知道的，當時的中國人、日本人和俄羅斯人是沒有聽到的，更別說澳大利亞人和夏威夷人了（他們才剛剛被庫克船長發現，儘管他很快就被殺死了）。即便這樣，這聲槍響還是橫渡了大西洋，成功點燃了歐洲大陸這個炸藥桶。隨後法國的大革命爆發了，影響了從彼得堡到馬德里的整個歐洲大陸，民主革命將舊的國家和制度徹底淨化了一遍。

---

❸列克星頓戰役，一七七五年4月18日，英軍和民兵在列克星頓發生的激戰，最後英軍慘敗。

第五十二章　法國大革命

——由於法國大革命的爆發，自由、平等、博愛的信念才得以在整個世界傳播。

筆者想在本章的開頭對「革命」這個詞做一個說明。有一位俄羅斯的作家說過（俄羅斯人精通革命）：「所謂的革命就是『在短時間內推翻一個已經牢牢植根於國家、沒有改革者敢去撼動的舊制度』。而革命就是為了徹底地使一個國家的社會、宗教、政治和經濟基礎發生變化。」

18世紀時法國爆發了一場革命，那時法國那發散著陳舊氣息的制度正在漸漸地被腐蝕。

在那時的法國，也就是路易十四時代的法國，國王就代表了一切，甚至是國家。那些忠於王室的貴族被解除了所有職責，成了一個又一個裝飾品。法國政府平時開銷巨大，他們只能依賴稅收來填補漏洞。巨額的賦稅落到了農民的肩頭，因為那些貴族和傳教士不肯繳納賦稅。

法國農民只能住在破舊且潮濕陰暗的茅屋裡，還要忍受來自刻薄的當地官員的壓榨，生活越來越差。而在農民看來，他們也無須辛勤勞動，因為那樣只會換來更多的賦稅，自己一點便宜也得不到。

而當時的社會狀況是這樣的：法國國王身穿華麗的盛裝漫步在金碧輝煌的皇家宮殿中，身旁圍著的是同樣身著華服的一臉諂媚的貴族們。宮廷裡能夠繼續這種奢華的生活，全都是靠剝削農民得來的，而當時的農民們已經跟任人奴役的牲畜沒有什麼差別了。也許這幅畫面會讓你心裡有些不適，但事實一定不會比這更樂觀。那些所謂的「天朝舊制」不可能是永遠停滯不前的，這個道理我們一定要深深刻在心中。

現在我們來看法國貴族的生活藝術是如何達到頂峰的。一群有錢的中產階級再加上宮廷人物，中產階級與法國的貴族階層的關係密切（他們一般是把一個有錢的銀行家女兒嫁給某個潦倒的男爵的兒子），而宮廷人物極其富有閒情逸致。這一群人湊在一起，並不是在為國家的政治經濟問題殫精竭慮，而是把時間全部浪費在了沒有意義的聊天和天馬行空的想像上。

令人悲哀的是，這種無意義的思想方式和行為如同颶風過境一般在那個充滿了假笑和奉承的社交圈裡掀起了巨大的風浪。那種「淳樸的農居生活」引起了那些所謂的有身分的人士的興趣。最可笑的是，那些官員忙著討好路易十四，也就是法國及殖民地的絕對擁有者和最具權威的那個人，竟在路易十四和他的王后的引導下，把自己一個個打扮成了馬伕和擠奶女工，裝模作樣地去模仿古希臘牧羊人，過起了一種「鄉村生活」。而路易十四則是完全喜歡上了這種荒唐而又無聊的生活，每天都有許多的弄臣和宮廷樂師圍在他的身邊，他們跳著滑稽的舞蹈，演奏著無趣的小步舞曲。除此之外還有宮廷設計師設計的那些繁複卻毫無美感可言的髮型。但這還沒有結束，最後，路易十四爲了追求那所謂的眞正的寧靜，遠離城市的喧囂，在巴黎郊外建起了宏偉的凡爾賽宮，這更是將這種無聊推到了頂峰。凡爾賽宮中的人們每天都只需要聊些無關痛癢、漫無邊際的話題，如此的目光短淺就像餓極了的人眼裡只能看得到面包似的。

而伏爾泰❶的出現，則爲法蘭西這看似平靜的湖面投下了一顆石子，一時間整個法國都爲他沸騰了。每當他的戲劇上演時，觀眾都只能買得到站票，場面十分火爆。尚·雅克·盧梭的《社會契約論》令他的法國同胞痴迷不已。所有人在劇院屢屢熱淚盈眶，無論是在他滿懷傷感地描繪原始先民美妙生活的畫面時，還是在他凝重地喊出「重返國王只是人民公僕，主權掌握在公民手中的時代」時。

斷頭台

在《波斯人信札》一書中，孟德斯鳩❷用兩個波斯旅行者的形象毫不留情地嘲諷了從國王到

❶伏爾泰，一六九四—一七七八，法國啓蒙主義時期哲學家、史學家、文學家。
❷孟德斯鳩，一六八九—一七五五，法國偉大的啓蒙思想家，法學家，著有《論法的精神》。

最低級的糕點師傅的法國宮廷，成功揭示了法國社會不辨是非的眞實情況。等到他下一部作品《論法的精神》面世時，他已經有了數以萬計的讀者。他在《論法的精神》這本書裡將法國與英國的政治制度進行比較，要求取消法國實行的君主專制，並宣揚行政、立法、司法三權分立的制度。

狄德羅❸、達朗貝爾❹、杜爾哥❺等人在巴黎出版商萊佈雷頓的盛情相邀下，將共同合作完成《百科全書》。這個消息一經發佈就在法國掀起了很大風浪，而在22年後這本寄託著衆人希望號稱「包含所有新思想、新科學、新知識」的《百科全書》最終完成時，場面更是一度失控。

在這裡，筆者想要提醒一下大家，常人在一些描述法國大革命的小說又或者是相關的戲劇電影的誤導下，以為所謂的大革命只是一些貧民窟裡的人不理智的暴動。但事實上，革命的領導者和主力卻是少數的幾個中產階級智慧人物。他們挖掘出了埋沒在貧民窟裡的合作者，啓發了人民的思想，最後把人民送上了革命的舞台。

在這裡，爲了更好地進行表述，我們把法國大革命分成兩個階段。一七八九年至一七九一

❸ 狄德羅，一七一三—一七八四，法國唯物主義哲學家、美學家、文學家。

❹ 達朗貝爾，一七一七—一七八三，法國著名物理學家、數學家和天文學家。

❺ 杜爾哥，一七二一—一七八一，法國著名政治家和經濟學家。

年，君主立憲制被引入了法國，這是第一階段。但是這一試驗敗在了皇帝的愚笨和沒有誠意，以及難以把握的局勢上。

第二階段，一七九二年至一七九九年，法蘭西共和國建立，這是法國對民主政府制度進行的嘗試。然而，這次的嘗試也是以失敗而告終。常年的社會問題消磨了人們的耐心，問題遲遲得不到解決，充滿血腥暴力的法國大革命的到來也就是理所當然的了。

在當時法國不僅國庫裡空空如也，而且還背負了40億法郎的巨額債務。到了這時，國王路易再怎樣昏庸，也知道自己該做些什麼了，可人民已經不可能接受新的稅收了。所以這位既是聰明的鎖匠、能幹的獵人也是愚蠢的政治家的國王路易任命杜爾哥為財政大臣。這位出身當時正在走向盡頭的貴族階層的60多歲的安納・羅伯特・雅克・杜爾哥，也就是羅納男爵，除了出任過外省總督外，本身也是一位傑出的業餘政治經濟學家。遺憾的是，杜爾哥盡了全力卻還是沒能拯救法國。而最為麻煩的一點是，杜爾哥在清楚不可能從農民身上得到更多的稅收時，便把心思動到了那些貴族和教士身上。而這一舉措在凡爾賽宮樹敵無數，更是得罪了最厭惡他人說「節儉」的王后瑪麗・安東奈特。最終他於一七七六年被迫辭職，並被戴上了「不切實際的幻想家」和「理論教授」兩頂帽子，這樣的結局似乎也是可以預料到的。

下一個接管「理論教授」這頂帽子的是一位講究實際的瑞士「生意人」。這個人的名字叫內克，從事穀物投機生意，同時還是一家國際商行的合夥人。他的妻子有很大的野心，在他們剛剛跨入有錢人的行列時，她便爲了給女兒謀求高位而把他推入了政界。最後她的心願也實現了，他們的女兒嫁給了瑞士駐巴黎大使德・斯塔爾男爵，在19世紀早期的文壇出盡了風頭。

剛開始，內克滿腔熱情地投入進了這份工作，正如杜爾哥一樣。但是他的日子也沒有多麼好過。一七八一年，國王派軍隊前去支援北美大陸的殖民者反抗英國的統治。誰承想遠征的費用遠遠超出了預算，當國王要求內克繼續提供資金時，這位財政大臣拒絕了，反而一門心思勸說國王講求「節儉」。他甚至還上交了一份國王看不懂的法國財政報告。最後，內克因爲「工作無能」而被解職。

下一位接班人則是一位樂天派，在剛上任時他便宣稱只要大家相信他的財政政策，那麼大家一定都能得到回報。這個人就是查理・亞歷山大・德・卡龍。這個人只看重利益，急功近利，無所不用其極地得到了產業並且取得了成功。他知道國庫虧空的事實，卻不願觸了那些權貴們的霉頭，就想出了一個老套且沒什麼用的解決方法：拆東牆補西牆。也就是爲了還舊債再去借新債。而經過歷史的驗證，自古以來這個辦法就是一個十足的爛點子，往往會帶來災難性的後果。果然，法國政府在短短不到三年裡又增加了8億法郎的債務。但他似乎對這一點都不在意，臉上一直掛著微笑，對國王和王后提出的每個要求也都一一滿足。別忘了，王后❻自小到大在維也納過

❻王后，路易十六的王后原來是奧地利的公主。

著的都是奢侈的生活。

可後來的情況越來越不樂觀，最後連一直忠於國王的議會也不得已出手了。那年法國的糧食收成慘澹，農村饑荒和災難在國內大肆流行，如果政府不介入其中控制局面，那麼整個法國就要陷入一片混亂的境地了。可即便局面已經變成這樣了，卡龍還在想著再借八千萬法郎的外債。國王對國內的局面視若無睹，更別說想出什麼好的解決辦法了。在這種時候唯一的出路就是召開三級會議[7]，讓廣大人民群眾想出補救辦法。然而自從一六一四年取消三級會議後，它就從未再次出現在人們的生活中。最終三級會議在人民的強烈要求下還是召開了，但是路易十六明顯沒有誠意，只是勉強地敷衍了一下而已。

一七八七年，路易十六為了平息人民心中的怒氣，召開了一個知名人士會議。這個會議實際上也只是做了做表面功夫，並沒有做出什麼真正的貢獻。他只不過是集合了全國的貴族，在保證自身利益的前提下討論他們能做些什麼。可是，那些貴族們怎麼會心甘情願地放棄自身的特權，維護低階層人民的利益？顯然這次會議的結果可想而知，參與會議一百二十七位知名人士堅決抵制損害自己利益的行為。然而民眾卻憤怒了，他們要求國王再次將內克任命為財政大臣，卻遭到了知名人士會議的反對。然後恐怖的暴動就爆發了，民眾在街頭砸玻璃，破壞公共設施，場面一

[7] 三級會議，法國中世紀，由第一級教士，第二級貴族，第三級市民組成的三級代表參加的會議。

度失控。知名人士被嚇得逃走之後，卡龍也被解職，他的接班人是平庸的主教龍梅尼·德·布萊恩。在人民暴動的威脅下，路易十六也被迫答應「儘快」召開三級會議，但此時的國王已經無法平息民衆心中的怒火了。

法國又碰上了百年難得一遇的寒冷的冬天。莊稼不是毀於洪災，就是凍死在了地中。普羅旺斯省的橄欖樹都要滅絕了。私人慈善機構的援助在面對全國一千八百萬的飢民時，也只是杯水車薪。哄搶麵包的暴亂事件出現在全國各地，這要是在20年前，人們還是相信軍隊可以成功地鎮壓暴亂的。可是現在新的哲學思想潛移默化，人們明白了飢餓是無法用槍桿解決的。更何況士兵也是來自人民，他們怎麼可能百分百地對國王忠心呢？因此，要想挽回早已失去的民心，實施強硬的手段勢在必行，然而路易還是在猶豫不決。

路易十六

環顧外省，「沒有代表權，拒不納稅」這一曾經在25年前出自北美殖民者之口的口號的呼聲越來越高。許多獨立的小共和國如雨後春筍般不斷建立起來，領導它們的正是那些追隨新思想的人，法蘭西陷入了前所未有的危險局面。正在這時，政府突然取消了原本極其嚴格的出版審查制度，也許這是爲了平息人民心中的怒火，從而挽回些許民衆對國王的信心。一時間，有兩千種各式的小冊子紛紛出版，如暴風一般席捲整個法國。人們可以不論身分高低地在一起互相批判。在受到評論的衝擊後，龍梅尼．德．布萊恩被迫下台，爲了平息這場全國性的騷動，內克再一次擔任財政大臣。而當巴黎股市上漲三成後人民也眞的暫停了他們的行爲。他們期待著一七八九年5月召開的三級會議，那時全法蘭西最傑出的人物都會集合起來。他們一定能解決政府的難題，帶領著人們走向幸福美滿的未來。

但經過歷史的檢驗，集體智慧在許多的關鍵時刻往往會限制個人的能力，也不一定能解決所有的難題。內克習慣讓一切順其自然地發展，而沒有想過抓住政府的權力。最終又一次激烈的爭論開始了，這次是關於如何改造舊王國的。警察的勢力在民衆的眼裡開始變得不值一提。在職業煽動家的慫恿下，巴黎郊區的人民感到自己體內的力量似乎在漸漸覺醒，開始擔負起了在未來很長的一段時間裡他們都在擔任的角色——革命的眞正領袖。他們會不擇手段地達到自己的目的，合法途徑行不通時，他們就會採取野蠻的手段。

內克同意農民和中產階級在三級會議中的代表席位比教士或貴族多一倍，這也是爲了維護他們的利益。就因爲這件事，西耶斯神甫寫出了一本有名的小冊子——《何爲第三等級》。而他的最終結論是：第三等級也就是中產階級的另一個稱呼，應該是一切的代表。在過去的時候，中產階級什麼也不是。但是現在卻在盡力爭取自己應得的權力。這也就表達了當時大多數人的心裡還是以國家利益爲重。

選舉是在一個混亂的狀態下開始的。在打理好自己的行李後，308名教士、285名貴族和621名第三等級的代表，走上了前往凡爾賽宮的路。其中第三等級額外帶了一份記載了人民種種不滿和要求的稱爲「陳情表」的長卷報告。一切就緒，只等簾幕拉開，這拯救法國的最後一幕就會上演。

一七八九年5月5日，三級會議如期召開。可是國王的心情卻不怎麼美好。先是教士和貴族堅決反對任何損害他們特權的行爲。然後是第三等級的代表不滿國王安排三個等級的代表在不同房間裡開會，各自討論他們要求的行爲。他們甚至還在6月20日在一個網球場——爲舉行這個集會而臨時設置的會場，莊重宣誓：堅決要求三個等級，也就是教士、貴族和第三等級在一起開會。國王最後也不得不點頭同意。

剛開始時三級會議討論的是法蘭西王國的國家體制。國王當然十分憤怒，堅決不改變君權。但在那之後，他像是忘記了國家的煩心事，外出打獵去了。等到回來時，他的態度又改變了，他妥協了。這位法蘭西國王往往會找一個錯誤的時間，用一種錯誤的方式去做一件正確的事。就像當人民要求「A」時，國王只會呵斥他們，不會理會他們的要求。馬上，窮人開始採取野蠻的手段，他們包圍了國王的宮殿，國王被逼無奈讓步了，但這個時候人民想要的已經是「A＋B」了。等到國王最終同意在文件上署名時，人民的要求卻已經變成了「A＋B＋C」，並且以皇室的性命威脅國王。國王就這樣順著字母進階表走上了斷頭台。

巴士底獄

而國王最大的悲哀就是他總會比形勢落後一個字母，但他卻從未意識到。就算是到了他走上了斷頭台，他依然無法理解。國王覺得自己很悲哀，他眞的是很想保護自己的臣民，竭盡全力卻換得如此下場。

常言道，歷史是不存在假設的。如果我們假設路易十六是個冷傲，野心十足的人，那麼也許他不會得到一個這麼悲慘的結局。可身處一個那樣的年代，即便國王有拿破崙那般強人的力量，他的人生也有可能被他的王后毀得一乾二淨。生長在最專制的中世紀宮廷裡的王后瑪麗·安東奈特是奧地利皇后瑪利亞·特雷莎的女兒，她的身上既有這種環境下培養的美德，也有染就的惡習。

在國內一片混亂的情勢下，王后策劃了一個反革命方案。在一夕之間，內克被解職，皇家軍隊則開往了巴黎。這個消息點燃了民衆心中的怒火，一七八九年7月14日，失去理智的人民襲擊了巴士底獄——這個令人厭惡的君主專制的象徵。許多貴族聞風而動紛紛逃往國外，只有國王還像個沒事人一樣。就算是巴士底獄被攻陷的那一天，他也還是沉浸在打獵當中，據說那天他獵到了幾頭馴鹿，心情還不錯。

8月4日，國民大會首次開始行使職權。國民大會根據巴黎人民的要求，廢除了王室、貴族以及教士的所有特權。8月27日，《人權宣言》正式頒佈，這是法國第一部憲法的那個著名的前言。到了這個時候，國王的好日子可以說是到頭了，但是國王在這個時候還是能控制局面的，只可惜他沒有及時採取行動。民眾都很擔心國王會出手終結這次革命暴動。於是10月5日，第二次暴動就理所應當地爆發了。第二次暴亂一直延伸到凡爾賽宮，直到國王被帶回巴黎暴亂才平息。人們唯恐國王與維也納、馬德里及歐洲其他的王室親戚們聯繫，要求隨時監視國王。

國民大會在米拉波也就是第三等級的領袖的領導下開始行動，希望能將混亂的國家引上正軌。米拉波原本是貴族，但是在他成功救出國王之前，就於一七九一年4月2日去世了。路易終於清醒過來，開始擔心自己的人身安全，他在6月21日偷偷逃跑過一次。但是卻在瓦萊納村附近被國民自衛軍認出，並被扭送回巴黎。

一七九一年9月，法國第一部憲法面世，國民大會成員的使命也就此結束。一七九一年10月1日，立法會議召開，接替了國民大會的工作。而這群新的會議代表中有著雅各賓派（因他們常在雅各賓修道院舉行政治聚會得名）的激進革命黨人，這些年輕人大多數屬於職業階層，他們都有一個共同的愛好，就是發表激進的演講。這些演講被印在報紙上，傳播到了柏林、維也納。普魯士國王和奧地利皇帝驚覺他們是時候採取行動去營救他們在法蘭西的兄弟姐妹了。儘管當時的他們忙著爭奪波蘭（處在混亂中的波蘭就像船在砧板上的魚，任人宰割），但是他們還是湊集了一支軍隊去解救路易十六。

當時的法國十分地混亂。長年累積的飢餓和痛苦的仇恨使民眾紅了眼，他們打到了國王的住所杜伊勒宮。不過忠誠的瑞士衛隊還是誓死保護他們的國王，但是就在一切將要結束，狂亂的人們將要離去時，懦弱的路易卻下達了「停止射擊」的命令。結果可想而知，殺紅了眼的暴動的民眾殺光了所有的瑞士衛兵。而他們更是在國會的議會大廳裡逮到了路易，將他當作一名囚犯一樣關在了坦普爾老城堡。

恐怖的日子還沒有到頭，所有人似乎又退回了最原始的那個茹毛飲血的野蠻年代。一七九二年9月的第一週，發了瘋的民眾再次攻擊了監獄，並將裡面關押的所有囚犯殺光。面對這樣明顯的犯法行為，政府卻是無能為力。丹東❽領導的雅各賓派突然明白了，革命的關鍵就是這場危機，他們能做的就是採取野蠻粗暴的極端行為。

一七九二年9月21日，新的國民公會首次召開，這一次，成員已經基本全是激進的革命派。路易被定為最高叛國罪，經過審判罪名成立，最終判處死刑。表決結果是361票對360票，據說決定

---

❽丹東，法國大革命時期重要的領袖人物。

路易生死的1票是他的表兄奧爾良公爵投下的。

一七九三年1月21日，執行路易的死刑。路易恐怕到死的時候都沒想清楚，這些流血和騷動到底爲什麼會發生。他不會知道答案的，因爲他從來就放不下他的身分去請教。正如當他走上斷頭台時，他還是保持著一貫的傲慢和淡定。

革命的暴力還在繼續，這次雅各賓派的目標是吉倫特派，這個名字來源於這個派別裡大部分成員的故鄉都在法國南部的吉倫特地區。21名爲首的吉倫特派人在一個新設立的專門革命法庭上被處死，其餘成員則被逼迫著紛紛自殺。吉倫特派是國民大會中比較溫和的一個派別，這些人也都是些良善之人。只是他們太過溫柔，與那個恐怖的時代格格不入。

一七九三年10月，雅各賓派廢除了憲法，接著，一個由丹東和羅伯斯庇爾領導的小型公共安全委員會接手了政府的權力，除此之外基督信仰和舊的曆法也被取消了。「理性時代」——湯馬斯・潘恩在美國革命戰爭時大力宣揚過的時代也最終到來了，儘管伴隨著它的是「恐怖統治」。在一年多的時間裡，平均每天都會有七、八十個各式各樣的人消失在這個世界，這就是「恐怖統治」帶來的。

法國民衆剛逃離了國王的專制統治，卻又落入了少數人的暴政之中。這些充斥著暴力的傢伙們爲了展現他們對民主的極度忠誠，殺死了每一個與他們持有不同觀點的人。整個法蘭西都被鮮血染紅，人們整天過著提心吊膽的日子。到了這時候，曾經的國民大會的一些成員才明白，如果再這麼縱容他們殺下去，遲早有一天，他們自身也將難保。所以他們聯合在了一起，共同反抗已經處死了大部分革命同事的羅伯斯庇爾。這位號稱是「唯一眞正的民主派」的人，在自殺未遂後便被人們拉上了斷頭台。一七九四年7月27日，雅各賓派的統治宣告結束，地獄裡的日子終於過去了，全巴黎的市民都歡呼起來。

不過，法蘭西仍然處於一個危險的境地中，所以直到革命的衆多敵人被徹底趕出法國境內前，政府依舊是由少數幾個厲害的人物掌控。除此之外，裝備簡陋的革命軍隊還在萊茵、意大利、比利時、埃及等地積極作戰。等到他們剷除了大革命的所有敵人，五人督政府也建立了起來，並且直到一個名叫拿破崙·波拿巴的天才將軍出現前，法國的大權一直都掌握在五人督政府手上，足有四年之久。一七九九年，拿破崙正式接管法國大權，成爲法國「第一執政」。此後，他在14年的時間裡將歐洲作爲一個「政治試驗場」進行他的試驗。

第五十三章　拿破崙

——拿破崙的傳奇。

拿破崙於一七六九年出生，是卡洛·瑪利亞·波拿巴的第三個孩子。拿破崙的父親爲人正直善良，在科西嘉島阿賈克修市擔任公證員，母親萊提霞·拉茉莉諾是一個稱職的妻子。其實，拿破崙並不是法國人，而是一個純正的意大利人。他在科西嘉島出生，這裡曾經是古希臘、迦太基和羅馬在地中海的殖民地。長久以來，科西嘉人都在爲了獲得獨立而不斷鬥爭著。一開始，他們是想從熱那亞人的控制下脫離出來，從18世紀中期開始，他們又和法國人做鬥爭。在科西嘉人與熱那亞人的鬥爭中，法國人曾經出手幫過科西嘉人，之後就趁機把這個島據爲己有。

拿破崙在20歲之前，都對科西嘉忠心耿耿，他就類似於一個「新芬黨人❶」，心心唸唸的都是幫助自己的祖國擺脫法國人的魔爪。法國大革命居然讓科西嘉人得償所願。後來，拿破崙前往

---

❶ 新芬黨人，愛爾蘭資產階級民族主義政黨，一九〇五年成立，目的是憑藉自己的力量獲得獨立。

布列訥軍事學院接受訓練，學習結束後，就逐漸將自己的志向變成為法國服務。拿破崙的法語不好，連正確的拼寫也學不會，而且說話時還總是有一股濃濃的意大利口音。不過，他最終還是成了一名法國人。之後，他還成了法蘭西最優秀的代表，直到今天，人們依然將他視為高盧天才的象徵。

拿破崙一生都是扶搖直上，他所有的政治和軍事生涯，累積起來都不到20年。這段時間雖短，但是他指揮的戰役、取得的勝利、作戰的路程、政府的土地、犧牲的士兵數、實施的改革，是任何一位皇帝都望塵莫及的，就連亞歷山大大帝和成吉思汗都只能望洋興嘆。他一個人就把整個歐洲大陸攪得天翻地覆。

拿破崙個頭不高，早年的身體狀況也不好。他相貌平平，在人群中並不出衆。直到後來需要出席一些重要場合的時候，他也沒有改掉舉止笨拙的問題。拿破崙沒有什麼家庭背景，也不富裕。青年時期的拿破崙可以說是一窮二白，經常餓肚子，為了獲得一點硬幣，他需要到處奔波。在文學方面，他也並不出色。他曾經參加里昂學院的作文競賽，以圖獲得一點獎金。一共有16個人參賽，他排在第15名。出人意料的是，他對自己的命運和錦繡前程十分自信，雖然在出身、外貌和天分上都不出衆，但他都憑藉著雄心壯志一一克服了。他十分崇拜大寫字母「N」，在所有的信件上，在他修建的宮殿的所有裝飾物上，他都簽上了這個字母。他還想讓「拿破崙」成為僅次於上帝的重要名字。憑藉著這股頑強的意志和強烈的慾望，他才攀登上了無與倫比的高峰。

早在波拿巴擔任只能領到半餉的中尉時，就非常痴迷於希臘歷史學家普魯塔克❷的《名人傳》。不過，他從來沒有想過要學習這些古代英雄身上的崇高品德。在他的一生中，他有沒有愛過除了他自己之外的其他人，我們不得而知。他十分尊敬母親，但是他的母親萊提霞原本就十分高貴，值得尊重，而且她也和意大利其他的母親一樣，知道怎麼管教孩子們。拿破崙曾經有幾年，是眞心實意地愛過他美麗的妻子約瑟芬。約瑟芬的父親是馬提尼克島的法國官員，她先前的丈夫是德・阿波奈子爵。子爵被處死之後，約瑟芬成了遺孀。但是，由於約瑟芬沒有給拿破崙生兒子，拿破崙就果斷地與之離婚，並娶了奧地利的公主做妻子。

土倫戰役讓拿破崙一舉成名。在戰爭間隙，拿破崙還抽出時間研究馬基雅維利的著作，並忠實地遵循了這位佛羅倫斯政治家在書中提出的建議：如果不信守承諾可以帶來利益，就果斷地食言。他不知道什麼叫感恩，他不會感恩別人，也不奢望別人對他感恩。可以說，他從來不會同情人類。一七九八年的埃及戰爭中，他原本答應不殺死戰俘，後來卻又把他們全部槍殺了。在敘利亞，他發現把所有的傷員帶上船隻是不現實的，就果斷地扔下他們，讓他們自生自滅。他曾經命令一個黑白不分的軍事法庭將安讓公爵判處死刑，還在毫無法律依據的情況下處決了他，原因是「要警告波旁王朝」。他抓住了一些爲了祖國浴血奮戰的德國軍官，並讓人開槍射殺了他們。提

❷普魯塔克，羅馬帝國時期的傳記作家，著有《名人傳》。

洛爾的英雄安德里亞斯．霍夫堅持抵抗，最後被法軍抓獲，拿破崙也把他當成一名普通的俘虜，處死了他。

一言以蔽之，如果我們仔細研究拿破崙的性格，就會知道，為什麼英國的母親在哄孩子入睡的時候會說：「你要是不聽話，波拿巴就會來抓走你，當成早餐吃掉！」有關這個暴君的議論似乎從來沒有平息過。比如，他會對部隊的所有部門進行嚴格管理，對醫療服務機構卻不聞不問；他無法忍受士兵們身上散發的汗臭味，就不停地往自己身上噴科隆香水，甚至不惜毀掉自己的制服。像這樣的傳言不計其數，但是其真實性有待商榷。

現在我的思緒又回到了現實。此刻，我正舒適地坐在堆滿書籍的寫字檯旁邊，一邊看著打字機，全神貫注地描寫這個可敬又可恨的人物，一邊逗弄著我正在撕扯複印紙的貓利克里斯。但是如果我此時看向窗外的第七大道，發現所有的車輛都突然停下來，聽到一陣震撼的鼓聲，看到身穿破舊的綠色軍裝的小個子拿破崙騎著白馬從街頭經過。那麼，接下來會發生什麼，我根本不知道！也許我會毫不猶豫地拋下我的書、我的貓、我的房子和我擁有的一切東西，追隨他到天涯海角。我那個生來就不是什麼英雄的祖父就是這麼做的，還有數以萬計的祖父也這麼做了。他們沒有得到任何回報，也沒有奢望會得到回報。他們死心塌地地跟著這個個頭矮小的科西嘉人，為他浴血奮戰，就算失去胳膊和腿，甚至失去生命都在所不惜。他把他們帶到遠離家鄉千里之外的地方，在俄國人、英國人、西班牙人、意大利人、奧地利人的炮火中戰鬥。面對著他們臨死之前的痛苦掙扎，他卻只是平靜地遙望天空。

如果你想讓我對此進行解釋，我做不到，只能根據直覺進行推斷。拿破崙是最出色的演員，整個歐洲都是他表演的舞台。不論時間和情形如何，他都能做出最能感染觀衆的姿態，說出最能觸動觀衆的話語。不管是在埃及沙漠中的獅身人面像之前，還是在被露水打濕的意大利草原上面對挨餓受凍的士兵，他的姿態和話語都極富感染力。就算最後他被流放到大西洋中央的一個荒島上，只能聽憑英國總督的擺佈，在病魔的折磨下垂死掙扎，他還是世界舞台中心最耀眼的明星。

滑鐵盧戰役之後，世人就很少知道這位偉大的皇帝的消息了。歐洲人都知道他被流放到了聖赫勒拿島，還有一支英國警衛隊日夜看管。而且他們還知道，這支警衛隊處於另外一支英國艦隊的監視之下。敵人和朋友都對他念念不忘，雖然他最終死於疾病和絕望，可是沒有人能夠忘記他平靜地注視世界的眼神。即便是現在，他在法國人的心目中依然十分強大，比起一百年前也毫不遜色。那時候，看到這個個頭矮小、面色灰黃的人，人們都會昏過去。在克里姆林宮，他放肆地飼餵自己的戰馬，不管是對教皇還是別的偉大人物，都會頤指氣使，如同在對待一個奴僕。

如果想對拿破崙的生平做一個簡單的描述，那至少也得寫幾卷。想要說明他在法國進行的巨大政治改革，他頒佈的後來爲大部分歐洲國家沿用的新法典，和他在大庭廣衆下的各種活動，至少也要寫幾千頁。可是，他的事業爲什麼前半部分如此輝煌，後半部分卻如此不堪。在一七八九年到一八〇四年，拿破崙堪稱法國革命的領軍人物。他作戰的目的並不僅僅是爲了自己的榮譽。

由於他和士兵們都是「自由、平等、博愛」的新信仰的信徒，是人民的朋友，才最終擊敗了奧地利、意大利、英國和俄國的軍隊。

一八〇四年，拿破崙加冕為皇帝，之後他的慾望就急遽膨脹。公元八〇〇年，法蘭克人的查理曼大帝曾經邀請列奧三世為自己加冕，當上了日耳曼皇帝。這一幕對拿破崙充滿了誘惑，他對帝位充滿渴望。

拿破崙登基之後，他原本的革命領袖形象突然轉變為哈布斯堡君主的翻版。對於自己的精神領袖——雅各賓政治俱樂部，他早已拋諸腦後。他不再保護被壓迫的人民，轉而成了壓迫者的首領。對於那些敢於違抗皇帝意志的人，他的行刑隊隨時準備開槍射殺他們。當神聖羅馬帝國的遺跡於一八〇六年被悉數丟進歷史的垃圾堆，當古羅馬榮耀的最後一絲殘餘被一個意大利農民的孫子毀滅殆盡❸，沒有任何人為此流下同情的淚水。可是，當拿破崙的軍隊向西班牙入侵，強迫西班牙人民承認一個他們痛恨的國王，並對忠於舊主的馬德里市民大肆屠殺時，公眾就開始抗議這位曾經贏得了馬倫戈、奧斯忒裡茲及其他無數戰役的英雄人物了。於是，拿破崙的形像一下從革命英雄變成了舊制度下所有邪惡的化身。英國人率先撒下了仇恨的種子，然後這種仇恨迅速蔓延，以致於所有誠實的人民都站到了這個法蘭西新皇帝的對立方。

❸ 指的是一八〇六年拿破崙逼迫羅馬末代皇帝弗蘭茨二世放棄皇帝稱號一事。

當英國人從報紙上讀到有關法國大革命的一些可怕的細節，就深深地反感這些革命人物。一百年前，正當英國處於查理一世的統治之下時，英國人也進行了革命。可是比起充滿血腥和暴力的法國革命，英國革命簡直是輕而易舉的事情。在英國平民的眼中，雅各賓派分子就是嗜血狂魔，而拿破崙就是魔鬼的領袖，他們都應該被消滅。一七九八年，英國艦隊就將法國港口牢牢封鎖了，拿破崙想要通過埃及對印度發動進攻的計劃也隨之破產。他在尼羅河沿岸取得了勝利，然後開始忍辱撤退。一八〇五年，等待已久的英國人終於迎來了打敗拿破崙的最佳時機。

駛向特拉法爾

在西班牙西南海岸的特拉法爾加角，尼爾森將軍將拿破崙的艦隊打得潰不成軍，自此，拿破崙的艦隊就一蹶不振，無法在海上作戰，被困於陸地。如果此時這位高傲的皇帝能夠認清局勢，忍氣吞聲地接受列強提出的和平條件，他還是可以當歐洲的霸主的。可是這位驕傲的霸主根本目中無人，不把任何對手放在眼裡，相比之下，他更願意用武力維護自己的尊嚴。這一次，他又把俄羅斯當成了自己的獵物，對於那裡遼闊的草原和無盡的士兵，他都垂涎欲滴。

莫斯科大撤退

如果還是保羅一世（女皇葉卡捷琳娜半瘋癲的兒子）在位，拿破崙完全可以戰勝俄國。但是，由於保羅一世越來越瘋癲，想要將人們都流放到西伯利亞去挖鉛礦，被憤怒的臣民給暗殺了。之後，保羅一世的兒子亞歷山大繼承了皇位。保羅一世對拿破崙很有好感，亞歷山大可不一樣，他認爲拿破崙是人類的公敵，摧毀了人類的和平。亞歷山大篤信，自己就是上帝派到人間來解放人類的使者，他要讓整個世界都掙脫這個科西嘉魔鬼的魔掌。他果斷地加入了由普魯士、英格蘭和奧地利組成的同盟，沒想到以失敗告終。他連續挑戰了五次，可是五次都失敗了。一八一二年，他又一次對拿破崙進行挑釁，拿破崙氣瘋了，發誓要將莫斯科夷爲平地。於是，備受屈辱的拿破崙率領著來自西班牙、德國、荷蘭、意大利、葡萄牙等地的軍隊，發誓要一雪前恥。

故事的結果，大家都知道了。兩個月後，拿破崙率軍抵達了俄國首都，將司令部設在了克里姆林宮。一八一二年9月15日深夜，莫斯科燃起了大火，四天後才被撲滅。第五天傍晚，無奈的拿破崙下達了撤軍的命令。沒想到，兩週之後，俄羅斯的天空下起大雪，拿破崙的軍隊只好在泥濘中前行。11月26日，他們歷經跋涉，抵達了別列津納河，沒想到俄軍早已在此埋伏，對他們發起了猛烈進攻。皇帝的軍隊還沒有列好隊，就被哥薩克❹士兵包圍了。戰無不勝的拿破崙軍隊遭遇了慘敗，等到第一批法國士兵逃到德國東部城市，已經是12月中旬了。

之後，即將發生叛亂的謠言鋪天蓋地，「時候到了！」歐洲人說，「我們是時候擺脫這個殘忍的枷鎖了！」他們翻出了之前藏得很隱蔽的滑膛槍，可是說它們十分幸運，因為法國間諜幾乎無處不在，它們還能倖存下來。不過，人們還沒有反應過來，拿破崙就帶著一支生力軍回來了。原來，拿破崙將戰敗的軍隊棄之不顧，乘坐雪橇偷偷回到了巴黎。他下令徵召軍隊，以防神聖的巴黎受到外敵入侵。

這一次，拿破崙徵召的士兵只有十六、七歲，他率領他們東征，迎擊反法聯軍。一八一三年10月16日，萊比錫戰役打響，三天後，這場戰役才結束。戰鬥雙方一方穿著綠色軍服，一方穿著藍色軍服，浴血奮戰，鮮血將埃斯特河都染紅了。法軍防線被大批趕赴戰場的俄國援軍擊潰，拿破崙丟下部隊，倉皇逃走。

逃回巴黎之後，拿破崙宣佈讓自己的小兒子繼承王位，但是反法聯軍堅持讓路易十八（已故

---

❹哥薩克，俄國歷史上一個特殊的社會階層，酷愛自由和粗獷勇武，在沙俄時期立下汗馬功勞。

的路易十六的弟弟）做法國的國王。波旁王子對此十分驚訝，他在哥薩克騎兵和普魯士荷槍騎兵的歡呼和簇擁下，進入了巴黎。

而往日的王者拿破崙，成了地中海厄爾巴島上的君主。在那裡，他將自己的馬童組織成一支小型軍隊，在棋盤上進行戰術的演練。

但是拿破崙剛一離開，法國人就開始懷念以往的生活。儘管過去的20年，法國付出了高昂的代價，但是那畢竟是一個充滿輝煌的時代。當時，巴黎是輝煌的世界之都，是整個世界矚目的焦點。肥碩的路易十八在流放期間不思進取，懶散度日，很快就讓巴黎人民厭煩了。

一八一五年3月1日，反法聯盟的代表正準備整理由於大革命而變得十分混亂的歐洲版圖，拿破崙卻突然在戛納現身了。此事發生後的一個星期內，法國軍隊就對波旁王室棄之不顧，爭先恐後地到南方表示會效忠於這個小個子皇帝。拿破崙軍隊勢如破竹，於3月20日抵達了巴黎。這一次，拿破崙十分謹慎，想與反法聯盟講和，但是盟軍卻堅持開戰。現在，整個歐洲都加入了「反對這個背

拿破崙被流放

信棄義的科西嘉人」的隊伍中。拿破崙只好集結大軍北上，希望能夠在敵人整合好隊伍之前擊潰他們。然而，拿破崙已經不復當年的旺盛精力，他時常生病，疲憊不堪，在指揮先頭部隊進攻時，他卻進入了夢鄉。另外，很多忠誠的老將軍都去世了，軍隊的戰鬥力大大下降。

6月初，拿破崙的軍隊開始朝比利時進攻。16日，他又打敗了由布呂歇率領的普魯士軍隊。然而，在他下達全殲撤退的普魯士軍隊的命令後，有一個將軍卻沒有服從，這爲之後的失敗埋下了伏筆。

兩天後，也就是6月18日，是一個星期天，拿破崙在滑鐵盧遭遇了英國的惠靈頓將軍及其帶領的軍隊。下午2點，法軍看起來就要取得勝利了。3點，東方的地平線那裡塵土飛揚。拿破崙以爲是自己的騎兵部隊前來支援了，他覺得打敗英國軍隊已經是板上釘釘的事了。4點鐘，他才知道到底發生了什麼，原來來的是之前撤退的普魯士軍隊。這大大出乎拿破崙的意料，可是這時候他們根本沒有部隊前來支援。爲了活命，他又把軍隊棄之不顧了。

這一次，他又宣佈把皇位讓給自己的兒子。在距離逃離厄爾巴島一百天之後，他又一次踏上了逃亡之路，但是這一次他的目的地是美國。拿破崙曾經於一八〇三年將路易斯安那賣給了當時勢單力薄的美利堅合衆國，此前路易斯安那一直是法屬殖民地。他說：「美國人會對我心懷感激，他們會給我一小塊土地和一座容身的小房子，我可以在那裡平靜地度過下半生。」可是，英國軍隊嚴密監視著法國的港口，讓拿破崙進退兩難。普魯士人堅持要槍斃他，相對而言，英國人較爲寬容。拿破崙在羅什福爾等待著命運的審判，內心無比焦慮。滑鐵盧戰役結束後的一個月，拿破崙收到了法國新政府的命令：24小時內離開法國。這位可憐的英雄迫於無奈，給英國攝政王（當時的國王喬治三世精神失常，被關進了瘋人院）寫了一封信，信上說自己要「像泰米斯托克利❺一樣，將自己交給敵人，希望可以在敵人的歡迎下找到一個溫暖的棲身之處……」

7月15日，拿破崙登上「貝勒洛豐」號英國戰艦，取下佩劍交給了霍特漢姆將軍。到了普利茅斯港後，他又被送上了「諾森伯蘭」號，駛向他最終的流放地聖赫勒拿島。拿破崙在這個島上，平靜地度過了自己人生最後的六年時光。

他嘗試著寫回憶錄，沉浸在對往昔光輝歲月的回憶中。他在回憶中回到了原點，回想起往日征戰沙場的歲月。他試圖證明，自己一直在踐行著「自由、平等、博愛」的偉大原則。他總是對自己做總司令和第一執政的時光侃侃而談，卻對帝國絕口不提。有時候，他回想起自己那住在維也納的兒子賴西施塔特公爵。他的兒子在哈布斯堡的那些表兄眼中，就是個不值得接待的窮親戚。而當初，這些表兄的父輩聽到拿破崙的名字，就會瑟瑟發抖。拿破崙即將離開人世的時候，就像在率兵打仗一樣，命令內伊❻率領衛隊出擊，然後就死去了。

❺泰米斯托克利，雅典將軍，後來被放逐。

❻內伊，拿破崙手下的將領。

親愛的朋友，要是你想解開拿破崙傳奇一生中的謎團，如果你想知道他是如何憑藉個人的意志統治這麼多人的，那我要說，一定不要讀他的傳記。這些傳記的作者的觀點有失偏頗，不是仇視他，就是熱愛他。也許你能從書中得到很多知識，可是相對而言，你更應該體會歷史。我要提醒一句，在你聽到那首名爲《兩個擲彈兵》的歌曲之前，千萬不要讀那些傳記。這首歌由德國詩人海涅作詞，德國作曲家舒曼作曲，這兩個人都親眼見證了拿破崙時代。每當拿破崙前往維也納拜訪岳父奧地利皇帝的時候，舒曼都可以近距離地接觸他。所以，這首歌的兩位作者對於這位暴君所創造的時代都有著非常深刻的理解。

聽聽這首歌吧，也許你可以從中獲得一千本歷史書，都不能帶給你的歷史。

第五十四章　神聖同盟

——拿破崙被流放聖赫勒拿島之後，就在此處度過餘生。為了防止這個可怕的科西嘉人東山再起，歐洲各國的統治者齊聚維也納，商討如何盡量消除法國大革命的影響。

歐洲所有的國王、皇帝、公爵、首相，還有各位大使、主教以及身後的一群秘書和僕人，千里迢迢地趕來參加維也納會議。曾經，那個可怕的科西嘉人殺了個回馬槍，將他們的工作攪得一團糟，現在經過大家的共同努力，他被趕到了聖赫勒拿島，所有的一切都恢復正常。爲了慶祝，他們舉辦了不計其數的宴會、酒會和舞會。在舞會上，有人居然跳起了華爾茲，引得對小步舞時代念念不忘的人非常不滿。

在過去的20年間，他們被迫過著隱居生活。現在，災難終於過去了。回首往昔，他們忍不住有無限感慨。他們對雅各賓派十分痛恨，因爲雅各賓派野蠻地將所有舊制度都摧毀了。他們不僅大膽地把「神授」國王送上了斷頭台，還把假髮也廢除了，並脫下了凡爾賽宮精美的短筒褲，換上了巴黎貧民穿的破舊長褲。

讀者讀到這裡，也許會譏笑我竟然浪費篇幅講這樣不值一提的小事。但維也納會議其實就是由這些瑣碎的小事組成的，單是「短褲和長褲」這樣無足輕重的問題，就能讓代表們辯論上幾個月。可是他們對薩克森將來該何去何從和如何解決西班牙問題卻毫不在意。而且，普魯士國王為了向代表們表明自己不將任何革命事物放在眼裡，還專門訂製了一條短筒褲。

相比之下，另一位德國君主更加仇恨革命。他提議，以前給拿破崙繳納過稅款的所有人，必須給他們合法的國王重新繳納一份。他說，之所以要這樣做，是因為當人們正處於科西嘉惡魔的暴虐統治之下時，遙遠的國王依然深愛著他們。

在維也納會議上，不斷有人提出這種可笑的觀點。人們忍無可忍，大叫道：「上帝啊，人們為何不再進行反抗？」原因是什麼呢？因為人們已經無力反抗了。由於連綿不斷的戰爭，他們早已不把希望寄託在統治者身上了。只要能安安穩穩過日子，對於發生了什麼，由誰來統治他們，他們根本不放在心上。

當「自由、平等、博愛」的精神於一七八〇年之後開始傳播的時候，人們都歡欣鼓舞，以為即將迎來一個光榮的、文明的時代。歐洲的王公大臣們真心實意地和他們的廚師擁抱，公爵夫人則與奴僕們一起跳卡馬曼紐拉舞。貴族家的客廳中，橫七豎八地躺滿了那些髒兮兮的革命軍官和革命士兵。

革命委員會返回巴黎之後，這些革命者不但順手偷走了主人們祖輩傳下來的餐具，還假意報告政府：鄰國「被解放土地」上的人民，對於法國自由憲法表示出極大的熱情。

後來，有傳言說有一個軍官鎮壓了人民起義，終結了巴黎最後一場革命動盪，他叫「波拿巴」，也可能叫「邦拿巴」。他們鬆了一口氣，覺得讓「自由、平等、博愛」原則做一點犧牲也有一定益處。可是過了不久，那位軍官就成了法蘭西共和國三位執政之一，之後變成了唯一的執政，後來更是成了法蘭西皇帝。

這位皇帝的殘暴是前無古人的，對於飽受磨難的人們，他毫不手軟。男子被他強行徵召入伍，年輕女子被他嫁給了將領。人們收藏的油畫和雕塑都被他據爲己有，變成私藏。整個歐洲都被他擾亂了，一整代青年人被他送上了戰場。

現在，歐洲大陸上再也不會有這個惡魔的身影。幾乎每個人都希望從此再也沒有戰爭，只有一小部分職業軍人例外。他們慢慢開始自治，選舉了市長、市議員和法官，但是這些嘗試最後都慘澹收場。絕望的人們將目光轉向了舊統治者，他們哀婉地說：「我們需要你們的統治。想要多少稅款，儘管告訴我們，我們一定會答應。我們唯一的條件就是不要再打仗，我們已經傷痕纍纍，無力承受新的創傷。」

維也納會議的代表們也和平民百姓一樣渴望和平，最終，會議締結了「神聖同盟」。警察承擔著維護國家利益的重任。膽敢批評國家政策的人，等待他的將是最嚴厲的懲罰。

重新獲得和平的歐洲陷入了死一般的寂靜。

有三位巨頭參加了維也納會議，分別是亞歷山大沙皇（來自俄國）、梅特涅❶（代表奧地利哈布斯堡家族）、塔列朗❷（原法國奧頓主教）。塔列朗在法國社會的各種動盪中，憑藉機智逃過一劫。拿破崙離開之後，法國已經陷入癱瘓。塔列朗之所以來到維也納，就是想力挽狂瀾。他並不是應邀前來的，但是他無視別人的羞辱，如同一個應邀的貴賓一樣和賓客們談天說地。他給人們講有趣的故事，舉止優雅，憑藉個人魅力贏得了衆人的好感。

塔列朗抵達奧地利首都還不到24小時就已經看清了局勢，現在盟國已經分裂成了兩個敵對陣營：一方是俄國和普魯士，前者希望吞併荷蘭，後者想要占領薩克森；另一方是奧地利和英國，他們想要阻止俄國和普魯士的吞併活動，因爲不論這二者中的哪一個成爲歐洲霸主，對他們都非常不利。塔列朗運籌帷幄，讓這兩個敵對陣營互相牽制。過去的10年間，法蘭西帝國給歐洲帶來了動盪，因爲他的努力，法蘭西帝國才沒有遭到報復。他說，是那個科西嘉魔鬼命令法國人民這麼做的，他應該負全責。現在，篡位者已經被放逐，合法的國王又回來了。塔列朗說：「我懇請再給他一次機會。」看到法蘭西有心悔過，同盟國也很欣慰，就既往不咎了。可是，波旁王子

❶ 梅特涅，一七七三—一八五九，奧地利首相、外交家。

❷ 塔列朗，一七五四—一八三八，法國資產階級革命時期著名外交家。

能夠當上國王，不過是被人利用。15年之後，他又被驅逐出境了。

維也納三巨頭中的第二人是奧地利首相梅特涅，他是哈布斯堡外交政策的領袖。梅特涅是奧地利的梅特涅-溫尼堡親王，名叫文澤爾．洛特哈爾。他出身貴族，很有風度，背景強大，極具才華。由於他出身上流社會，根本無法接觸到在田間揮汗如雨的平民百姓。法國大革命爆發時，梅特涅還是年輕的學生，就讀於斯特拉斯堡大學。斯特拉斯堡曾經是雅各賓派的活動中心，《馬賽曲》就誕生在這裡。梅特涅沒有忘記，原本他的社交生活非常愉快，卻生生被革命打斷了。暴亂的人們就像瘋了一樣，見到什麼東西都要摧毀，很多無辜的人也死在了他們手裡。他們用這種殘忍的方式來迎接新的自由。但是，梅特涅看到的只是表面，對於人們誠摯的熱情和期盼的眼神這類眞正重要的東西，他卻忽視了。他沒有看見髒兮兮的國民自衛軍從人們手中接過面包和水，在人們的注視中穿過城市，趕赴前線，爲祖國獻身。

這位年輕的外交家對大革命的野蠻行爲非常反感。在他看來，只有穿著整潔的制服，騎著良駒，疾馳過原野去奮勇殺敵，才算是眞正的戰鬥。而那些所謂的革命，只是一種非常邪惡的行爲，它把整個國家變成了髒兮兮的軍營，讓一無是處的流浪漢平步青雲，搖身變成了將軍。奧地利的公爵舉行了很多規模很小的宴會，每次梅特涅和法國的外交官相遇，都會說：「你們要的是自由、平等、博愛，結果呢？得到了一個拿破崙。如果你們能維持現行的制度，怎麼會發生那樣的事呢？」他極力吹噓人們在革命爆發之前的生活有多麼安定和幸福，根本不存在「人生而平等」的困擾。他是他的「維持理論」的忠實擁躉，還有很高的勸服別人的能力。所以，他頑固地抵抗著革命精神。死於一八五九年的梅特涅曾經在一八四八年親眼看到歐洲革命徹底否決了自己的精神。之後，他發現自己也淪爲了歐洲最令人反感的人，就像當年的拿破崙一樣，甚至有好幾次他都險些死於憤怒的公衆的私刑。可是這個老頭頑固不化，直到死都堅信自己無比正確。

他堅信，相比自由，人們更想要和平，所以他儘力爲人們提供和平。說句公道話，自從他的和平政策問世，前40年間還頗有成效，列強們幾乎平息了戰火。直到一八五四年，俄國與英國、法國、意大利、土耳其爲了爭奪克里米亞而爆發戰爭，和平才宣告終結。可以說，在歐洲大陸上，連續40年的和平已經創造了歷史紀錄。

維也納三巨頭中的第三人是亞歷山大沙皇，此刻他正在跳華爾茲。他的祖母是葉卡捷琳娜女皇，他就是在祖母的宮中成長起來的。那個智謀過人的老太太教育他，俄羅斯的榮耀應該是他畢生重視的事情。而他的私人教師來自瑞士，崇拜的是伏爾泰和盧梭。所以，亞歷山大長大之後，身上就奇怪地混合了以自我爲中心的暴君和容易衝動的革命者這兩種特質。他的父親就是那個瘋癲的保羅一世，父親在世的時候，他過得十分屈辱。他親眼看到，大批的俄羅斯人在和拿破崙作戰的過程中犧牲了。後來局勢反轉，像神話一樣戰無不勝的法國皇家軍隊居然成了他的手下敗將。於是，歐洲人將俄羅斯視爲救世主，將這個民族的沙皇視爲神明，在他身上寄予厚望。

但是亞歷山大不夠精明，論深謀遠慮，他比不上塔列朗和梅特涅，在外交遊戲上也做不到遊刃有餘。他有著很強的虛榮心，喜歡大排場。可是處於那樣的情形下，應該每個人都會忘乎所以吧。所以，他迅速淪爲了維也納會議上的擺設，而梅特涅、塔列朗和精明的英國代表卡斯爾雷❸則一邊坐在桌邊喝托考伊白葡萄酒，一邊商討實際的事務。他們都想把俄國拉到自己一方，所以表面上十分尊敬亞歷山大。但是他們並不想讓亞歷山大參與到會議的實質工作，就極力讚美他的「神聖同盟」計劃，一方面可以滿足他的虛榮心，一方面讓他專注於這個計劃，他們自己則趁機埋頭苦幹手裡的工作。

亞歷山大性格豪爽，經常混跡於社交場所，接受人們的讚美。不過，他只是表面看起來光鮮，內心卻有隱痛。他一直被一件可怕的往事折磨著：一八〇一年3月23日晚上，他在聖彼得堡聖邁克爾宮的一間屋

❸卡斯爾雷，曾經擔任英國的外交大臣。

眞正的維也納會議

子裡坐著，心急如焚地等待著父親保羅退位的消息。可是，保羅不肯在退位詔書上簽字。那些早已喝得酩酊大醉的官員失去了耐心，怒氣衝衝地用圍巾把他勒死了。然後他們來到樓下，對亞歷山大說，現在他就是掌握了俄羅斯所有領土的皇帝了。

在亞歷山大的腦海中，這個恐怖的夜晚一直揮之不去。他學習過法國的哲學思想，但是這些思想相信的是人類的理性而不是上帝。既然他無法借由理性走出困境，他就感覺自己周圍出現了很多奇怪的景象和聲音。他開始變得虔誠，並痴迷於神祕主義，以此獲得內心的寧靜。神祕主義是對神奇而未知的世界的一種熱愛，它的歷史悠久，它的淵源就像底比斯、巴比倫的神廟一樣。

大革命期間的焦慮情感以一種奇怪的方式深深地影響了人們的性格。經受了長達20年的恐懼和焦慮，人們似乎都有些精神失常。一聽見門鈴響，他們就會心驚肉跳。他們害怕這是有人來告訴他們，他們唯一的兒子已經死在了戰場上。大革命期間竭力宣揚的「兄弟情」和「自由、平等」的觀念，現在聽起來只是一些蒼白無力的口號。如今他們唯一的願望，就是擺脫一切虛無縹緲的幻想，重新開始面對生活。在他們的悲傷和痛苦中，一群騙子應運而生。這些騙子自詡爲先知，到處傳播他們從《啓示錄》裡挖掘出來的晦澀難懂的教義。

此前，亞歷山大已經多次向巫師求助。一八一四年，他又聽說了一位女先知的事情。她說，世界即將毀滅，人們要儘早醒悟。她是馮·克魯德娜男爵夫人。她以前的丈夫是保羅時代的一名外交官，現在沒有人知道她的年齡，而且她臭名遠颺。據說她不但敗光了丈夫的家產，還給丈夫戴綠帽子，讓丈夫顏面掃地。她常年過著放蕩的生活，甚至導致精神失常。後來，由於看到一位朋友的突然離世，她幡然醒悟，不再留戀塵世。她找到一位鞋匠，向他懺悔了自己的罪惡。這位鞋匠是一個忠於摩拉維亞兄弟會的修士，一四一五年，宗教改革家約翰・胡斯被康斯坦斯宗教會議判處死刑，而這位鞋匠就是他的忠實信徒。

自從變身巫師，克魯德娜之後的10年都待在德國，將全部精力投入了勸說王公貴族們信仰宗教上。感化歐洲的救世主亞歷山大沙皇，讓他認識到自己過去的錯誤並做出改變，是她的終極目標。此時，亞歷山大正處於極度的憂傷中，非常樂於聆聽這個女巫師的神祕預言。一八一五年6月4日傍晚，男爵夫人被帶入了王宮。她第一次見到沙皇的時候，這個大人物正在閱讀《聖經》。至於女巫師對亞歷山大說了什麼，我們不得而知。可是他們的會面持續了三個小時，在女巫離開的時候，亞歷山大痛哭流涕，說他的靈魂終於可以安寧了。之後，男爵夫人就一直陪在他身邊，充當他的靈魂導師。不管沙皇去巴黎還是維也納，她都陪伴在身側。如果沙皇沒有什麼外交活動，就會去男爵夫人那裡進行禱告。

讀到這裡，讀者也許會產生這樣的疑問：你爲什麼要如此詳盡地講述這個故事呢？爲什麼放著19世紀的歷史事件不講，卻要講述這個精神失常的女人呢？她有什麼重要性呢？事實上，我們不能對她避而不談。因爲這個世界上早就有不計其數的歷史書，我要講述的不是一連串的歷史故事，我也不想讓讀者停留在知道「什麼時間什麼地點發生了什麼事情」的階段，而是深入挖掘歷史背後那些鮮爲人知的東西。深入挖掘每一個行爲背後隱藏的動機，你才能更加深入地瞭解這個世界，也能有更多的幫助別人的機會。

請不要將「神聖同盟」視爲一八一五年簽署之後，就被遺棄在國家博物館中的一張廢紙。雖然它已經時代久遠，但是它的影響力依然存在。正是由於「神聖同盟」的存在，才有了門羅主義❹，而門羅主義和美國人的生活密切相關。因此，我才想讓你們知道這個文件的產生經歷了怎樣的過程，以及深藏在這個看似獻身於基督教責任的宣言後面的是什麼樣的動機。

一個是有著不堪回首的往事，希望獲得內心寧靜的男人；一個是放蕩地虛度了半生年華，顏面掃地、韶華已逝，只能靠神祕主義的先知滿足自己的慾望的女人。這兩個不幸的人通力合作，才有了「神聖同盟」。我說的這些其實並不是什麼祕密。卡斯爾雷、梅特涅和塔列朗等人頭腦清醒，知道這個神祕的男爵夫人到底有什麼動機。要是梅特涅願意的話，將這位巫師遣返回德國也並非難事。他只需給帝國的警察局長寫一張便條，這個問題就解決了。

不過，法國、英國和奧地利人都想獲得俄羅斯的配合，不敢惹怒亞歷山大，就儘力忍耐著這個無知的老女人。其實，他們把「神聖同盟」視爲廢紙，覺得它只是沙皇用來欺騙自己和別人

---

❹門羅主義，一八二三年12月2日，美國總統門羅提出的美國對外政策的原則，這是美國對外擴張政策的標誌。

的。在沙皇爲他們誦讀在《聖經》的基礎上創作出的《人類皆兄弟》的初稿時，他們只好裝出一副認眞聆聽的樣子。實現全人類的平等和博愛，這就是「神聖同盟」創建的宗旨。所有的簽字國都要聲明，「在管理本國事務和處理與其他國家的外交關係時，都要遵守神聖宗教的訓誡，也就是將基督教的公正、仁愛和和平作爲唯一的指導原則。這些訓誡不但適用於個人，還會直接影響各國議會，在政府的所有環節中也有所體現，只有這樣，才能改善人類制度，改進人類缺陷。」之後，他們都要相互承諾，要用一種「眞正可靠的兄弟關係」永遠團結一致，「彼此像兄弟一樣，不管什麼情況、什麼地點，都要互相幫助」，等等。

奧地利皇帝雖然一個字都沒有看懂，卻率先在「神聖同盟」上籤了字。第二個簽字的是法國的新國王，迫於時局，他非常需要這個拿破崙的舊敵的友誼。爲了獲得亞歷山大對自己提出的「大普魯士」的支持，普魯士國王也簽字了。那些任由俄國擺佈的歐洲小國也紛紛簽字。但是，卡斯爾雷認爲「神聖同盟」全都是廢話，所以沒有簽字。教皇也沒有簽字，他覺得這兩個人一個是希臘東正教徒，一個是新教徒，想要插手他的國家事務。蘇丹也沒有簽，因爲他們不知道這件事的存在。

之後不久，歐洲的老百姓就知道這個「神聖同盟」有多大的威力了。因爲雖然「神聖同盟」只是一堆廢話，可是後面隱藏的是梅特涅組織的五國聯軍。他們的存在，就是在昭告世人，不允許任何人來打擾歐洲的和平。人們認爲自由派就是喬裝打扮的革命派，所以對他們深惡痛絕。歐洲人對一八一二年到一八一五年的解放戰爭的熱情漸漸退卻，卻越來越渴望和平和安寧。曾經在戰場上浴血奮戰的士兵們也期望和平，在那個時代，和平成為主題。

可是，人們很快就發現，他們渴望的和平，與「神聖同盟」和列強會議強加給他們的和平大相逕庭，他們被欺騙了。可是，對此他們並不敢發表任何意見，因為祕密警察隨處可見，能夠監聽他們的言論。對革命的反攻取得了勝利，這讓這次反攻的策劃者認為自己的行為會造福人類。可是，不良的動機帶來的，只能是不良的結局。「神聖同盟」不但給人民帶來了痛苦，也讓歐洲社會付出了政治改革受到阻礙等一系列代價。

第五十五章　反動勢力

——他們通過壓制人們的新思想來實現和平，為了實現恐怖統治，他們大幅提高了祕密警察的政治地位。很快，監獄裡就沒有空位了，裡面擠滿了人，全都是爭取民主權利的人。

拿破崙的革命洪流造成了巨大損失，難以挽回。不管是古老的城牆，還是宮殿，都被摧毀了。革命的浪潮退去之後，有很多稀奇古怪的革命教條卻殘留下來了。這些教條早已紮根於社會根基，強行清除它們的影響，後果不堪設想。可是，維也納會議的政治工程師技術高超，取得了很多成就。

由於幾百年來，法國都在威脅世界和平，所以人們一直對它保持高度的警惕。雖然波旁王朝通過塔列朗，許諾以後一定會好好治理國家，但是歐洲國家卻從「百日政變」看出，一旦拿破崙第二次逃脫，後果不堪設想。所以，荷蘭共和國改爲王國，比利時成了新尼德蘭王國的一部分。雖然新教徒統治的北方和天主教徒統治的南方都不願意看到這種聯合的出現，可是他們也根本提不出理由對此進行反對。因爲這是對歐洲的和平有利的，而和平才是重中之重。

由於波蘭的亞當·查托裡斯基王子和沙皇亞歷山大是好朋友，還一直在戰爭期間以及維也納會議上充當沙皇的顧問，所以波蘭人就覺得自己有了堅實後盾。然而，波蘭最終卻淪爲了俄國的附屬地，由亞歷山大統治。波蘭人對此極爲憤怒，之後就引發了三次革命。

由於丹麥曾經是拿破崙的盟友，所以在戰爭結束後，它受到了極爲嚴厲的處罰。早在7年前，就有一支英國艦隊開到了卡特加特海域，突襲了哥本哈根，將丹麥的軍艦悉數奪走，避免被拿破崙利用。在維也納會議上，更是給了它嚴厲的懲罰。維也納會議將挪威從丹麥分離出來（一三九七年，卡爾馬條約簽署之後，挪威和丹麥一直都是聯合的），獎給了瑞典的查理十四，因爲他曾經背叛了拿破崙。查理十四原本是法國的一名將軍，名爲本納多特，以拿破崙的副官的身分來到瑞典。時值荷爾斯坦因·歌特普王朝的最後一任統治者去世，又沒有兒子，所以本納多特就應瑞典人民的邀請，登上了王位。從一八一五年到一八四四年期間，他全心全意地治理著這個收養了他的國家（雖然他始終都沒有學會瑞典語）。他機智過人，治理有方，贏得了瑞典子民和挪威子民的共同尊重。但是，他無力將這兩個有著迥然不同的歷史和天性的國家進行調和，這兩個斯堪的納維亞國家組成的聯合體最終一定是以失敗告終。一九〇五年，挪威以一種最和平有序的方式變成了一個獨立國家。瑞典也祝願挪威能夠有錦繡前程，明智地讓她走了自己的路。

自從文藝復興以後，意大利就開始受到侵略者接二連三的騷擾。原本，他們將希望寄託在波拿巴將軍身上，最後卻大失所望。意大利並沒有實現統一的願望，反而被劃分成了很多小公國、侯國、共和國、教皇國。在整個意大利半島上，教皇國（除了那不勒斯）是治理得最糟糕的，人民的生活苦不堪言。維也納會議將拿破崙建立的幾個共和國全部廢除，恢復了一些老的公國，分別獎勵給哈布斯堡家族的幾個成員。

西班牙人曾經在反抗拿破崙的民族大起義中浴血奮戰，表明自己對國王的忠心。可是，當維也納會議准許國王返回各自的領地後，西班牙等來了一個殘暴的國土。之前的四年，費迪南七世都是在拿破崙設置的監獄中度過的，爲了打發時間，他在監獄裡給自己心愛的守護聖像編織了很多外套。他剛返回西班牙，就恢復了在大革命期間廢除的宗教法庭和酷刑室。不光是西班牙人民，就連他的四個妻子都對他深惡痛絕。但是出於「神聖同盟」的存在，他的王位卻是合法的。

一八〇七年，葡萄牙王室全都逃到了巴西，葡萄牙就沒有了國王。在一八〇八年到一八一四年半島戰爭❶期間，葡萄牙被惠靈頓軍隊視爲後勤補給基地。一八一五年後，葡萄牙仍處於英國的統治之下，這一局面持續到布拉干扎家族返回葡萄牙。這個家族的一位成員留在了里約熱內盧，做了巴西皇帝。巴西是美洲大陸僅有的 個帝國，一直維持到一八八九年巴西共和國成立，它才算滅亡。

❶半島戰爭，拿破崙侵略西班牙和葡萄牙的戰爭，這兩個國家位於伊比利亞半島。

在東歐，「神聖同盟」對於斯拉夫人和希臘人的悲慘處境並沒有採取任何改善措施，他們還是接受蘇丹的統治。一八〇四年，一個名叫布萊克・喬治（卡拉喬維奇王朝締造者）的塞爾維亞養豬的傢伙發動起義，對土耳其人進行反抗，最後以失敗告終。他自己則死在另一個塞爾維亞領袖手上，他曾將這個領袖視爲朋友，這個人叫米洛什・沃布倫諾維奇（沃布倫諾維奇王朝創始人）。於是，土耳其人繼續在巴爾幹半島作威作福。

要說悲慘歷史最長的，就是希臘人。二千多年間，他們先後被馬其頓人、羅馬人、威尼斯人、土耳其人奴役。現在，他們將希望寄託在了希臘科孚島人卡波・迪斯特里亞身上，他們熱切地盼望著這位同胞可以來救他們於水火之中。可是維也納代表們並不在意希臘人民的願望，他們想的是，該怎麼讓他們認爲的「合法」君主保住原有的王位，不管這個君主到底屬於基督教、伊斯蘭教還是別的什麼教派。

可以說，維也納會議犯下的最大的錯誤就是對德國問題的處理。宗教改革和三十年戰爭摧毀了德國的經濟，而政治方面也未能倖免，變成了一盤散沙。德國分裂成兩個王國、幾十個大公國、幾百個公爵領地、侯爵領地、男爵領地、選帝侯領地、自由城市和自由村莊。其統治者都是一些只有在喜劇中才能見到的奇怪的人物。以前，腓特烈爲了改變這種狀態，建立了強大的普魯士帝國，可是這個國家在他死後不久又分裂了。

拿破崙雖然讓大部分的小國都獲得了獨立，但是在這多達三百多個獨立的小國中，到了一八〇六年，倖存下來的只有52個。在爭取獨立的鬥爭中，很多年輕士兵都想建立一個獨立的、強大的新國家。可是，只有擁有一個強有力的領導，才可能實現獨立。到底誰有能力來領導這個國家呢？

講德語的一共有5個王國，奧地利和普魯士就是其中的兩個，它們都擁有上帝賜予的領導。而巴伐利亞、薩克森和符騰堡是另外3個國家，它們的領導是拿破崙授予的。由於這3個國家都曾經追隨過拿破崙，所以其他的德國人都覺得他們的愛國熱情不值一提。

維也納會議主導了一個由38個主權國家構成的新德意志聯邦，領導權屬於原奧地利國王。對於這樣的安排，任何一個人都不滿意。最後，德意志大會召開了，地點選在古老的加冕之城法蘭克福，本次會議的主要議題是「共同政策及重大事務」。但是，與會的38名代表分別代表了不同的利益，而想要做出任何一個決定，都需要全票才能通過（在上個世紀，這項規則曾經毀掉了強大的波蘭王國）。最終，原本赫赫有名的德意志聯邦成了歐洲所有人的笑柄。在政治方面，這個古老的帝國已經越來越接近19世紀四、五十年代的中美洲國家。

對於那些眞正懷有民族理想的德國人來說，這是對他們國家的極大羞辱，可是維也納會議對普通老百姓的民族感情置若罔聞，所以，關於德國問題的爭論就匆匆收場了。

有人對這種方式提出過反對嗎？當然有！當人們對於拿破崙的痛恨漸漸平息，當人們對於戰爭的瘋狂開始退卻，當人們發現「和平與穩定」也給他們帶來了很多痛苦，甚至比起革命時代也有過之而無不及，他們怒火中燒。他們忍不住想要再次革命，甚至想要奮起反抗，可是他們又能做些什麼呢？他們面對的，是有史以來最冷酷無情、最高效的警察系統的監控，心地善良的人們的能力太過弱小，只能任人宰割。

維也納會議的成員們堅稱，「正是由於革命思想，才導致前拿破崙皇帝犯下了篡位的滔天大罪」。爲了避免再次出現篡位者，他們決心要將法蘭西思想所有的追隨者都清除乾淨。就是受這種思想的驅使，菲利普二世在殘殺新教徒和絞殺摩爾人的時候，才會認爲自己只是受到了良心的驅使。16世紀初，教皇擁有著任意統治屬民的神聖權力，誰要是膽敢不相信這種權力，誰就會被視爲「異端」，每個忠誠的市民都有去殺死他的責任。19世紀初的歐洲大陸，誰要是膽敢不相信國王或者首相擁有著任意統治屬民的神聖權力，誰就會被視爲「異端」，每個忠誠的市民都有去最近的警察局告發他，讓他接受懲罰的責任。

但是一八一五年的歐洲統治者已經從拿破崙那裡學到了高明的、有效率的辦事技巧，所以他們比一五一七年的教皇要更爲厲害。從一八一五年開始的40多年屬於政治密探的時代，到處都是間諜。不管是帝王的王宮還是粗俗的酒館，他們都能自由出入。內閣舉行會議的時候，他們可以透過鑰匙孔窺探；人們在公園的長椅上閒聊的時候，他們可以偷聽。他們牢牢把控著海關和邊境防止沒有護照的人偷渡出境；他們檢查所有的行李，避免任何一本有關法蘭西思想的書籍進入皇帝的領土範圍。他們還會和學生一起坐在演講大廳聽講，一旦聽到有人對現存的制度進行質疑，那個人就會面臨極大的災難。就連去教堂的兒童，他們都要跟蹤，避免孩子們逃學。

教士們全力支持密探的工作。在大革命期間，教會幾乎被摧毀了。革命分子不但沒收了教會的財產，還殺死了很多教士。一七九三年10月，公安委員會廢除了對上帝的信仰，以伏爾泰、盧梭爲首的法國哲學家的思想在年輕人之間大行其道，他們都開始崇拜「理性的神壇」。教會被取消之後，教士們跟著王室貴族一起踏上了漫長的逃亡之旅。現在，他們跟著盟軍回到了故鄉，就立誓爲自己因爲曾經遭受不公正待遇而報仇雪恨。

一八一四年，耶穌會也捲土重來，繼續對年輕的一代進行教育。這個教派在和教會敵人的戰鬥中取得了極大的勝利。很快，耶穌會的「教區」就遍佈世界各地，向當地人傳播天主教的福音。可是，很快這些教區就發展成了正式的貿易公司，還插手當局事務。葡萄牙改革家、葡萄牙首相馬奎斯·德·龐巴爾上台後，一度將耶穌會驅逐出境。但是在一七七三年，由於歐洲大多數天主教國家強烈要求，教皇克萊芒十四又取消了對耶穌會的禁令。現在，耶穌會捲土重來了，耐心地教授孩子們「順從」和「熱愛合法君主」的大道理。

在德國這樣的新教國家裡，反革命情形也好不了多少。一八一四二年的那些偉大的愛國領袖和號召反抗篡位者的詩人、作家，都被扣上了「煽動家」的帽子。警察不但進他們的房間搜查，還檢查他們的信件。警察還要求他們每隔一段時間都要去警察局匯報自己最近的所作所爲。普魯士教官對青年學生進行著嚴密的監視，堪稱瘋狂。一旦發現學生在古老的瓦特堡聚集，爲宗教改革三百週年進行慶賀，普魯士當局就會認爲這是一場革命的前兆。如果一個老實的神學院學生殺死了一個在德國工作的俄國間諜，警察就會將普魯士的所有大學嚴密監管起來，甚至可以不經任何審訊就將教授投入監獄或者解僱他們。

此時，俄國的反革命活動也正在緊張地進行。愚蠢的亞歷山大沙皇早就從心靈創傷中走了出來，他不再對宗教無比狂熱，卻逐漸染上了憂鬱症。後來他終於意識到，原來自己在維也納會議上只扮演了梅特涅和克魯德娜的玩偶的角色，自己成了政治遊戲的犧牲品。只要一想到這件事，他就會對西方的統治者深惡痛絕，所以，他越來越固守俄國。俄羅斯的眞正興趣，其實就在斯拉夫人曾經啓蒙過的聖城君士坦丁堡。隨著年齡的增長，亞歷山大的工作越來越努力，可是並沒有取得多少成就。每當他在書房中埋頭工作時，他的大臣們就忙於製造更多的軍隊和間諜。

看到這樣的畫面，讀者也許會心生不快，看來我對「大反動」的描述也該告一段落了。不管怎麼說，你們已經對這段歷史有了一定的瞭解。人們對於阻礙歷史發展的嘗試已經做了很多次，但是最終都以失敗告終。

第五十六章 民族獨立運動

——民族獨立的熱情已經被點燃，想要撲滅絕非易事。最先反抗維也納的反動統治的是南美洲人，希臘、比利時、西班牙等國家緊隨其後。19世紀，人們嚮往獨立的呼喚震耳欲聾。

「如果在維也納會議上，人們沒有選擇這樣的政策，而且選擇了那樣的政策，那麼19世紀的歐洲歷史肯定是另外一個模樣。」不過，這樣的假設根本沒有意義。參加維也納會議的人都經歷過法國大革命，過去20年間的恐慌和戰亂給他們留下了刻骨銘心的記憶。他們聚集的目的，就是確保歐洲的「和平與穩定」，他們也堅信，這是人民的期望。在我們眼裡，他們就是「反動派」。他們堅信，人民不可能管理好自己。所以，爲了歐洲能夠長治久安，他們找了一個自認爲合理的辦法，對歐洲版圖進行了重新劃分。雖然他們失敗了，但是他們並沒有惡意。一言以蔽之，他們大都非常保守，心中充滿了對往昔的幸福生活的懷念，所以一直盼望著能夠再過上以前那種生活。可是，有一點他們沒有意識到，就是革命思想已經在人民的心中紮下了根。這可以算不幸，但是算不上罪惡。

法國革命告訴了歐洲乃至世界一個眞理：人民應當擁有「民族」自主權。

拿破崙無所畏懼，也不會尊重別人。不管對待什麼，他都是十分冷漠，就連國家和民族也引不起他的熱情。革命早期，就有將領鼓吹：「民族與政治區域、外貌體型並沒有很大的關係，只和人的心靈有關。」所以，他們不但向法國兒童講述法蘭西民族有多麼偉大，也鼓勵西班牙人、荷蘭人和意大利人這麼做。很快，盧梭的信徒們就開始追溯過去，覺得古人的德行更爲優越，就到封建城堡的廢墟裡去挖掘自己偉大種族的屍骨，然後將自己標榜爲這些偉大祖先的子孫。

19世紀上半葉是歷史考古突飛猛進的時代。人們整理了中世紀散落遺失的篇章，以及早期中古編年史，陸續出版。每一個人都會對自己國家的歷史發現成果產生強烈的民族自豪感，可是這些感情源於他們對歷史事實的錯誤理解。然而在現實的政治中，重要的不是事情的眞假，而是人們是不是相信。可是，通常人們都是相信的，他們會對祖先取得的榮譽十分自豪。

然而，維也納會議對於人們的民族情感置之不理。那些大人物只關注幾個王朝的利益，並據此對歐洲版圖進行了重新劃分。而「民族感情」和所有危險的「法國教義」卻被劃分成一類，無情地列入了禁書。

但是，歷史的發展趨勢十分公正，不會尊重任何會議。出於某種原因（可能是歷史規律，但是學者們對此各執一詞），「民族獨立」似乎成了人類社會向前發展的潮流。不管是誰想要阻礙這股潮流，其下場都無異於梅特涅企圖阻止人們自由地思考，只能是白費力氣。

南美洲遠離歐洲，但令人驚奇的是，這場民族獨立的星星之火居然是從這裡開始燃燒的。拿破崙在位時，西班牙一門心思應付拿破崙，無暇顧及南美殖民地。後來，西班牙國王成了拿破崙的階下囚，南美殖民地人民依然對他忠心耿耿，甚至拒絕服從一八〇八年上位的新任西班牙國王約瑟夫·波拿巴。

其實，南美地區唯一一個受到法國大革命影響的地方，就是哥倫布首航抵達的海地島。一七九一年，法國國民公會突然博愛心爆棚，宣佈海地的黑人也可以擁有原本只有白種人擁有的特權。可是他們言而無信，很快就反悔了。於是，他們的不信守承諾成了戰爭的導火索。之後，海地的黑人在杜桑·盧維杜爾❶的帶領下，與拿破崙的姐夫勒克拉克將軍對戰多年。一八〇一年，勒克拉克向杜桑發出邀請，讓他前去和談，並保證不會在和談期間危害杜桑的安全。杜桑輕信了白人的話，前去和談，沒想到被帶到了一艘法國軍艦上，不久之後就在法國的監獄中悽慘地死去了。即便如此，海地黑人還是堅持抗戰，最終贏得了獨立，建立起了共和國。此外，在南美第一個偉大的愛國者試圖帶領自己的國家擺脫西班牙的枷鎖時，海地黑人也向他們伸出了援手。

西蒙·玻利瓦爾❷於一七八三年出生在委內瑞拉的加拉加斯，他曾經在西班牙學習過一段時間。法國大革命時期，他去往巴黎，目睹了當時的政府是如何運作的。之後他又去了美國，然後

---

❶杜桑·盧維杜爾，海地革命領袖，最後死於法國人的獄中。

❷西蒙·玻利瓦爾，拉美獨立運動領導人，建立了委內瑞拉共和國，並解放了祕魯。

返回故鄉。當時，委內瑞拉對宗主國西班牙極爲不滿，這種情緒持續高漲。1811年，委內瑞拉正式宣佈獨立，玻利瓦爾成了一名偉大的革命將領。可是起義還不到兩個月就被殘酷鎮壓，玻利瓦爾被迫踏上了逃亡之路。

接下來的五年，玻利瓦爾一直堅持著這個看起來沒有勝利希望的革命事業。他還捐出了自己的全部財產，以示對革命的支持。最後一次遠征中，由於得到了海地總統的支持，他才獲得了勝利。之後，爭取民族獨立的抗爭迅速蔓延到了整個南美大陸。西班牙政府無力鎮壓，只好求助於「神聖同盟」。

這種形勢讓英國人憂心不已。當年荷蘭人海上霸主的地位，已經被如今的英國船隊取代，英國船隊已經成了世界上最主要的海上運輸隊。他們覺得，南美人的獨立戰爭是自己賺取大筆利潤的好時機。所以，他們希望美國可以出面阻止「神聖同盟」插手此事。然而，美國的衆議院和參議院都不想幹預西班牙事務。

就在這緊要關頭，英國內閣發生變動，托利黨上台，喬治・卡寧被任命爲國務大臣。他暗示美國政府，如果他們願意阻止「神聖同盟」鎮壓南美的叛亂，英國就會用海上所有的力量來支援美國。一八二三年12月2日，門羅總統在國會發表了著名宣言：「美國會將『神聖同盟』在西半球的任何勢力擴張活動，視爲對美國的不友好。」4個禮拜之後，英國的報紙刊載了「門羅主義」全文，對此，「神聖同盟」不得不進行艱難的抉擇。

梅特涅對此猶豫不決。他個人是非常想挑戰一下美國的實力的（自從一八一二年英美戰爭後，美國的海陸軍就無人重視了）。可是，想到卡寧那咄咄逼人的態度，以及歐洲大陸自己的麻煩，他不得不終止了籌劃中的「神聖同盟」遠征計劃。最終，南美和墨西哥獲得了獨立。

接下來將要介紹的，是歐洲大陸來勢異常猛烈的麻煩。一八二〇年之後，「神聖同盟」就爲維護歐洲和平忙得焦頭爛額，先是將法國軍隊派往西班牙，後又將奧地利軍隊派往意大利。當時，意大利正在努力實現統一。意大利「燒炭黨」（由一批燒炭工人組織起來的祕密會社）大力宣傳統一的意大利，最終，一場反抗那不勒斯統治者費迪南的起義爆發了。

俄國也有很多不好的消息傳來。亞歷山大剛離世，就爆發了聖彼得堡革命。這場「十二月黨人起義」❸持續的時間不長，但是非常血腥，很多愛國者遭到了被絞殺的懲罰。這些愛國者只是對亞歷山大晚年的反動統治頗爲不滿，希望可以實行立憲政府制。

後來又發生了更糟的事情。面對此起彼伏的起義，梅特涅十分不安，先後在亞琛、特羅堡、盧布爾雅那和維也納召開了一系列會議，以期獲得歐洲各國宮廷的支持。他選擇的地方都是風景優美的海濱勝地（奧地利首相會選在這裡避暑），各國代表紛紛按時趕來。他們還是堅守原來的承諾，要全力鎮壓起義，卻沒有必勝的信心。人們騷動的情緒開始變得難以控制，特別是法國，

---

❸ 十二月黨人起義，指一八二五年12月俄國反沙皇專政的起義。

法國國王的處境十分危險。

但是，眞正的大麻煩始於巴爾幹。自古以來，這裡就是西歐的門戶，是蠻族入侵的必經之路。摩爾達維亞率先爆發起義。原本這裡是古羅馬的達西亞省，公元3世紀左右脫離了羅馬帝國。之後，摩爾達維亞就像消失的亞特蘭提斯❹一樣，成了「失落的國土」。當地居民說的還是古羅馬語言，他們稱自己爲羅馬人，給國家命名爲羅馬尼亞。一八二一年，希臘人亞歷山大・伊普西蘭蒂王子領導人民反抗土耳其人的統治。他原本以爲，俄國一定會支持他們。可是，梅特涅很快就派特使前往聖彼得堡。就這樣，沙皇被梅特涅的「和平與穩定」的觀點勸服，拒絕援助羅馬尼亞。於是，起義很快宣告失敗，伊普西蘭蒂流亡奧地利，在監獄中度過了七年。

一八二一年爆發暴亂的還有希臘。從一八一五年開始，希臘的愛國地下組織就開始爲起義做準備。這次起義爆發在摩里亞半島（即古伯羅奔尼撒半島），他們做了充足的準備，在土耳其人毫無防備的情況下將他們在當地的駐軍驅逐出去，宣佈獨立。土耳其人以其慣有的方式進行了反擊，他們將君士坦丁堡的希臘主教逮捕入獄，並選在一八二一年的復活節，把這位希臘人和許多俄羅斯人心目中的教皇絞殺。希臘人出於憤怒，馬上殺死了所有在摩里亞首府特裡波里莎的伊斯蘭教徒，作爲報復。土耳其人不甘示弱，襲擊了俄斯島，殺死了二萬五千名基督教徒，並將四萬

❹ 亞特蘭提斯，傳說中已經沉沒的大西洋城。

五千人販賣為奴隸。

之後，希臘人向歐洲法庭發出求救信號，可是梅特涅不但對此橫加阻止，還聲稱這是「自作自受」（我在這裡並沒有用雙關語，這是當時教皇的信中的原話，「應該聽任暴亂之火在野蠻地區自生自滅」）。歐洲將通往希臘的道路全部封鎖，任何想要前往希臘救人的志願者都被攔截下來。希臘幾乎沒有獨立的可能了。這時，應土耳其人的要求，埃及軍隊登陸了摩里亞。很快，土耳其的國旗又在雅典衛城上迎風飄揚了。埃及軍隊採用了「土耳其方式」，對當地進行統治。梅特涅靜觀事態的發展，等待著「打破歐洲和平的舉動」的終結。

這一次，英國人再次出手，將梅特涅的計劃徹底打亂。英國的殖民地十分廣闊，也擁有無盡的財富，海軍戰無不勝，這些都值得人豔羨，但是這不是英國人最引以為傲的，他們心中深藏的英雄主義和獨立精神才是他們最驕傲的。英國人向來遵守法律，他們認為，文明社會和野蠻社會一個重要的不同之處，就在於前者懂得尊重他人。但是他們同時也認為，別人沒有干涉自己思想自由的權利。一旦他們覺得政府做得不公，就會果斷地說出自己的觀點。而政府也非常尊重他們的自由思想，儘力保證他們不受迫害。所以，只要是正義的事業，不管距離遠近，敵我力量是否懸殊，他們都會勇敢地支持。總體看來，英國人和其他國家的普通民眾沒什麼不同。他們忙於日常生活，不會將時間和精力放在那些無謂的「冒險遊戲」上。但是對於那些甘願犧牲一切前往亞洲或者非洲，為弱小民族獻身的鄰居，他們會極為崇敬。要是這個鄰居不幸死在了戰場上，他們不但會厚葬他，還會將他作爲教育孩子的榜樣。

這種民族特性在人民的心中深深地紮下了根，任誰都無法撼動。一八二四年，拜倫❺勛爵乘船前往南方，要去支援希臘。他是一個年輕的英國詩人，非常富有，曾經以自己的詩歌打動了整個歐洲。然而僅僅過了三個月，人們就收到了噩耗——他們的英雄在希臘的最後一塊營地米索龍吉去世了。這位偉大的詩人英雄式的死亡讓整個歐洲的人民都燃起了想像與激情，各國援助希臘的組織遍地開花。美國革命的老英雄拉法夷特爲宣傳希臘人的處境而東奔西走；巴伐利亞國王也派遣幾百名軍官趕赴希臘。英雄離世之後，不計其數的補給運到了米索龍吉，支援著那裡的災民。

在英國，喬治·卡寧在成功挫敗了「神聖同盟」對南美的干涉之後，當上了首相。這時，他意識到打擊梅特涅的良機已經悄然來臨。英國和俄國的軍隊前往地中海，隨時整裝待發，因爲人民對希臘事業的熱情高漲，根本無法壓制。自從十字軍東征之後，法國就宣稱要捍衛基督教信仰，這次自然不甘屈居人後。於是，一八二七年10月20日，三國聯軍在納瓦里諾灣將土耳其海軍打得潰不成軍。在歐洲，這場戰役的捷報收穫了人們空前熱烈的歡呼。西歐人和俄國人毫無自由，只能通過在想像中參與希臘人民的戰鬥，獲得心靈上的安慰。他們的努力終於收到了成效，

---

❺拜倫，一七八八—一八二四，英國著名的浪漫主義詩人。

一八二九年，希臘正式宣佈獨立。這也意味著，梅特涅的「穩定」政策再次遭遇了失敗。

限於篇幅，我不可能詳細介紹每個國家的民族獨立鬥爭。以此爲主題的優秀圖書不計其數。我之所以要在此詳細地介紹希臘人民的起義，是因爲它有著特殊意義，是第一次成功突破「維護歐洲」反動陣營。雖然反動陣營依然存在，梅特涅仍在苦心孤詣地運營，但是他們距離滅亡已經不遠了。

然後是法國。自從波旁王朝重新掌權，就無視文明和戰爭的法則，極力推行控制森嚴的警察制度，意圖將革命的成果徹底摧毀。一八二四年，路易十八駕崩，此時，法國人民已經在「和平生活」的壓迫下忍氣吞聲地活了9年，而其痛苦比帝國的10年要多得多。路易十八死後，他的兄弟查理十世即位。

路易十八屬於波旁家族，雖然這個家族的成員大多沒什麼才能，卻有著過人的記憶力。路易十六被送上斷頭台的時候，路易十八正住在哈姆鎮，他在一天早上聽說了這個消息，並把這段記憶深深地印在了腦海裡。這些記憶不斷地提醒他，一個看不清局勢的君主一定會下場慘澹。而查理跟他不一樣，他大手大腳，不懂節儉。還不滿20歲，他就債台高築，欠下了五千萬法郎的債務。他也沒什麼才能，也不知道吸取教訓，還不思進取。上位之後不久，他就建立了一個「由教士建立、所有和所享」的新政府。這一評論是由並非激進自由派的惠靈頓公爵提出來的，可見，人人都對查理的統治方式深惡痛絕，就連那些篤信法制的人對此都十分反感。查理胡作非爲，不但把對政府提出批評的報刊給封鎖了，還將支持新聞界的議會給解散了。看來，他的好日子快要到頭了。

一八三〇年7月27日晚，法國爆發了一場大革命。7月30日，國王逃亡到海岸，乘船逃往英國。波旁家族走下了王位，一場「十五年的鬧劇」終於狼狽地畫上了句號。他們的愚蠢簡直無人能及。此時，法國原本是可以建立新的共和制的，但是梅特涅絕不會允許。

情勢十分危急。法國境內遍地都是反叛的火星，其中一團跳到了邊境之外，另外一場民族矛盾的戰火由此點燃。早在建立的第一天，新尼德蘭王國就注定會以失敗告終。比利時人和荷蘭人的性情格格不入。國王奧蘭治的威廉（他是「沉默的威廉」的一個叔叔的後裔）雖然十分勤奮，全心全意治理國家，但是他太缺乏靈活性和手段，無法讓這兩個水火不容的民族和諧共處。法國革命爆發之後，大批天主教士進入比利時逃難。而威廉是一名新教徒，不管他採取什麼樣的措施，都會被憤怒的人們指責成「對天主教信仰自由」的新一輪進攻。8月25日，布魯塞爾❻民眾爆發了一場反對荷蘭政府的起義。兩個月後，比利時宣佈獨立，並推舉科堡的利奧波德坐上王位，他是維多利亞女王的舅舅。兩個生生被捆綁在一起的民族終於分道揚鑣。但是從此之後，它們就像友好的鄰居，相處得十分融洽。

---

❻ 布魯塞爾，比利時的首都和最大的城市。

當時，歐洲鐵路的數量和里程都不多，消息傳播得十分緩慢。可是，荷蘭人剛一收到法國和比利時的革命者成功的消息，馬上發起了對俄國統治者的反抗。最終，這場戰爭以俄國人的勝利告終。他們以衆所周知的「俄國方式」，重新建立了維斯瓦河❼沿岸的統治秩序。一八二五年，尼古拉一世接替亞歷山大，成了俄國沙皇。他堅信，自己的家族自古以來就有神授的波蘭統治權。無數流亡西歐的波蘭人民的親身經歷告訴人們，「神聖同盟」的原則在俄國就如同一紙空文。

意大利也是多事之秋。在滑鐵盧戰役後，拿破崙的妻子——帕爾馬女公爵瑪麗・路易斯就離他而去。在一陣突如其來的革命浪潮中，她被國民從自己的國家驅逐了出去。熱情澎湃的教皇國民們原本的計劃是，建立一個共和制國家。可是，奧地利軍隊很快就讓羅馬城，讓一切都恢復了原狀。梅特涅依然端坐在普拉茨宮（哈布斯堡王朝外交大臣的官邸），祕密警察也都各歸各位。有了他們的監視，「和平」又得到了維護。直到18年後，人們才通過一次更加成功的努力，讓歐洲人民完全掙脫了維也納會議的枷鎖。

這一次，又是歐洲革命的風向標——法國——再次率先挑起戰爭。接替查理十世的是路易・菲利普，他是奧爾良公爵的兒子。奧爾良公爵曾經是雅各賓黨的支持者，在處死路易十六的時候，他投出了至關重要的一票。大革命爆發初期，他也擔任著重要角色，還得名「平等・菲利

---

❼ 維斯瓦河，波蘭境內的主要河流。

普」。後來，羅伯斯庇爾開始整頓革命隊伍，清理「叛徒」（他對和自己意見不同的人的稱呼），奧爾良公爵就被處死了。於是，路易·菲利普開始了逃亡生活。他曾在瑞士的中學做過老師，也曾經去美國的「遙遠西部」進行探索。拿破崙失敗之後，他才得以返回巴黎。比起那些愚昧的波旁表兄，他要聰明很多，而且非常節儉，經常在腋下夾著一把傘到巴黎的公園散步。而且他還是一個好父親，經常會帶著一群孩子。可是，此時法國已經進入了不需要國王的時代，但是他並未察覺。直到一八四八年2月24日清晨，一群人擁進了杜伊勒宮，將他趕下台，宣佈法蘭西共和國成立。

巴黎爆發革命的事情很快就傳到了維也納。但是梅特涅並沒有把它放在心上，他還輕蔑地說：「這只是在重演一七九三年的鬧劇。結果只有一個，就是盟軍再次進入巴黎，終結這場鬧劇。」可是僅僅過了兩週，奧地利首都也爆發了一場起義。梅特涅偷偷地從後門逃走，避開了怒氣衝衝的民眾。無奈之下，斐迪南皇帝頒佈了新憲法，新憲法的大部分內容都是過去33年間梅特涅竭力壓制的革命原則。

這次起義對整個歐洲都造成了影響。匈牙利也宣佈獨立，在路易·考蘇特的帶領下，匈牙利人民打響了與哈布斯堡王朝的鬥爭。這場戰爭的敵對雙方力量非常懸殊，但是匈牙利人民還是堅持了一年多。最後，在沙皇尼古拉的援助下，保守勢力才取得了勝利。沙皇派遣軍隊翻越喀爾巴阡山，殘忍地鎮壓了這次起義，匈牙利的君主統治最終得以保全。之後，哈布斯堡王室建立起專門的軍事法庭，將那些曾經擊敗他們的匈牙利革命者統統處死。

意大利西西里島的民衆也發動了獨立起義，他們將國王趕走，宣佈與那不勒斯脫離。教皇國的首相羅西慘遭殺害，教皇驚恐不已，迅速逃走，直到第二年才在法國軍隊的護送下回到故鄉。之後，這支法國軍隊就在羅馬駐紮下來，預防隨時可能發生的針對教皇的襲擊。直到一八七〇年普法戰爭爆發，這支軍隊才緊急回國，對付普魯士。最終，羅馬變成了意大利的首都。在意大利半島北部，米蘭和威尼斯都得到了撒丁國王阿爾伯特的支持，共同反抗統治者奧地利。然而，老拉德茨基❽率領著一支強大的奧地利軍隊進入了波河谷地，並在卡斯托扎和諾瓦拉附近重挫撒丁軍隊。阿爾伯特無奈之下，只能將王位傳給了兒子維克多・伊曼紐爾，很快，意大利王國實現統一，伊曼紐爾成了統一後的第一任國王。

至於德國，一八四八年的大動盪很快就演變成了聲勢浩大的全國性示威活動。人民的呼聲是：政治統一，政府推行代議制。而巴伐利亞國王正對一個愛爾蘭女子愛得如痴如醉——她說自己是一名西班牙舞蹈家（她的名字是羅拉・蒙特茲，死後在紐約的波特公墓安葬）。他最後的下場是，被一群憤怒的大學生趕下了台。在普魯士，受到民衆的逼迫，普魯士國王站在巷戰死難者的靈柩前，摘下帽子表示哀悼，並允諾建立立憲政府。

---

❽ 老拉德茨基，奧地利陸軍元帥。

一八四九年3月，德國議會召開，來自全國各地的五百五十名代表參加了會議。在會上，普魯士國王腓特烈·威廉當選為統一德國的皇帝。

然而過了不久，革命形勢就急轉直下。碌碌無為的斐迪南退位，他的侄子弗蘭西斯·約瑟夫繼位。經過嚴格訓練的奧地利軍隊對這個酷愛戰爭的主子忠心耿耿。革命者遭到了殘忍的迫害。哈布斯堡根基深厚，很快恢復了元氣，並迅速加強了對東西歐局勢的掌控。他們在外交上十分圓滑，深諳外交遊戲之道。他們充分利用德意志國家之間的嫉妒心理，截斷了普魯士國王晉陞皇帝之路。哈布斯堡家族曾經遭遇過很多痛苦和磨難，知道忍耐的價值，也知道該如何等待時機的到來。那些自由派在政治方面很不成熟，只知道空談，或者沉迷於四處演說中，卻不知道奧地利軍隊正在暗中籌謀，等待最後一擊的時刻。最終，法蘭克福議會被驅散，那個維也納會議的產物、早已失去生機的德意志聯盟，又掙紮著站起來了。

在出席法蘭克福議會的人中，大部分人都只會幻想。但是其中一個叫俾斯麥的普魯士人卻和他們不一樣，他喜歡靜靜地聆聽，觀察事情的動向。他知道（每一個務實的人都知道）空談做不成任何事情，只有行動才有結果。而且，他有著獨特的處理國家事務的方式。他曾經學習過傳統外交，精明圓滑，能夠把對手玩弄於股掌之中，還深諳散步、喝酒、騎馬等外交手段。

俾斯麥⑨認爲，只有把四分五裂的德意志聯盟統一起來，才是讓德意志成爲歐洲霸主的唯一途徑。俾斯麥是從封建時代成長起來的，忠君思想在他的心目中紮下了根。他對霍亨索倫家族非常忠誠，認爲哈布斯堡家族非常無能，希望前者可以取而代之。爲此，他首先要做的就是削弱奧地利勢力。這個任務十分艱巨，他必須爲此做好充足的準備。

當時，意大利已經掙脫了奧地利的統治，獲得了獨立。意大利的成功離不開三個人：加富爾⑩、馬志尼⑪和加里波第⑫。在這三個人中，戴著眼鏡的加富

馬志尼

⑨俾斯麥，一八一五—一八九八，德國近代史上傑出的政治家和外交家，被稱爲「鐵血宰相」。

⑩加富爾，一八一〇—一八六一，意大利自由貴族和資產階級君主立憲派領袖，意大利王國第一任首相。

⑪馬志尼，一八〇五—一八七二，統一的意大利的締造者。

⑫加里波第，一八〇七—一八八二，意大利愛國志士和軍人。

爾原本是一位工程師，思慮周全，是政治主角。爲了躲避奧地利警察對革命者的追殺，馬志尼有大部分時間都是在歐洲各地的閣樓裡度過的。他在演講方面很有才華，善於鼓動起人民的熱情，所以是負責政治宣傳的靈魂人物。傳奇的加里波第則帶領著一批勇士，激發起意大利人民的革命熱情。

馬志尼和加里波第原本都是共和制政府的忠實擁躉，而加富爾傾向於君主立憲。當時最受信任的是加富爾，他有著突出的政治才能，把控著革命的方向。於是，大家都放棄了爲祖國爭取更大自由的雄心，接受了加富爾的主張。

就和俾斯麥忠於霍亨索倫家族一樣，加富爾也有盡忠的對象，就是意大利的撒丁王族。加富爾制訂了嚴密的計劃，採取了縝密的措施，誘使撒丁國王擔負起這個重要使命。而歐洲其他國家的混亂狀態，也大大推進了加富爾的計劃。其中，爲意大利的獨立作出最大貢獻的，當屬它的老鄰居法國。

法國總是動盪不安，共和政府成立不久，就在人們的期盼中，於一八五二年11月垮台了。拿破崙的侄子、前任荷蘭國王路易・波拿巴的兒子拿破崙三世重新建立了帝國，自詡爲「得到了上帝的恩許和人民的擁戴」。

拿破崙三世曾經在德國求學，所以他的法語中帶著難聽的條頓口音（就像拿破崙說話時總帶有意大利口音一樣）。爲了使自己的地位更加穩固，他總是不遺餘力地宣揚拿破崙的傳統。但是，他不夠圓滑，處處樹敵，所以總是擔心自己無法順利登上王位。幸運的是，英國維多利亞女王和大臣對他的印象不錯，這一點十分重要。而面對這位「暴發戶」，歐洲的其他君主都十分傲慢，還總是聚到一起，琢磨著該怎麼表達對他的蔑視。

拿破崙三世非常無奈，只好積極想辦法擺脫這種充滿敵意的處境，不管是施恩還是施威都可以。他知道，法國百姓對「戰爭榮譽」充滿了渴求，就決定為了皇位賭一把，而且要下一個大的賭注，那就是整個帝國的命運。此時，俄國對土耳其發動進攻，他就以此為藉口，發動了克里米亞戰爭⑬。在這次戰爭中，法國和英國支持土耳其，而俄國支持蘇丹。不過，這次冒險幾乎沒有獲得什麼利益，付出了巨大的代價，收穫的榮譽卻不多。

不過，克里米亞戰爭還是有一定的好處的，撒丁國王藉機加入了勝利者一方。在戰爭結束後，加富爾就有足夠的理由向法國和英國索取回報了。

加富爾十分聰明，利用局勢大大提高了撒丁王國在國際上的地位。之後，一八五九年6月，他又發起了對抗奧地利的戰爭。想要獲取這次戰爭的勝利，就要得到法國的支持。為了爭取到法國的支持，他將薩伏伊和尼斯城送給了拿破崙三世。法意聯軍所向披靡，接連取得了馬干塔和索

---

⑬克里米亞戰爭，一八五三年10月20日，由奧斯曼帝國、英國、法國、撒丁王國先後向俄國宣戰，戰爭持續3年多，最終以俄國失敗告終。

爾非裡諾戰役的勝利。這次戰役之後，一些奧地利行省和公國就劃到了統一的意大利版圖，可以說收穫喜人。剛開始，意大利把首都定在了佛羅倫斯。一八七〇年，駐守教皇國的法軍收到命令，回國對抗普魯士人，意大利人馬上進入了羅馬城。之後，撒丁王族搬進了昆里納宮，這是由一位古代教皇在君士坦丁大帝浴室的廢墟上修建起來的一座行宮。

教皇失去了羅馬，被迫渡過台伯河，躲入梵蒂岡的高牆。自從那位古代教皇於一三七七年離開流放地亞威農回到這裡，梵蒂岡就一直是教皇的住所。教皇先是強烈譴責了意大利人搶占羅馬的行爲，之後向同情他的天主教徒們求助，但是並沒有多少人支持他。那之後，教皇就開始慢慢脫離世俗的國家事務，全身心地投入解決精神問題上。教皇在脫離了歐洲政客們的紛擾之後，地位反而更加崇高，教會的事業也有了穩步推進。自此之後，教會就成了可以推動社會與信仰進步的國際力量，而教皇對當今社會的各種經濟問題也有了更爲深刻的認識。

於是，維也納會議的「穩定」夢想，因爲意大利脫離奧地利獨立而化爲泡影。

德國的問題懸而未決，並且是最難解決的問題。一八四八年的革命失敗之後，導致了人口大規模遷移。大量年富力強、思維活躍的德國人移民去了美國、巴西以及亞非地區，過上了新生活。他們遺留下的事業，由一批有著與之前一批人截然不同的性格的人接手了。

德國議會垮台，自由派創建統一國家的努力也付諸東流。之後，在法蘭克福召開了新的議會。我們在前面已經提到過代表普魯士的奧托・馮・俾斯麥，他也參加了這次會議。現在，他已經如願地得到了普魯士國王的信任，對他而言已經足夠了，他根本不關心普魯士議會或者人民會對他有什麼意見。他從自由派的失敗中總結出這樣的教訓：要想眞正擺脫奧地利，唯一的途徑就是通過戰爭。於是，他開始暗中進行準備。首先要做的，就是提高普魯士軍隊的實力。他是一個下定決心後就一定要採取行動的人，這種獨斷專行也激怒了議會，後者拒絕爲他提供資金。然而，俾斯麥根本不屑於爭論這個問題。他將議會拋到一邊，用普魯士皮爾斯家族和國王提供的資金大肆擴軍。之後，他開始尋找點燃德國人民愛國激情的好機會。

德國北部有石勒蘇益格和赫爾斯泰因兩個公國，早在中世紀，這兩個地方的麻煩就層出不窮。它們並不是丹麥的領地，卻由丹麥國王統治，而且這片土地上混居著丹麥人和德國人。由於以上這些原因，這裡總是紛爭不斷。我並不是故意提起這個早已被人們遺忘的問題，因爲最近的《凡爾賽和約》⓮似乎已經解決了這個問題。然而當時兩國紛爭不斷，德國人對丹麥人大聲責罵，而丹麥人又堅持維護自己的傳統。很快，這個問題就成了整個歐洲關注的焦點。德國的男聲合唱團和體操協會聆聽著「被遺棄的兄弟」發表的傷感演說，內閣大臣開始調查問題到底是如何產生的。此時，普魯士先下手爲強，動員軍隊去「收復失地」。作爲德意志聯盟的傳統首領，奧地利自然不會在這麼重大的問題上撒手不管。於是，哈布斯堡的軍隊也行動起來，和普魯士軍隊一起殺入丹麥，將這兩個公國給占領了。丹麥勢力單薄，孤軍作戰，最後只能面對失敗。

⓮《凡爾賽和約》，一戰後，戰勝國和戰敗國簽訂的和約。

俾斯麥馬不停蹄地開始了帝國計劃的第二步。他藉口分贓不均，和奧地利發生爭吵，而哈布斯堡王室十分愚蠢，一下就陷入了俾斯麥設計好的圈套。俾斯麥和忠於他的大將們組建了新普魯士軍隊，先是攻入波西米亞，然後用了不到六個星期就在薩多瓦和科尼西格拉茨擊潰了奧地利軍隊。自此，通向維也納的道路打開了。不過，俾斯麥並不想趕盡殺絕，不想在歐洲舞台上處處樹敵。於是，他向戰敗的哈布斯堡提出了議和方案，讓他們放棄德意志聯盟的領導地位。可是，俾斯麥沒有放過那些曾經支持奧地利的德意志小國，將它們全都併入了普魯士。於是，德意志的大部分北部國家組建了一個新的組織——北德意志聯盟。普魯士贏得了勝利，晉陞爲德意志民族的非正式領袖。

面對俾斯麥採取的一系列統一德國的行動，整個歐洲都震驚了。英國人對此毫不在意，法國卻非常不滿。法國人民對於拿破崙三世已經沒有之前那麼信任了，雖然克里米亞戰爭付出了慘痛代價，可是並沒有爲他們帶來渴望的榮譽。

一八六三年，拿破崙三世開始了新一次冒險。他派出了一支強大的軍隊，想扶植馬克西米連的奧地利大公做墨西哥皇帝。但是，在美國的內戰中，北方取得了勝利，拿破崙三世的這一次冒險又面臨著失敗。受到華盛頓政府的壓力，法軍被迫撤離墨西哥。這給了墨西哥人民趁機清掃敵人的機會。最終，那個令人反感的可憐的國王被槍殺了。

眼前的局勢變成了一團亂麻，拿破崙三世爲了鞏固自己的地位，只好再次尋找機會。北德意志聯盟蓬勃發展，很快就會威脅到法國。見狀，拿破崙三世就想要對德國發動戰爭。於是，他開始多方面尋找藉口，這時候，長期被戰爭困擾的西班牙就爲他提供了一個好機會。

當時，西班牙的王位無人繼承，急需一個繼承人。西班牙原本的想法是從霍亨索倫家族中信奉天主教的成員中選擇一位當國王，可是法國政府對此堅決反對，於是霍亨索倫家族就回絕了這件事。此時，也許是受到美麗的妻子歐也妮．德．蒙蒂納的影響，拿破崙三世的心理出現了問題。歐也妮的父親是一位西班牙紳士，祖父是威廉．吉爾吉帕特里克，他是駐守馬拉加的美國領事，當地盛產葡萄。雖然歐也妮十分聰明，可是和當時的大多數西班牙婦女一樣，她沒受過什麼教育。她完全聽命於宗教顧問，對普魯士的這位新教徒國王十分痛恨。王后告訴丈夫：「要勇敢。」但是她省略了這句普魯士著名格言的後半句。格言的原話是：「要勇敢，但是不能莽撞。」拿破崙三世對自己的軍隊信心十足，他寫信給普魯士國王，要求國王向他保證，「絕對不會有霍亨索倫家族的人登上西班牙王位」。在此之前，霍亨索倫家族就已經放棄了這個榮譽，所以他完全沒有必要提出這樣的要求。國王做出了允諾，俾斯麥也將其轉達給了法國政府，但是拿破崙三世並不甘心。

一八七〇年，普魯士的威廉國王抵達艾姆斯度假勝地。他正在游泳的時候，法國外交官請求覲見。國王高興地說：「今天天氣不錯，西班牙的問題早已解決，沒有必要舊事重提。」按照慣例，這次會面的情況被整理成報告，以電報形式發給了負責外交事務的俾斯麥。爲了方便普魯士和法國的媒體對此進行報導，俾斯麥「潤色」了這封電報。這一舉動爲他招來了譴責，但是他辯解道，文明政府歷來都擁有修改官方消息的特權。這封被俾斯麥「潤色」過的電報發表之後，善良的柏林人認爲，這個狂妄的外交官戲弄了他們可敬的國王；而善良的巴黎百姓認爲，普魯士皇家居然敢當面侮辱他們彬彬有禮的外交使節，眞讓人惱火。

戰爭一觸即發，可是開戰之後不到兩個月，拿破崙三世和大部分士兵就被德國人俘獲了。於是在這個的屈辱中，法蘭西第二帝國轟然落幕，第三共和國成立。新政府號召人民保衛巴黎，抗擊德國。但是，巴黎人民頑強抵抗了五個月，最終還是沒能阻擋巴黎的淪陷。在占領巴黎的10天前，普魯士國王在凡爾賽宮正式加冕，成爲德意志皇帝。凡爾賽宮位於法國近郊，是由德國的死對頭路易十四修建的。槍炮聲震耳欲聾，似乎在向巴黎市內正在忍饑挨餓的市民宣佈，新的德意志帝國就此成立，弱小的條頓國家已經壽終正寢，成爲歷史。

德國問題就以這樣粗暴的方式解決了。在維也納會議結束的56年之後，也就是一八七一年，它的所有成果都被消滅得一乾二淨。梅特涅、亞歷山大和塔列朗的本意是給人們一個永久和平的世界，但是戰爭卻從未停止。18世紀的「神聖兄弟之情」成爲歷史，一個精彩的民族主義時代悄然到來，它帶來的深刻影響，至今仍未結束。

第五十七章　發動機的時代

——民族獨立戰爭爆發時，由於科學發明，歐洲人的生活水平有了很大提高。18世紀的一件非常笨重的發明——蒸汽機，開始勤勞地為人民服務。

在50多萬年以前，一個人的誕生，開啓了人類的歷史進程。他渾身都是毛髮，眉眼略有些偏低，眼眶深陷，下頜骨很寬，還長了一口鋒利的牙齒。雖然這樣的樣貌很不好看，而且也不討人喜歡，可是他仍舊被我們當代的科學家們尊稱爲祖先。那是因爲，他在吃那些堅硬的堅果時，發現了石頭可以砸開它們。他還發現，即使是重達千百斤的石頭也可以被木棍撬起來。就這樣，他依靠著在實踐中的摸索，創造出了人類歷史上最早的工具——錘子和槓桿。他爲人類的發展進程付出了很多，他的貢獻是後來所有生活在世界上的生物都不能與之相比的。

從那之後，人類把創造美好生活的理想都寄託在了使用工具上。人們曾在早期的時候，用樹木製造出了車輪。車輪的誕生，是在公元前10萬年的時候，那時它的出現給人類帶來了巨大的驚喜，就像前幾年，我們研製出飛行器時那樣令人驚嘆。

在19世紀30年代的華盛頓，曾發生過一件有趣的事情。一些政府的工作人員覺得「世間該有的發明，人類都已經創造出來了」，他們提出要撤掉發明專利機構。當人們在過去的歷史中，第一次用風帆代替木槳、竹篙、纖繩當作船隻航行的動力時，這些創造就使他們產生了質疑。不過，在人類歷史發展的進程中，有一點很特殊，就是當自己不想幹活，只想慵懶地享受日光，或是休閒娛樂的時候，他們利用豢養的動物來幫自己幹活。

在人類歷史的早期，出身卑賤的人很容易被出身高貴的人得到，而且得到的人可以隨意地支配他們。正是因爲當時的奴隸制，才導致了聰明的希臘人和羅馬人沒有創造高效率的機器。當這些被廉價販賣的奴隸擁有較高的勞動價值時，哪裡還需要數學家們去費盡心思地研製線繩、滑輪、齒輪等工具呢？

中世紀的時候，稍加改進的農奴制替代了奴隸制。不過雖然制度發生了變化，但他們還是不允許使用機器，他們認爲機器會使大批的勞動力失去生活來源。除此之外，那時的人們認爲，商品的需求量不足以要求過多的商品生產機器。而這些裁縫、屠夫和木匠們並不想與誰較量什麼，只是想滿足最基本的生活需求而已。

到了文藝復興時期，教會有了明顯的改觀，不再強迫人們接納他們對科學的錯誤理解。許多人開始對數學、天文學、物理學還有化學產生了興趣。

就在三十年戰爭快要打響的前兩年，一本關於「對數」這個新概念的書出版了，它的作者是蘇格蘭人約翰·納皮爾❶。而在戰爭期間，萊比錫的哥特弗里德·萊布尼茨完善了微積分體系。在《威斯特伐利亞條約》簽署的8年前，英國誕生了一位後來聞名於世的自然科學家，他就是牛頓，但不幸的是，偉大的意大利天文學家伽利略卻在此時去世了。三十年戰爭徹底摧毀了中歐的繁盛，這時「煉金術」吸引了人們的注意。中世紀時期的人們幻想著，也許平常的金屬在這種技術下能夠變成黃金。但這肯定是不能實現的，不過在煉金術士們努力的實踐中，他們有了很多新發現。這讓接下來研究的化學家們受到了啓發。

前期人們的實踐經驗為以後的機器創造奠定了堅實的科學基礎，所以機器便在這需求中誕生了。中世紀時期，機械製造最重要的原料就是木材。但易腐朽是木頭最大的缺點，不過要是用鐵製造就不會了。可鐵礦在歐洲是很稀少的，只有英格蘭有。所以，英格蘭的煉鐵業發展得很迅猛。高溫是煉鐵的必要條件。最早時人們使用木頭作為燃料，但是木材資源卻在一天天減少。人們只好開採新的能源「石煤」，用它來代替木頭作為燃料。可是，要將它開採出來並不簡單，首先要從地下將煤挖上來，再運輸到冶煉廠進行冶煉，不僅如此，還要做好防水的措施，以確保礦場的安全。

這些步驟中，最難的就是運輸和防水的工作。剛開始人們定下了運煤的工具用馬，但抽水的

❶約翰·納皮爾，蘇格蘭數學家，神學家。

機器卻沒有頭緒。所以，很多的發明家就開始嘗試著製造這種機器。經過反覆推敲，他們認為機器的動力用蒸汽來保障是最合適的。在早前，蒸汽機的想法就已經出現了。在公元前一世紀時，亞歷山大就記錄過幾款用蒸汽當作動力的機器。蒸汽汽車是人們在文藝復興時期產生的想法。

發明家沃塞斯特與牛頓是同一時代的人，他在自己的發明著作中詳細地描繪過一種蒸汽機。一六九八年，抽水機被人發明出來並申請了專利，這人就是倫敦的托馬斯·薩弗里。同年，用火藥引發規律爆炸的發動機被荷蘭人克里斯蒂安·惠更斯❷改進完善，它工作起來如同引擎發動一樣的快速。

歐洲人們的心思基本全都放在了蒸汽機的製造上。法國人丹尼·帕潘是惠更斯的好友和助手，他的蒸汽機實驗在很多國家都做過。用蒸汽作為動力的小車、小蹼輪都是他的實驗成果。但是，他在打算進行蒸汽船的實驗時卻碰到了麻煩，老船員們怕這種新型船的成功會對他們的工作造成威脅，於是他們直接提出了反對意見。最終結果就是，他的船被政府沒收了。為了發明這種船用光了他所有的財產，後來窮困潦倒之下，他在倫敦去世了。這時的托馬斯·紐克門正在研製新型的蒸汽泵。又過了50年，詹姆斯·瓦特作為格拉斯哥機器的製造者，將紐克門的蒸汽泵進行了完善。在一七七七年的時候，瓦特宣佈，世界上最具實用價值的蒸汽機製成了。

---

❷克里斯蒂安·惠更斯，荷蘭物理學家、數學家、天文學家。

在蒸汽機逐步產生的幾百年間，世界的政治格局發生了很大的變動。荷蘭的海軍被英國打敗後，英國就占據了世界海上貿易的霸主地位。之後，他們對一些地方進行攻占，使之成為其殖民地，並把這些地方的資源運到本國進行生產，再向外推銷成品。17世紀的北美佐治亞州人和卡羅來納州人開始了種植業的嘗試，他們種出了「棉毛」，一種能長出絨毛的新作物。他們把棉花運到英國，由蘭卡郡人紡織成布。剛開始，整個紡織的過程都是由人工完成的。沒過多久，就有人改進了紡織技術。一七三〇年的時候，約翰．凱發明了「飛梭」。一七七〇年，「珍妮紡紗機」被它的發明人詹姆斯．哈格里夫斯申請了專利。軋棉機的主要功能是可以自動分開棉花和棉籽，它是由美國人艾利．惠特尼發明的。原來手工脫籽的效率很慢，平均每人每天只可以分離一磅，它的誕生大大提高了這項工作的效率。之後，用水當作動力的紡紗機被牧師理查．阿克萊特和艾德蒙．卡特萊特研製出來。18世紀80年代法蘭西三級會議召開，該會議決定將阿克萊特的紡織機與瓦特的蒸汽機相結合起來。此舉動使後來的歐洲社會經濟發生了巨大的變革，世界各國的關係也開始發生變化。

固定式蒸汽機取得成功後，發明家們便把目光轉投到了輪船、車輛所需要的機械裝置動力的研發上。瓦特原來有過一個研發想法——「蒸汽機車」，不過在他製成之前，威爾斯的潘尼達蘭礦區就已經有了機車在運輸貨物，這機車就是理查．特里維茨克研製發明的。

與此同時，美國的珠寶商兼肖像畫家羅伯特．富爾頓正在巴黎向拿破崙展示他的潛水船「鸚鵡螺」號和他的汽船，他希望拿破崙可以採用自己的成果，爲此他還誇下海口說，只要將這些發明用在跟英格蘭的海上戰爭中，就能夠輕易奪取海上霸主的地位。

其實，「鸚鵡螺」是富爾頓參考了康涅狄格州的機械天才約翰．菲奇的創意。早在一七八七年的時候，菲奇就拿自己研發的小汽船在特拉華河實驗過。但是很可惜，拿破崙與其科學顧問並不認爲世界上會有自動汽船的存在。儘管已經有汽船在塞納河流域航行了，但拿破崙並沒有親眼看見。若是他當時採用了這個發明，也許就能爲特拉法爾加海戰❸報仇了。

沒有說服成功的富爾頓失落地回了美國，但他很快地又找到羅伯特．利文思頓，並與他合作開辦了汽船公司。當年的《獨立宣言》得以頒佈，利文思頓在其中占據了一部分功勞，在富爾頓去巴黎做成果宣傳的時候，那時的他是美國駐法大使。新公司成立後，建造了「克萊蒙特」號，它是第一艘配備

❸特拉法爾加海戰，19世紀規模最大的一次海戰，最終法國慘敗。

第一艘蒸汽船

蒸汽引擎的汽船。不久，它便壟斷了紐約州流域的所有航運。一八〇七年以後，這艘汽船便定期在紐約和阿伯尼之間航行。

一次意外，致使約翰·菲奇在失落的痛苦中死去了。他是第一個將「汽船」用於商業來往的人。當他的第五艘螺旋槳汽船被人毀壞拋棄的時候，他一分錢也沒有了，身體狀況也越來越糟。他遭到周圍人對他肆無忌憚的冷嘲熱諷，就像百年後飛行器的製造者蘭利教授❹所遭遇的一樣。讓國家西部的大河都可以相互溝通，是他這輩子最想實現的理想，可是，百姓們更願意坐平底船，或是選擇步行。直到一七九八年，他受不了寂寞和失望的雙重壓迫，便吃藥自殺了。

又過了20年，「薩瓦納」號汽船能夠載運一千八百五十噸的貨物，並以每小時6海里的速度從薩瓦納很快抵達利物浦，它創造了一個新紀錄——橫渡大西洋只用了25天。這一壯舉使人們震驚，他們不再嘲諷，但卻誤把這個殊榮給了富爾頓。

六年後，早有耳聞的「火車」橫空出世，製造者是蘇格蘭的喬治·史蒂芬遜。為使煤礦區、冶煉廠和紡織廠之間的運輸方便快捷，多年來他一直苦心研究。他的這項成就剛被使用，煤價就比原來便宜了70%。後來，曼徹斯特和利物浦之間開啓了第一條客運線路，火車定期在兩城市之間來往。從一個城市到另一個城市，人們驚嘆著火車以每小時15英里的飛一般的速度來回穿梭。

---

❹ 蘭利教授，美國飛行先驅，天文學家，測輻射熱計的發明者。

又過了12年，火車的車速已經達到了每小時20英里。雖然，在當今社會隨意一輛低檔的福特車（戴姆勒、勒瓦索車的進化版於19世紀80年代生產）都比火車要快得多。

正當這些實踐工程師們打算全心全意地投入研製「熱力機」的時候，理論科學家們在正統科學的基礎上，以新的思維方式探究著自然界中隱藏的重大祕密。

在兩千年以前，就已有一些希臘和羅馬的哲學家（米利都的泰勒斯❺和普林尼❻是典型的代表人物。公元79年，羅馬的龐培城與赫丘利諾姆城被維蘇威火山的噴發瞬間摧毀，普林尼當時正在此地考察，遭遇不幸）觀察到了令他們感興趣的現象：琥珀在被羊毛摩擦過後，就可以附著上一些小東西，像稻草、羽毛之類的。但到了中世紀，這些神祕的電力問題並沒有引起經院學者們的太大興趣。不過，就在文藝復興運動開始後沒多長時間，威廉·吉爾伯特（伊麗莎白女王的私人醫生）就在發佈的論文中探討了磁的特殊性質。三十年戰爭時期，世界上第一台電動機被發明出來，發明者是馬德堡市長和氣泵的研製者奧托·馮·格里克❼。再後來的一百多年裡，電學吸引了無數的科學家爭相鑽研。一七九五年，著名的「萊頓瓶」被最少三個或是更多的科學家一

❺泰勒斯，古希臘哲學家，自然科學家，提出了「水本原」學說。

❻普林尼，古羅馬博物學家。

❼奧托·馮·格里克，德國政治家，物理學家。

同研究了出來。班傑明・富蘭克林是繼班傑明・湯姆森（被稱為拉姆福德伯爵，曾因為親英被迫逃離新罕布什爾）之後，投身於電力研究的美國最知名的天才。當閃電和電火花同屬於放電反應的現象被他發現後，他更是全心全意地把電學的研究放在了首位。再往後就是伏特發現了直流電源，還有加爾瓦尼、戴伊、丹麥教授漢斯・克里斯蒂安・奧斯特、安培、阿拉哥、法拉第等人，他們堅持不懈地探究著電的眞正奧秘，日復一日。

他們把自己的發現與發明都無私地奉獻給了社會。塞繆爾・莫爾斯（本來是藝術家，跟富爾頓一樣）想到，我們可以用電流傳遞城市間的信息。他為了實現這個想法，準備了銅線和他自己研發的小機器。他剛開始準備實驗時，並不被人看好。無奈的莫爾斯為了實驗就只得自掏腰包，但沒過多久，他就花光了自己的積蓄，還遭到了很多人的諷刺。走投無路的他只得向國會尋求幫助。有一個特別商務委員會答應給他提供實驗的資金，可是國會議員對這件事卻是不聞不問，莫爾斯這一等就是12年，卻也只得到了一點點的資金。不過，功夫不負有心人，最終他成功地連接起了一條電報線路，就在華盛頓與巴爾的摩中間。一八三七年，在紐約大學的講堂，莫爾斯公開地向衆人展示了他的電報。一八四四年5月24日，華盛頓成功地將世界上第一條長途信息發送到了巴爾的摩。現如今，電報線已經遍佈全世界，無論我們想把消息發到哪裡，都只需要幾秒鐘的時間而已。23年後，在電流原理的基礎上，電話被亞歷山大・格拉姆・貝爾發明出來。又過了50年，意大利人馬可尼根據前輩的發明，完善更新，研製出了無須線路的無線通信系統。

在新英格蘭人莫爾斯努力鑽研發明電報的時候，第一台「發電機」就已經被約克郡人邁克爾．法拉第發明出來了。1831年，發電機正式面向大衆，此時的歐洲還沉浸在七月革命的尾聲中。後來的發明家在此基礎上，不斷地完善和改進著第一台發電機，直到現在，它不僅可以給我們帶來光和熱（19世紀四、五十年代，在英國人和法國人的鑽研基礎上，愛迪生在一八七八年發明出了小白熾燈泡），更能夠給各樣式的機器提供動力。假如我的感覺無誤的話，熱力機的地位很快就會被電動機完全替代了。這種情況就像是缺乏生命活力的動物，被過去歷史上的聰明的上等動物所取代的情況相同。

就我而言（對於機械，我是外行人）這樣的情景還是很讓我開心的。因爲，人類將得到更値得信賴的助手——水力驅動的電機。18世紀產生的「熱力機」被稱爲工業奇蹟，它工作起來的時候，塵土飛揚，聲音嘈雜，感覺灰塵飄散到了世界的各個角落，還有那些工人，不管有多危險，還是要在礦下進行開採，也僅僅是爲了滿足心中的慾望而已。

若此時的我是一個可以隨意暢想的小說作者，不是一個需要嚴謹遵守歷史事實的歷史學家，我一定會把那些讓人感到震撼的場景，用細膩的筆觸敘寫出來。到那時，自然歷史博物館裡將會收進這世上最後一輛蒸汽機車，它將與恐龍、翼手龍等其他滅絕了的物種的殘骸一樣，一同在這印證了歷史進程的地方接受衆人的瞻仰。

第五十八章　社會革命

——一般老百姓根本買不起價格高昂的新機器。因此，那些個體戶的手工工匠們，不得不放棄自己的小作坊，去工廠和機器們一起工作。他們以自由為代價，換取更多的金錢。這狀況使他們情緒低落。

在這之前，獨立的手工業者們擁有很強的能力，在當時，世界上所有的東西，他們幾乎都可以製作。他們在自己的小作坊裡，擁有很大的自由。他們可以隨意經營自己的生意，還可以隨便訓斥自己的學徒。他們每天都要工作很長時間，並且勤勞節儉地過日子。但幸運的是，他們可以自由地支配自己的時間。當天氣非常好時，他們會選擇去釣魚，而且不會有任何人提出異議。

機器使他們的生活發生了很大的變化。深入瞭解一下，我們就會發現機器的本質還是供人們利用的工具，不同之處在於，它的功能得到了極大的開發和利用。火車的快速運行，就相當於人們快速運動的雙腿；蒸汽錘把鐵板砸扁，就像是力氣驚人的大拳頭。

問題的關鍵在於，火車、蒸汽錘或者紡織機想要擁有一雙好腿和一雙有力氣的拳頭並不像人

工廠

一樣容易。這些機器價格高昂，一般的普通人則不可能擁有。就連一些有錢人，有的時候也需要合資購買那些機器，然後再按比例進行分紅。機器不斷的革新，到了它可以用來生產、工作給人們帶來金錢利益時，機器的製造者就會把它們賣出去，獲得現金。

中世紀時，代表著財富的就是土地。在那時，有錢人一般指的是擁有土地的貴族們。在前面我們曾提到過，物品與物品交換是當時社會的主要交易方式。牛和馬、雞蛋和蜂蜜這類價值相等的物品，都是可以用來互相交換的。在當時，所謂的貴族並不代表著就擁有大量的金銀。十字軍東征時期，東西方貿易使城市的自由民迅速富裕起來，並且成爲除貴族和騎士之外的第三方強大勢力。

法國大革命的爆發徹底清空了貴族積累的財富，與其一同發生的卻是中產階級（資產階級）財富的迅速積累。大革命後，社會仍然動盪不安，四處起義不斷，中產階級人士趁機用不正當的手段將大量的財富收入囊中。當時，教會的土地財產被國民公會沒收之後拍賣一空，這直接導致了收受賄賂的行爲大肆猖獗。土地投機商藉助這個機會趁機盜取了一大批土地。到了拿破崙戰爭時期，他們又瞄準了投機貿易，將資本投入到了糧食和軍火上。現在，他們的財富已經足以滿足他們了。所以，他們將剩餘的金銀進行了分配，購買了機器，建造起工廠，同時也僱用了一大批的工人進行生產。

機器工廠的出現，使數十萬人的生活發生了巨大的變化。在幾年的時間裡，城市人口數量快速增長，美麗的城市環境被擁擠雜亂的民工宿舍所取代。工人們每天的工作時間長達十幾個小時，回宿舍進行短暫的休息後，他們就會被汽笛聲催促著回去繼續工作。

城市裡能賺到一大筆錢財的消息一經傳出，城市郊區和鄉村地區的居民對大城市可謂是趨之若鶩。居民們沒有看清實際狀況，便一頭紮進充滿污穢空氣的車間裡，使自己的身體健康受到了嚴重的威脅，最後只得在醫院或者貧民院中等待著生命的結束。

從農村到工廠的轉變與城市到工廠的轉變是相差無幾的，也是極其痛苦的。一台機器可以抵上多少人的生產效率就會有多少人面臨失業。失業的工人們會因此心生怨恨，從而對工廠實施毀滅性的打擊報復。然而，在17世紀時就已經有保險公司，工廠主的損失往往會得到應有的賠償。效率更高的機器取代了被毀壞的舊機器。工廠周圍的牆壁也更新成了防爆式的，失業的工人們引發的事端也終於停息了。擁有悠久歷史的行會逐漸消失，工人們開始嘗試著組建新時代的正規工會，以此來保障自己的利益。工廠主們的對策則是對各個國家的重要人物施加一些手段。他們藉助立法機關以工會將會妨礙工人「行動自由」爲由，禁止工會組織申請的法律批覆。

同意禁止工會重新組織的議員，大部分都是大革命時期的民衆，這才是此次事件的主要原因而並非是他們想要貪圖錢財。在那個年代，人們崇尚「自由」，甚至會有人因爲不夠「熱愛自由」而被殺死。「自由」成爲人們最高尚的美德，如此說來，工會就沒有權利去決定工人們的工作時間和工資的高低。工人們可以按照自己的意願「自由地兜售自己的勞動力」，僱主們也可以「自由地」使他們的生意經營運轉。「重商主義」時代面臨結束，國家治理社會工業生產的局面也將土崩瓦解。國家對商業完全放手，任其自由發展這一理論成爲「自由」新觀念。

在18世紀後50年，歐洲人對待知識和政治的態度發生了轉變，與時代具有相同步伐的新思想代替了老舊的經濟觀念。法國革命前期，路易十六時期幾個失敗的財政大臣中出現了一個名叫杜爾哥的人，「自由經濟」的新理論就是由他宣揚的。他深刻地認識到了自己所在的國家出現了衆多弊端，比如繁雜的禮節、大量的規則還有其他大多數官員們想要實行的規章制度。他主張「取消政府監管市場經濟」和「若要一切好轉，就要讓人們按照自己的喜好去做事情」。沒過多久，這種被當作口號的理論就吸引來了一批經濟學家。

在這個時候，英國人亞當・斯密創作的《國富論》爲「自由」和「貿易的天然權利」這兩種口號提供了理論支持。拿破崙在30年後面臨失敗之際，歐洲的反動勢力一同在維也納聚集。同時，政治上失去的自由被人們強加到了經濟上。

在這一章開始時我們就提到過，機器的廣泛使用會使社會財富迅速提升，國家富足。英國就因為使用了機器，這才有能力承擔起了拿破崙戰爭的資金費用。購買機器的資本家們因此而一夜暴富。然而慾壑難填，漸漸地他們已不滿足於僅僅立足於經濟，而是開始插手政治。他們嘗試著與土地貴族們進行爭搶式競爭，試圖去影響歐洲政府。

一二六五年的皇家法令依然是選出英國議會議員的重要根據，很多新出現的工業中心並沒有能夠立足於議會的議員。一八三二年《修正法案》通過，資本家們為此做出了極大的努力。它使選舉制度發生了很大的變化，工廠主階級對立法機構的影響力大大增加。但是，在政府決策中沒有發言權這一設定遭到了大多數工人的激烈反對。於是，他們開始發動爭取選舉權的運動。他們在一份文件上寫滿了自己的要求，後來這份文件成了人們所說的《大憲章》。《大憲章》引起了人們的激烈爭議，伴隨著這場爭議一八四八年革命爆發了。為了避免出現新的激進革命，早已年邁的惠靈頓公爵被英國政府請出，並任命為軍隊指揮官，與此同時，志願軍的招募也如火如荼地展開了。被重重包圍的倫敦已經為鎮壓即將到來的工人革命做好了準備。

後來，英國憲章運動草草了事，其原因就在於當時的領導者並不具備足夠的能力帶領他們發動暴力革命。新興工廠主階級（也就是資產階級）對政府的控制力在一步步的加強。大城市的工業區不斷地向著牧場和農田的領域推進，而這些地方隨之逐漸地變為了髒亂的貧民窟。可以說，歐洲城市向現代化發展的道路上一直擺脫不掉的副產品就是貧民窟的產生。

第五十九章　奴隸解放

——見證了馬車是如何被鐵路運輸取代的那一代人預言，機械化到來之後，人們一定會被其帶入一個幸福、繁榮的新時代。然而事情並沒有按照他們的預想發展。雖然人們想盡各種辦法進行改進，但收效甚微。

在一八三一年，第一個《修正法案》還沒通過時，英國大法學家、改革家傑羅米・邊沁曾經給朋友寫過這麼一段話：「想要收穫舒適感，就先得讓別人感到舒適。想要讓人感到舒適，就應該先拿出愛的姿態。而想要拿出愛的姿態，就先得發自眞心地去愛他人。」傑羅米是個誠實的人，從來都是有一說一。傑羅米的同伴認同且稱讚他的觀點。於是，他們開始爲鄰居的幸福生活而努力，在他人需要他們的時候，爲他人提供幫助。

由於中世紀社會對工業的約束確實很多，所以對那個時期來說，杜爾哥的自由經濟理想是十分重要的。但是如果一個國家的經濟完全處在一個自由的環境中，那麼其所產生的結果將難以預料。工廠主把上班時間不斷延長，直到工人的身體承受不了如此高強度的工作爲止。紡織工廠的女工除非因極其疲勞而暈倒，否則將被要求長時間地工作。

此外，工廠還把那些沒有事情做的、年僅五、六歲的孩子也招進來工作。政府也設立了一條法律，要求窮人的孩子一定要到工廠打工。要是誰違反這條法律，將會被綁在機器上，讓大家觀看。辛辛苦苦的勞動之後，工人換來的只是剛好果腹的粗糙食物，以及比豬圈好一點的住所。為了迫使工人時刻保持清醒，工廠的老闆會安排監工。有時候，工人因為過度疲勞而在工作中打瞌睡時，監工會用專抽手指關節的鞭子抽打他們。許多孩子死在這種惡劣的環境中，因為他們無法承受這樣的折磨。這是一個十分悽慘的場景。僱主對童工制度也是有很多不滿的，他們也不是毫無人性。在現在，人們認為人都是自由的，所以孩子們也擁有勞動自由的權利。假設競爭對手斯通先生僱用了幾個五、六歲的童工，而瓊斯先生沒有，那麼瓊斯先生也許會破產。在那個童工制度還未被議會廢除的時期裡，瓊斯先生僱用童工也是不得已而為之的。

現在，工廠主代表們在議會中開始慢慢有了優勢，而封建貴族（他們公開對財富衆多的工業暴發戶表示鄙夷）在議會中已經喪失了發言權。在法律許可工人建立起維護工人的權利和利益的工會之前，這種情形是沒有變好的趨勢的。面對如此糟糕的境況，很多還有道德底線及良知的人表達了他們的抗議。然而他們卻並未能切實解決問題。改變全世界屈服於機器的現狀、讓機器眞正服務於人類是一份責任重大且需要長期奮鬥的任務。

令人們驚訝的是，來自非洲和美洲的黑人奴隸開始反抗當時已經被推廣到全世界的野蠻的勞工制度。美洲大陸的奴隸制最早是由西班牙人帶來的。一開始，他們理想中的農莊苦力和礦山工人是印第安人。可是，慢慢地，印第安人因脫離了自由自在的野外生活而相繼病死了。爲了防止印第安人的滅絕，一位善良的傳教士建議從非洲運送黑人以代替印第安人。傳言最能適應糟糕的工作環境的是身體強壯的黑人。而且黑人還可以在工作中得到靈魂的救贖，因爲他們通過與白人的交往而認識了耶穌基督。

這樣看來，這種方法對慈悲的白人和野蠻的黑人來說是互利共贏的。由於機械化的生產，人們對棉花的需求不斷增長，因而黑人被要求極大地提高他們的勞動強度。嚴酷的監工把一撥一撥的黑人虐待致死。這些黑人的命運就像可憐的印第安人一樣。

歐洲很多國家知道了這些發生在美洲的殘忍事件後，紛紛興起廢除奴隸制的運動。爲了廢除奴隸制，來自英國的威廉·威爾伯佛斯和查理·麥考利（著名歷史學家麥考利的父親，讀了麥考利寫的歷史，你才知道什麼是風趣的歷史寫作）開始建立一個政治團體。他們強行逼迫議會頒佈了廢除奴隸貿易的法令，所以一八四〇年後，全部英屬殖民地都廢除了奴隸制度。一八四八年的革命後，法國人也廢除了他們領地上的奴隸制。葡萄牙在一八五八年所通過的法律中宣佈，將在20年內完全地把自由還給奴隸。一八六三年，荷蘭人公開宣佈廢除奴隸制。同年，沙皇亞歷山大二世也讓農奴們獲得了自由。這是農奴們在過去的兩個世紀裡未曾享受過的待遇。

但是因爲在奴隸問題處理上出現危機，美國國內卻爆發了內戰。雖然《獨立宣言》再三強調

「人生而平等」，然而南方各州的種植園卻並沒有遵循這一原則。北方人對奴隸制度深惡痛絕，而南方人卻不斷在強調他們的棉花種植極度需要黑人奴隸勞動。因為這件事情，在接下來的半個世紀裡，參眾兩院始終爭執不下。

北方人和南方人各執己見。南北雙方針鋒相對，形勢嚴峻，甚至於南方各州揚言要脫離聯邦政府。在這個歷史上最危險的時期，任何事情都有可能發生。但因為一位傑出的、善良的領導人的出現，所以事實上當時並沒有發生過於荒唐的事情。

起初，亞伯拉罕·林肯❶在伊利諾伊州當律師。後來，他通過自學獲得並鞏固自己的社會地位。一八六〇年11月6日，林肯被選為美國總統，他歸屬於共和黨，並對人類奴隸制度所造成的罪行恨之入骨。他十分理性地認為，在北美人陸上不可能同時存在兩個相互敵視對立的國家。因此，當在「美國南部聯盟」旗下，南部一些州宣佈脫離聯邦的時候，林肯馬上對他們發起挑戰。在北方各州，幾十萬滿腔熱忱的青年志願軍接受了他的招募。

於是，長達四年的內戰拉開了帷幕。南方人針對戰爭早就做好了應對措施。南方軍的李將軍和傑克遜將軍率領的軍隊大挫了北方軍。在這一關鍵時刻，西部地區和新英格蘭發揮出了他們雄厚的工業實力的作用。沒有什麼名氣的北方將領——格蘭特突然崛起，成了像南北戰爭中查理·

---

❶亞伯拉罕·林肯，美國第十六任總統。

馬特❷般的偉大角色。在他連續且猛烈的攻擊下，南方軍隊接連失敗。一八六三年初，林肯頒佈的《解放黑奴宣言》中稱，所有的奴隸都應該擁有獲得自由的權利。一八六五年4月，頑固抵抗了多年的李將軍在阿波馬托克斯宣佈投降。過了幾天，出乎意料的事情發生了。林肯總統在華盛頓劇院遭遇了一個瘋子的刺殺。值得慶幸的是，林肯的偉大事業已經宣告完成了。奴隸制已經完全消失在文明世界中，除了西班牙人黑暗控制下的古巴之外。

雖然黑人兄弟們已經獲得了一定的自由，然而身處歐洲的、所謂的自由工人依舊處在極其痛苦的環境中。很多作家甚至覺得無產勞工階級還沒有全部滅絕是一件難以想像的事情，因爲無產勞工階級的遭遇十分悽慘。他們住在又髒又亂的貧民窟，每天吃的是粗劣腐爛的食品。他們所接受的是純粹的技術教育，以便應對工作需要。假如他們意外死亡，那麼，他們的家人就什麼也沒有了。在這樣的情況下，酒廠廠主（他對立法機構有影響力）卻鼓勵他們用酒精來麻醉自己，以此忘記痛苦。他把大量廉價的威士忌和杜松子酒賣給這些可憐的勞工。

在集體力量的努力下，19世紀三、四十年代逐漸取得了巨大的進步。兩代人用自己傑出的智慧把世界從因機器的廣泛使用而遭受的巨大災難中拉了出來。想要捨棄資本主義體系的想法顯然是愚昧的，因而資本主義得以保留下來。如果能夠合理使用少數人的財富，就有可能使全部人類

❷查理·馬特，著名的軍事統帥。

都受益。他們並不認爲工廠主（儘管他們的工廠岌岌可危，但是也不至於活不下去）與勞工（爲了一家老小的生計，他們無法自由選擇薪水與工作）之間有可能取得平等的想法。

他們運用法律手段緩解勞工與工廠主之間的關係。各個國家的改革人士通過這種方法取得了些許成效。現如今，絕大多數的勞動工人已經擁有了充足的生產生活條件的保證：每天工作時長爲8小時，且他們的孩子有資格被送進學校學習，而非前往礦坑或者棉紡車間。

雖然在許多方面已經有了很大的進步，可是還是有人對煙囪冒出的濃煙、火車的尖銳轟鳴聲和囤積在倉庫的產品有所不滿。這種規模巨大的生產活動發展起來以後會產生怎樣的後果呢？這是他們在擔憂的。在之前的幾十萬年裡，據他們所知人類的生活是沒有出現商業貿易和工業生產活動的。有沒有希望可以力挽狂瀾，完全地摧毀這些出賣人類幸福的利益追逐制度？

這種關於人類未來世界的美好幻想在很多國家出現。羅伯特・歐文❸是一位紡織工廠廠主。他在英國創立了新拉納克，即所謂的「社會主義社區」。然而新拉納克的存在是短暫的。在他死後不久，新拉納克就隨之消失了。在法蘭西，記者路易・布朗計劃打造「社會主義實驗室」。可是，後來這個實驗室並沒有取得實際的成效。社會主義分子在現實的鞭策下開始傾向於這樣一個觀點：不管怎樣，每個脫離社會的獨立社團的建立都不是正確的方法。要想找到完全行得通的解

❸羅伯特・歐文，美國空想社會主義者，實業家，慈善家。

決方法，就必須從工業體系和資本主義社會的基本規律下手。

在實用社會主義者羅伯特・歐文，路易・布朗和弗朗西斯・傅立葉等人退出公衆視野後，理論社會主義思想家卡爾・馬克思和弗裡德里希・恩格斯出現了。相較之下，馬克思比恩格斯更有名氣。這位充滿智慧，博學多才的猶太人全家長期都在德國生活。在聽說了歐文和布朗的社會實驗之後，他開始專心致志地針對勞動，工資以及失業等問題進行研究。但很快，他就受到了德國警方的高度關注，因爲他的思想充滿自由主義色彩。於是，他被迫漂泊到布魯塞爾，然後又到了倫敦，成爲一名《紐約論壇報》的記者，並以此身分賺錢餬口。

一八六四年，他創立了世界上首個國際勞工組織，但他所著的經濟學著作在剛出版時，卻並未在社會上掀起多少波瀾。三年以後，著名的《資本論》的第一卷被批准出版。馬克思認爲，「有產者」和「無產者」之間由來已久的矛盾構成了人類的全部歷史。資產階級產生於機器時代，是一個新的階級。資產階級用閒置的財富購入生產工具，然後讓僱傭的工人爲他們創造更多的財富。接著，又再次擴大生產規模，用這筆豐厚利潤來建設更多更大的工廠。這樣的模式將會不斷循環，並生生不息地持續下去。他覺得，資產階級在這個過程中將會變得更加富有，而無產階級卻會變得更加貧窮。他甚至覺得這種生產過程的循環到最後會導致一種情形的出現：所有人都會在一個人手下打工，並且世界上所有的財富也將集中到這個人手中。這是在他理論說明後做出的一個預言。

馬克思動員世界上所有的無產階級團結在一起，然後去預防和阻止當今的人類社會出現這樣的情況。同時，他們也是在為自己的政治經濟權利而努力奮鬥爭取。在歐洲大革命的最後一年，即一八四八年，馬克思所發表的《共產黨宣言》全面地論述以及解釋了無產階級的權利和義務。

對於這樣的情況，各國政府自然是火冒三丈。以普魯士為代表的各國紛紛頒佈專門的法律，來嚴格地控制社會主義者的言論及行為。與此同時，社會主義者集會的主講人和參與者也紛紛遭受政府派出的警察的抓捕。但是最終這樣高強度的逼迫卻沒有使情況有所改變。有時候，扼殺還處在萌芽時期的事業，是最有效果的宣傳手段。在歐洲，有越來越多的人開始信仰社會主義。事實上，不久後大家就知道社會主義者並不喜歡追求暴力革命。只不過，他們覺得要想替無產階級爭取到合理的利益，就必須在議會中擁有自己的地位。甚至他們希望能夠讓社會主義者進入內閣任職，發揮帶頭作用，引領眾多的天主教徒以及新教徒去改變工業革命帶來的糟糕社會狀況，並採取一定措施讓財富的飛速增長和機械的出現得到的利益更加優化。

第六十章　科學時代

——我們生活的這個世界充斥著形形色色的變革，有一些變革的影響甚至超過了政治革命和工業革命。科學家向來受到打擊和迫害，如今終於迎來了自由，開始積極地探索宇宙運行的規律。

在初期科學研究範疇中，古代埃及人、巴比倫人、迦勒底人、希臘人、羅馬人都有著巨大發現。然而，伴隨著公元4世紀的大遷移，古典文明漸漸走向滅亡。而後粉墨登場的基督教極其看輕肉體，並把科學研究看作人類狂妄秉性的顯露。他們認為科學研究是對上帝權力的冒犯，且在一定程度上跟七宗罪❶存在著親緣關係。

文藝復興糾正了中世紀的偏執。但是16世紀早期，文藝復興的新文化理想被宗教改革拋在腦後。如果哪個科學家勇於對《聖經》裡狹隘的世界觀提出疑問，則將會遭受到跟中世紀時期一樣

---

❶ 七宗罪，天主教將饕餮、貪婪、懶惰、傲慢、淫慾、嫉妒以及暴怒定義為七宗罪。

的嚴刑。

現今，那些身騎名駒、處之泰然的崇高軍官的雕塑並不少見，而那些守護著某個科學家遺體的大理石墓碑卻是可遇而不可求的。也許在將來的某一天，我們會改變對待兩者的看法。我們的子孫會更加推崇科學家身上所擁有的超出我們設想的膽識和使命感。在理論知識上，科學家走在前沿。也正是因爲他們創造和應用了這些理論知識，才有了如今的現代世界。

很多崇高的科學先導都曾被貧困、輕蔑和欺凌所攪擾。他們有些在去世前是居住在狹窄的閣樓裡的，有些則是在牢獄中悽慘地離世的。他們在出書時沒有勇氣署上自己的姓名，在研究有所成果時更沒有勇氣在祖國公佈。大多情況下，他們只能暗地裡到阿姆斯特丹或哈勒姆的隱秘的印刷廠去印刷出版他們的研究文稿。不管是天主教會還是新教教會，都將他們看成是最令人厭惡和痛恨的人。牧師們在傳教時，把他們當成異類，並一邊斥罵，一邊號召教眾討伐他們。

哲學家

偶爾他們也可以順利地找到能夠平安居住的地方。雖然荷蘭政府不贊成科學研究，但因爲他們信奉寬容的精神，所以對個人的思想傾向還是採取了自由放任的態度的。多數尋求自由思想的優秀個體紛紛前往荷蘭避難。法國、英國、德國國籍的哲學家、數學家、物理學家在荷蘭不僅不用提心吊膽，還能肆意享有自由的體驗。

我在之前也講過，在13世紀時，教會不准優秀的菁英羅傑·培根從事科學寫作。五百多年之後，法蘭西警察嚴密看守著《百科全書》❷的編者。又過了50多年，基督教會認定達爾文爲人類公害，僅因爲他對《聖經》裡所寫的上帝創造人類的故事提出強烈疑問並大力批駁。雖然現今科學興盛發達，但還是會有人意圖加害那些鋌而走險去求知的科學家。就在我寫這本書的時候，布萊恩先生❸正在瘋狂宣傳他所認定的達爾文威脅論，還慫恿群衆去駁斥和抨擊這個英國人胡說八道的言論。

但是這些都不能阻止歷史前進的腳步。本該成功的事業最終必定會走向成功。人們一直認爲這些高瞻遠矚的科學家是空想家和理想主義者，但是卻不能否認科學發現與技術發明使人民群衆能夠更好地生活這一事實。

17世紀的科學家被頭上那片燦爛的星光深深吸引著，開始探究起地球與太陽系的聯繫。教會

---

❷《百科全書》，法國啓蒙運動時期，以狄德羅爲代表的百科全書派所撰寫的書。

❸布萊恩先生，指的是威廉·布萊恩，美國政治家。一九二一年，他掀起了一場反對進化論的運動，席捲整個美國。

認爲這種好奇心會威脅到他們的利益。以致於，最先發現太陽中心論的哥白尼在他垂死之際才有勇氣公開自己的發現。儘管伽利略終其一生都在教會的嚴密監視下度過，但這一切仍無法阻止他觀察天文。後來，他所留下的豐富的觀察手記，幫助舉世聞名的英國數學家牛頓發現了關於與各種下落物關係緊密的、有趣的「萬有引力定律」。

因爲這一發現，那時的人們覺得太空已經沒有祕密了，便將主要精力放在對地球的研究上。17世紀下半葉，安東尼·范·利文霍克發明了顯微鏡（一部形狀特別且笨重的小儀器），於是，經常使人患病的微生物開始引起了人們極大的關注。這是細菌學興盛的一大奠基。此後40年中，許多致病微生物被發現。細菌學幫助人類除去了大量疾病。另外，利用顯微鏡，地質學家重新認識了各類岩石和深藏地底的化石（史前生物的石化產品）。這些科學研究證實了地球存在的時間比《創世紀》所記述的要更爲久遠。在一八三〇年出版的《地質學原理》中，查理·李爾爵士徹底否定了《聖經》中的創世說，還詳細講述了地球發展演變的坎坷進程。

與此同時，德·拉普拉斯爵士在專心致志研究宇宙的最初形成，他認爲，行星系從廣闊

伽利略

無垠的星雲中產生，且地球在浩瀚的行星系中顯得微不足道。在分光鏡的幫助下，邦森和基希霍夫研究出太陽的化學成分和本質。但是不可否認的是，那奇特的太陽光斑最早是被伽利略發現的。

同一時間，在長期的爭鬥中，解剖學家、生理學家也戰勝了天主教會、新教教會，終於可以名正言順地進行屍體解剖了。他們對人體器官性質所擁有的更深入的認識，讓中世紀人最終停止了在這方面的浮想聯翩。

幾十萬年來，每每人們抬頭看著星空，都會對天空中的星星感到滿腹疑惑。然而，在一代人的時間裡（一八一〇年到一八四〇年），現代科學取得的成就與過去幾十萬年相比可謂是突飛猛進。深受古老文明教化的人們必然會對此感到很不習慣。可以想像，他們嫉妒拉馬克、達爾文這些人。這些科學家並沒有直白地說出猴子是人類的祖先這樣的言論（我們的祖先聽到肯定會十分羞怒），但卻提出人類很大程度上是從地球上最初的一些生物像水母一類漸漸演化而來的。

煤氣、電燈，以及其他全部有實際用途的科學發明被主宰19世紀社會的中產階級廣泛使用。可那些探究理論的科學家卻深受鄙夷。要知道，如果沒有這些科學家的工作，人類文明不可能持續取得如此大的進步。近年來，他們的雄偉勳績終於被人們認可了。富人不再把錢用來建造教堂，而更多的是投資在實驗室上。大量默默無聞的科學家在寂靜的實驗室中反抗蠻橫與落伍，他們不惜犧牲自我以換取後人的美滿光景。

在很久很久以前，人類對許多疾病束手無策，只能將其歸結於上帝的安排。而科學家卻告知我們這種觀點並不正確。我們現在的孩子都清楚，喝不衛生的水會導致傷寒。這一實情是在醫學人士長時間的奮鬥之後，才開始被大家所接受的。如今，大家不再像從前一樣害怕牙科醫生的躺椅。自從口腔細菌的研究取得了成果，蛀牙就不再是困擾我們的問題。如果必須拔除蛀牙，人們也只要承受一下麻醉就可以了。但在一八四六年，當美國各報紙剛剛開始刊登乙醚可緩解手術痛苦這一新聞時，虔誠的歐洲人卻對此表現出強烈的不信任態度。他們認爲，既然是上帝安排人類承受生命所帶來的痛苦，那麼一切逃避病痛的行爲，都是在忤逆上帝的意願。這樣的思想一直持續了很多年，直到後來，乙醚和氯仿才慢慢被大家接受並在手術中應用。

進步最終打敗了落後，讓人們不再對科學充滿偏見。時光如白駒過隙，充斥著古代世界的愚昧瓦解了，人們開始勇敢地追求美滿的新生活。在前進道路上，他們可能會突然遇到從過時的舊世界裡衍生出來的反動勢力。於是，不計其數的人們便又無所畏懼地與反動勢力開始了鬥爭。

第六十一章　藝術的發展

——關於藝術的故事。

身體健康的小寶寶用來表達快樂情緒的方式往往是簡單的哼哼，而讓他們感到快樂的原因則是吃飽肚子睡足覺。在大人眼裡，這種表達情緒的方式卻沒有任何實質性意義。不過，這對於小寶寶來說卻是一種很美妙的音樂，這就是他與藝術靈感的首次美麗邂逅。

等到可以坐起來時，他就開始玩泥巴了。世界上的很多孩子都可以捏出這樣的普普通通的泥團。泥巴變成泥團的過程就是他向雕塑家發展的過程，這是小寶寶們另一個向藝術邁出腳步的時刻。

三、四歲後，他可以靈活地運用兩隻手臂了，因此他又成了畫家。小紙片上全都是他用媽媽買來的水彩筆畫的圖案。那些看起來毫無章法可言的線條和彩色圖形就是他眼中的房屋、馬匹和海戰。

再過幾年後，孩子們會因爲要去學校裡學習功課而不得不暫停這些簡單純淨的表現形式。每個孩子都要掌握生存本領是一件頂重要的大事。孩子們因爲要學習乘法口訣、不規則動詞的分詞形式而不得不放棄與「藝術」相處的時間。要麼就是他毫無功利目的地因爲自身的熱愛主動地去創造。如果不是這樣，孩子們就會慢慢長大，然後忘記自己曾經對藝術的熱愛與努力。

民族藝術在早期的發展就與此類似。原始人類在艱苦的冰川時代存活下來後，就開始建造賴以生存的家。有很多美觀卻不能給狩獵帶來幫助的東西都是他創造出來的。他生活的岩洞牆壁上都是他刻畫的一些狩獵時所看到的大象和麋鹿。有時候，石頭也會被他雕刻成他心中理想女子的模樣。

尼羅河、幼發拉底河的河岸上，逐漸被埃及人、巴比倫人、波斯人建立起屬於他們的國家。人們開始創造一些國王需要的美麗的宮殿，女人們需要的精細美觀的飾品。除了這些，他們住所的院子裡還被種滿了花花草草。

歐洲人的祖先大部分都是活動自由的獵人，他們是從遙遠的亞洲草原遷移來的游牧民族。他們發明了一種博大精深的傳誦至今的詩歌形式，以此來讚頌他們的部落領袖。千年之後，他們在希臘半島安居立業而且建立了多個城邦。他們用許多種藝術形式表現自己心中的情緒，比如神廟、雕塑、悲劇和喜劇。

能吸引羅馬人和對頭迦太基人興趣的只有治理國家和賺取錢財這種功利性的活動，他們對純粹的精神活動不屑一顧。雖然他們建造了無數的橋樑和道路，但是他們的藝術品卻是抄襲希臘人的。他們曾經也創造過幾種形式的建築，但是裡面的裝飾元素卻都是由希臘原版改編而成的拉丁版本。我們都懂得，藝術品都具有一種難以用語言傳達的神祕特質，這便是藝術之所以成爲藝術的必備要求。而古代羅馬世界卻對這種「神祕特質」很厭惡抵制。帝國對商人和戰士的需求遠遠超過詩人和畫家。

從此之後「黑暗時代」來臨，蠻族闖入文明世界，就像是公牛躥進瓷器店一樣毀掉所有的不被理解的瓷器。按照現代的說法則是：這些粗魯的傢伙只對雜誌封面的美麗女人感興趣，還把倫勃朗的蝕刻畫隨意丟棄。經過一段時間的發展，他們的審美情趣突然得到提升，於是便想挽回損失找到丟失已久的林布蘭蝕刻畫，但是這顯然已經不可能了。

在這個時候，東方藝術在此得到傳播，逐漸發展成精美的「中世紀藝術」。這種歐洲北部的「中世紀藝術」則強烈地帶有日耳曼民族精神的特徵。它卻與古代希臘、拉丁的藝術甚至是更古老的埃及、亞述藝術還有印度、中國藝術都毫無聯繫。在那時候，印度和中國並沒有被這裡的人們所知曉。北方民族很難受到南方人藝術風格的影響，正因爲這樣，意大利人很難理解甚至是非常輕視北方的建築形式。

你一定對「哥特式」這個詞非常熟悉吧。提到它便會想到絕美的古代教堂，它的尖頂高高聳立。不過，你可能不知道這個詞的準確意義。

事實上，這個詞原本的意思是「粗暴蠻橫的哥特人的作品」。落後的哥特人因爲長時間居住在文明地區的周圍，所以對古典藝術缺乏尊敬。他們從來不對羅馬廣場、雅典衛城這些經典的建築進行模仿，所以他們的建築都是一些低品位、惡俗的形式。

實際上哥特式建築在好幾個世紀裡都完美準確地體現了北歐人的精神世界和藝術品位。中世紀晚期時人們的生活狀態已經在前面的幾章裡向你介紹過了。除了村莊以外，他們還會居住在「城市」（由古拉丁語「部落」發展而來）裡。的確，他們居住的地方雖然受城牆和護城河的保護，但是依舊以互幫互助的團體形式生活。這種方式就是部落中人們生活的特點。

古代希臘、羅馬民眾的主要生活中心就是那個以神廟爲中心的市場。中世紀時，教堂取而代之，成爲民眾新的生活中心。對於現代新教徒來說，每個禮拜天去教堂待的幾個小時使他們沒有辦法感受中世紀時教堂對人們生活的意義。在那個時候，宗教深深地影響著人們身邊的一切，剛出生的嬰兒要去教堂接受洗禮，長大一點後要去教堂研究學習《聖經》裡的內容，再大一點就會成爲正式的教眾。如果有足夠的錢財，就要建一個小供堂用來供奉家裡的守護神。在那個時候教堂是全天對外開放的。換句話說，它有點像現在24小時營業對任何人開放的俱樂部。你或許會在教堂遇見你未來的新娘，與她在神壇前發誓相守一輩子。最後死亡來臨，你被埋葬在教堂下面，讓你的子孫在末日來臨的時候能夠一直看向你的墳墓。

中世紀的教堂不僅是一個擁有信仰的地方，更是所有生活場所的中心。正因爲如此，它必須擁有與眾不同的建築風格。這些神廟面積都不是很大，因爲當時的埃及人、希臘人、羅馬人的神廟供奉的都是一些地位比較低的小神，而且沒有在奧西里斯、宙斯或者朱庇特像前佈道的習慣。歐洲北部自然環境惡劣，不能像古代地中海民族那樣在露天的地方舉行祭祀儀式。所以，他們的祭祀活動在教堂內舉行。

如何擴大教堂容量這個問題花費了建築師好幾個世紀的時間。羅馬人根據先人的經驗，在厚重的城牆上開鑿幾個很小的窗口，以此來保證它的堅固。歐洲建築師因爲12世紀初的十字軍東征發現了伊斯蘭教建築的穹頂。在這個基礎上他們研究出一種新的建築式樣。當時複雜多樣的宗教生活終於得到滿足。這種獨特的建築風格隨著時間流逝得到了豐富和發展。意大利人對這件事非常不屑一顧，把它叫作野蠻人的「哥特式」建築。這種建築的圓拱形屋頂由巨大的圓形「拱券」做支撐，但是牆壁有可能會因爲支撐不住拱頂的重量而坍塌，這就像是單薄的木椅支撐不住一個體重龐大的人一樣。法國建築師採用了「扶垛」的法子加固了原本不堪重負的牆壁。用石塊砌在牆邊起支撐作用的做法就叫作「扶垛」。

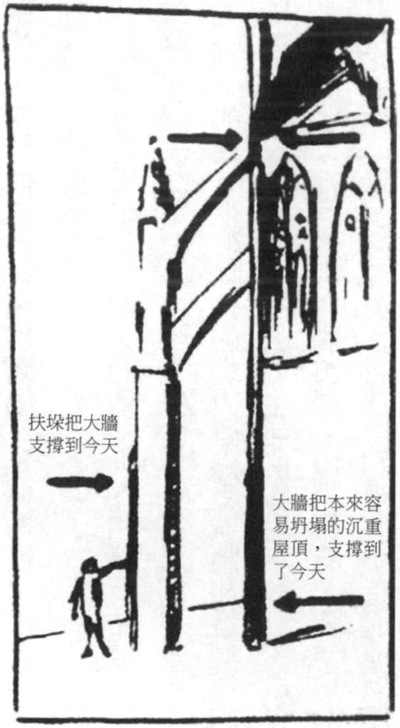
扶垛把大牆支撐到今天
大牆把本來容易坍塌的沉重屋頂，支撐到了今天

歌特式建築

後來「飛垛」由此發展，用來支撐頂梁。看圖你就會弄明白這裡面的道理。

在新的建築樣式中，這種巨大的窗戶逐漸開始流行。在12世紀，玻璃還是一種極其罕見的物品，富裕點的家庭也只是在家裡的牆壁上打幾個洞，更別提普通家庭了。所以，當時的屋子裡經常有穿堂而過的風，屋子裡面的溫度與外面幾乎一樣，人們必須穿著厚厚的衣服才能抵擋寒冷。

古代地中海人關於進行彩色玻璃製造的手藝沒有丟失，一直傳承著，直到今天，這門手藝再一次繁榮開來，所以哥特式教堂上的窗戶又一次璀璨耀眼起來。在那上面，人們用很多那種小小的玻璃塊去對《聖經》中曾經出現的各種角色進行拼造，然後用鉛絲固定。

那個上帝棲身的地方與之前相比也發生了巨大的變化，那裡面到處都是他虔誠的信奉者。信仰被直觀而充滿感情地表達出來，這體現了這種技能不同於平常的地方。上帝的居住地要建造得儘可能地完美，這不管花費多少錢來買材料都是值得的。雕塑家們自從羅馬帝國滅亡以來就一直沒什麼事可幹，現在他們開始重新施展起自己的手藝，教堂的正門、廊柱、扶垛和飛簷上都是他們雕刻的上帝和諸位聖徒的模樣。用來裝飾牆壁的美麗掛毯出他們請的刺繡工來完成。祭壇上也被珠寶匠點綴得雍容華貴，用來接受信徒的膜拜與供奉。因爲沒有選好可以使用的材料，匆忙趕來奉獻手藝的畫家沒有得到機會大顯身手。

接下來我們加入一個小故事——

在早期基督教那個時代，羅馬人的神廟和房屋裡全都掛滿了稀奇古怪的玻璃裝飾品。這些美麗的圖案飾品都是用五顏六色的碎玻璃拼接鑲嵌在一起的。玻璃鑲嵌這個工作難度很大，藝術家們沒有辦法用它來表達自己的精神世界。這和我們小時候玩的積木遊戲是相同的道理。因此，鑲嵌畫藝術沒有得到很好的傳承，在中世紀時就已經沒落了，不過在俄羅斯還有關於它的發展。君士坦丁堡淪陷失守後，鑲嵌畫師傅們從拜占庭逃離到俄羅斯，他們在那裡用自己的手藝把東正教教堂裝飾得煥然一新。後來教堂的修建工作因爲布爾什維克革命而不得不停止，這種手藝因此而消失沒落。

再說到中世紀時期畫師們作畫所選用的原料這個問題。在那個時候，顏料是用濕泥弄成的，畫師們就用這種顏料去進行創作，不要小看這種作畫方法，它在歐洲曾經流行了幾個世紀之久。不過現在的人們都已經掌握不了這種方法，在上百個現代畫家中能找出三、五個都非常困難。受到當時的一些條件限制，一些畫家只能依靠著這種操作成爲一名濕泥畫畫師，他們沒有更好的原料，沒有更多的選擇。而這種濕泥畫法所存在的一個最大的缺點就是容易掉落，此外，大家應該都知道，這種濕泥灰是會吸潮的，到最後之前作的畫就會被侵蝕，變得特別難看。當然，畫師們也曾經嘗試過各種各樣的辦法去努力改變這種狀況，他們用過不少其他的東西去進行調劑，但結果都不是很樂觀。大約有一千多年的時間，人們一直都在不斷地進行著試驗。中世紀時期這種作畫方法只能用在羊皮紙這種類型的東西上，如果在那些比較堅硬的東西上作畫，在美感上就會有所欠缺。

15世紀上半葉，尼德蘭南部地區的詹·凡·艾克與胡伯特·凡·艾克一起解決了這個已經讓歐洲畫家煩惱了一千多年的麻煩。這對著名的佛蘭德兄弟研究出了一種特殊的材料，當把這種特殊的油加入之前的顏料中時，以前的顏料就能得到一種新的特性，以後也就能夠在木板、石塊等這類比較堅硬的東西上作畫。

可惜的是，在這個時期，人們之前那種對於宗教的近乎瘋狂的熱情已經減弱了很多。在大城市中，主教的影響力逐漸削弱，有錢人開始登上藝術世界的舞台。不可否認的是，金錢對於藝術的發展起著重要的作用，藝術家們也都明白這一點，他們瞅準了王公大臣們這種有錢人，為他們進行肖像畫的創作。油彩畫這種新的作畫方法開始在歐洲大陸上流行起來。此外，在不同的國家不同的地區也發展出了各種各樣的畫派，那些不同的肖像畫和風景畫從另一個角度也展示出了訂購這些畫的人們的藝術素養。

委拉斯開茲❶在西班牙畫宮廷弄臣、王室掛毯作坊裡的織布工人，還有和國王、宮廷有聯繫的各種人和物。林布蘭、弗蘭茨·哈爾斯、弗美爾正在荷蘭畫生意人家裡的糧倉、不修邊幅的妻子、令他驕傲的健康的孩子，還有能夠給他帶來財富的商船。米開朗琪羅、柯勒喬在意大利仍然在畫聖母聖子和聖徒，因為那裡的教皇勢力強大，藝術家們需要得到教皇的支持和庇護。然而在

---

❶ 委拉斯開茲，文藝復興後期的西班牙畫家，對後世有很大影響。

英國和法國，勢力更強大的是貴族和國王，所以藝術家們不是在畫步入政壇的大富豪就是在畫國王的美麗動人的情人。

繪畫產生了這麼巨大的改變，不僅僅是因爲日漸衰落的教會勢力，還和新的社會階級的興起有很大的關係。這種情況也在其他的藝術品類裡發生。在印刷術得到廣泛應用後，作家就成了一個可以通過爲眾多的讀者寫作來獲取聲譽的職業，所以社會上又出現了以寫小說和畫插畫爲職業的人。但是即使是很多人能夠支付得起買書的費用，卻並不願意把大量的時間花費在讀書上，他們更願意把時間消耗在外面的世界。中世紀的行吟詩人或者是流浪歌手所提供的娛樂顯然已經不能夠使人滿足了。大眾重新接受了那些源自兩千多年前的古希臘城邦的劇作家。在中世紀時，戲劇只是教堂的一種宗教儀式。耶穌接受苦難折磨的敘述都是在13、14世紀。16世紀時，出現了世俗戲劇的劇場。在最初，劇作家和演員並沒有像現在一樣的地位。威廉·莎士比亞只被看作娛樂大眾和貴族的一個小角色。不過，到了一六一六年這位戲劇大師長眠不醒時，人民已經給予了他非常崇高的地位，而警察再也不會像盯著小偷一樣監視戲團演員了。

行吟詩人

享有盛名的西班牙戲劇家洛普・德・維加❷和莎士比亞幾乎是同一個時代的人，他具有非凡的創作能力，他的著作中宗教劇有四百部，世俗戲劇超過一千八百部。曾經受到過教皇的賞識，被賜予爵位。大約在一個世紀之後，著名的法國戲劇家莫里哀的社會聲譽已經達到了可以與路易十四相比較的高度。

所以戲劇在之後的發展中也越來越受到人們的歡迎。在現代社會中，只要是一座具備完整功能的城市，都會有一家劇院甚至更多。隨著社會發展，「默片」電影也逐漸出現在一些偏僻的村莊中。

上帝將音樂認定爲是藝術中受歡迎程度最高的一種。那些古老的視覺藝術並不是靠一雙手隨隨便便就能夠在畫布上或者大理石上把自己內心所想刻畫的形象表達出來，而是要經過長時間的艱苦的技巧練習和訓練。同樣的，戲劇表演和小說創作也需要你花費大量的時間和精力去不斷研習。同時，想要成爲一個合格的欣賞者，也是需要接受一些訓練才能更深切地體會到繪畫、小說或者雕塑中的一些精妙所在。但在通常情況下，除去極個別無法分辨音調的傢伙，差不多每個人都會哼上幾首歌謠，又或者是在音樂裡尋找到一些樂趣。音樂在中世紀的時候還不多見，人們能聽到的幾乎全是宗教音樂。聖歌的節奏和音律都需要遵循嚴格的規定，所以導致歌曲十分單調乏

---

❷洛普・德・維加，西班牙詩人，劇作家，以作品高產而著名。

味。而且在街道上哼唱聖歌是不被允許的。

受文藝復興的影響，音樂的存在發生了巨大的轉變。音樂再一次重新走進人們的內心世界，參與到了人類的喜怒哀樂之中。

對音樂比較感興趣的古代埃及人、古巴比倫人和猶太人在嘗試著用各種樂器組合起來奏樂的時候，古代的希臘人卻覺得這些根本就入不了他們的眼。他們最喜歡的也就是在欣賞荷馬或品達的詩歌朗誦時，聽一聽豎琴（這是最簡單的樂器）的伴奏而已。要說在器樂方面比較先進一點的就是羅馬人了，在羅馬人的聚會上經常會聽到有器樂的聲音，而且他們還創造出了很多樂器，流傳至今。一開始的時候，教會特別厭惡羅馬人的音樂，因爲它總是充滿異教徒的味道。在公元三、四世紀時，主教們只允許教衆唱單調的聖歌，不過，如果想要唱好聖歌的話，就得有樂器伴奏，而唯有在公元二世紀時，用一排牧神潘的笛管和一對風箱構成的能製造出特別大的響聲的管風琴，是教會唯一特別准許使用的伴奏樂器。

接著就進入了大遷徙時代，那些經歷過戰爭而有幸活下來的羅馬音樂家們，不得已開始了他們的流浪生活。他們沒有什麼其他可以掙錢的能力，就只有靠在街頭賣唱賺點生活費。

中世紀晚期的時候，城市裡的宗教文明進一步世俗化，所以一時間內人們都渴望著音樂，因此想要有更多一些的音樂家，而樂器也都隨之慢慢地改進著。就比如說，戰爭和打獵時能發出巨大響聲的號角成了歌舞會上的銅管樂器。還有吉他，一開始的時候就是把馬的鬃毛綁在了射箭的弓上組成簡單的六絃琴（古代埃及和亞述就已經存在的絃樂器）而已，到了中世紀晚期，就變成了四弦的小提琴。18世紀的時候，意大利的斯特拉底瓦留斯等製作小提琴的匠人完善了製作工藝，讓它的音色更加美好。

鋼琴在最後出場，但它也是使用最普遍的一種樂器。它無處不在，沙漠之上或是冰山一角，都可能會有人在彈奏鋼琴。最早的鍵盤樂器就是管風琴，管風琴需要兩個人合作才能彈奏出美妙的聲音，即不僅要有個彈奏的人，還要有一個人拉動風箱（現在變成了電動的），所以，那時候的音樂家們都想要有一種簡單易於操作的樂器，以便更好地訓練唱詩班的孩子們。終於到了11世紀的時候，住在詩人彼得拉克家鄉阿萊佐城的本篤會修士圭多，創造出了記譜法。隨著人們對音樂的喜愛越來越深，就這樣，第一件同時擁有鍵盤和弦的樂器也隨之出現了。這種樂器發出的聲音就跟現在的玩具鋼琴發出的聲音差不多。一二八八年，歷史上第一個獨立的音樂家協會誕生了，開創者是一位維也納音樂家（當時他們被視作雜耍演員、賭徒、騙子）。維也納人把單絃琴進行了改造，製成了現代斯坦威鋼琴❸的前身。這種「翼琴」（「翼」爲鍵盤）快速地從奧地利傳到意大利，並被威尼斯的製琴匠人喬萬尼·斯皮內特改造成了小型的立式鋼琴，現代的人都把它叫作「斯皮內特」。在一七〇九年到一七二〇年，巴托羅繆·克里斯托弗里造出了演奏時可以

---

❸ 斯坦威鋼琴，德國的鋼琴品牌。

隨意調換音量的鋼琴，用意大利語解釋就是能彈出「弱音」（piano）也能彈出「強音」（forte）的樂器。這種鋼琴已經發展得和現代鋼琴差不多了。

人們終於擁有了操作簡單的樂器，只要肯花上幾年的時間學習即可自如演奏。它不但不用像其他樂器那樣需要不斷的調音，而且它的音色還比其他樂器更加的清新動耳。鋼琴的發明就像現代留聲機剛剛流行的時候一樣，不僅讓人們痴迷上了音樂，更是讓音樂發展到了每個角落，讓每個人都能有一點專業的音樂知識。許多有權有勢的人甚至還組建了自己的樂隊，音樂家不僅再也不用四處流浪了，而且還成了被人尊敬的藝術家。在發展過程中，人們進一步把音樂和戲劇結合在一起，形成了現代歌劇。去歌劇院裡看歌劇本來是王公貴族的一種享受，到最後發展到人人都可以參與這項娛樂，所以在歐洲的城市裡，歌劇院也漸漸地多了起來。意大利歌劇和德國歌劇帶給了歐洲民眾前所未有的美妙感覺。不過，也不是所有人都是這樣享受的，那些保守的基督教徒總是擔心，害怕人們對音樂的痴迷會損害到靈魂，危及信仰。

人類歷史上最厲害的音樂家約翰·塞巴斯蒂安·巴哈，就在音樂發展勢頭正旺的18世紀中期出現了。他就在托馬斯教堂裡彈奏管風琴，他創作音樂涉及的領域特別廣，不管是流行音樂還是莊重的聖歌，他的音樂都能得到人們的贊同，爲現代音樂的發展打下了堅實的基礎。他於一七五〇年去世，之後，偉大的莫扎特出現了。莫扎特的音樂作品節奏輕快，聽後讓人心情放鬆。然後就是寫出英雄交響曲的路德維希·凡·貝多芬，雖然只是小小的一次傷風，但在那個最窮苦的日子裡他還是失去了聽力，他把最美好的音符奉獻給我們，自己卻什麼也聽不見了。

貝多芬生活的那個年代，爆發了法國大革命，革命的精神感染了他，使他特別的渴望新生活，所以他爲拿破崙創作了一部交響曲，後來卻因爲這件事而後悔不已。在拿破崙去世，法國大革命漸漸平息後，一八二七年，貝多芬也溘然長逝了。這個時候，蒸汽機被創造出來，它所發出的聲音是世人無法從貝多芬的《第三交響曲》中聽到的。

在只知道生產、製造的工業社會裡，哪裡還會有繪畫、雕塑、詩歌朗誦和音樂的安身之處？所以，就更不用想會有珍惜愛護這些東西的人了！像中世紀的教會和王公，還有17、18世紀的富商那樣的藝術保護者已經不存在了。工業社會的新寵的眼中只有錢，一點教養都沒有，對於蝕刻畫、奏鳴曲、象牙工藝品之類的東西毫無興趣，對於保護這些東西的創造者更是毫無興趣。他們覺得，這些人都是廢物，對社會沒有任何貢獻。聽冰冷機器發動的聲音聽到麻木，已經搞不懂音樂是什麼了，甚至分辨不出哪是笛聲，哪是琴聲了。工業時代的藝術，就好比是被社會拋棄了的孩子，只能自己孤獨地待在角落裡。以前保留下來的畫作放在了冷冷清清的博物館裡，音樂也只能待在有進出門禁的音樂廳內。

如今，人們慢慢地意識到了藝術的重要性。人類不僅僅要發展物質，還要注重精神。我們應該尊重林布蘭、貝多芬、羅丹等藝術家們，把他們的藝術永遠地傳承下去。因爲如果世界沒有了藝術，那麼它就會和幼兒園失去歡聲笑語一樣可怕。

第六十二章　殖民擴張與戰爭

——在這一章中，我本想簡單描述一下在我創作這本書的50年前世界的政治格局，但最終我才意識到這全部都是我的解釋和賠罪。

如果在開始創作這本書之前，我就知道描述世界歷史會面臨這麼多困難，我想我一定會望而卻步。如果一個腳踏實地的人願意在充滿霉味的圖書館中勤奮工作五六年，那麼想要編寫出一本有厚度的歷史書，也許並不困難，因爲他只需要完成一件事情就好了，那就是把每一個世紀每一個地方發生的重要史實全部列舉出來。但是我並沒有採取這種方式創作這本書。出版商當然希望我創作出的歷史書更具有節奏感，也就是說，我創作的書應該簡單明了，只需要把一些歷史故事連接在一起就可以了。現在，這本書馬上就要完成了，我卻發現這本書的一部分章節被我寫得活靈活現，一部分章節卻節奏緩慢，像是在歷史中漫步，有時候我會停下來，有時候我會被傳奇般的爵士音樂吸引。但是，這並不是我想要的，我甚至想要重新寫，但是出版商不允許我這麼做。

所以，我只能想其他的辦法了。我把打印稿送給了朋友，希望他們能夠給我一些意見，幫助我解決這些問題。但是這個辦法還是沒能讓我得到滿意的答覆。因爲每個人的偏好和方向是不一樣的。他們問我的問題都差不多，不是爲什麼沒有談論他們喜歡的某一個國家、崇拜的某一位政治家，就是爲什麼沒有提及那些値得同情的罪犯。他們當中的幾個人很喜歡拿破崙和成吉思汗，所以他們認爲我應當對這些人大加稱讚。在我眼中，喬治·華盛頓、古斯塔夫·瓦薩、奧古斯都、漢謨拉比、林肯等20多個人物的地位遠遠高於拿破崙，但是因爲考慮到篇幅的原因，我談論這些人的內容並不是很多。

一位朋友這麼批評我：「在我看來，你寫得已經很好了！但是爲什麼我沒有看到清教徒呢？前不久，美國剛剛爲慶祝清教徒登陸美洲三百週年舉行了盛大的慶典，難道你不應該多寫一部分相關的內容嗎？」對此，我的回答是，如果這本書的主要內容是美國歷史，那或許我可以用12章的內容來寫清教徒。但是這本書的主要內容卻是人類的歷史。至於

先驅

普利茅斯岩石上發生的事情❶，它的偉大價值可能要在幾個世紀之後才能夠看到。此外，衆所周知，美國建國伊始並非是一個州，而是由13個州共同組建起來的。在美國歷史上，開始的20年中，它的偉大領導人物都是從弗吉尼亞、賓夕法尼亞、涅維斯島走出來的，至於馬薩諸塞州，沒有出現過一個偉大的領袖。所以，我不會採用大量的篇幅描述清教徒。

緊接著，史前專家開始發表自己的看法。他們開始質問我，爲什麼從未提及克羅馬努人❷，因爲早在一萬年前的霸王龍時代，這些人在文明方面就已經取得了很大的成就，這一點是衆所周知的。其實原因很簡單。因爲我並不是人類學家，我對於原始初民的文明成果不可能給予高度評價。18世紀，盧梭和大量哲學家創造出了「高尚的野蠻人」的形象，完美至極，衆人都對此深信不疑，他們都相信啓蒙時期的人們都生活在隨心所欲的極樂之土上。之後，現代科學家們又再次放棄了「高尚的野蠻人」，反而對法蘭西山谷中「燦爛的野蠻人」十分尊重。他們表示，早在三萬五千年前「燦爛的野蠻人」就已經表現得很突出了，他們和眉骨凹陷的尼安德特人❸，或者日耳曼鄰族等人不一樣，他們早已擺脫了野蠻狀態。這些科學家們十分欣賞克羅馬努人畫出的大

---

❶ 指的是一六二〇年11月11日，英國清教徒乘「五月花」號在普利茅斯登陸。
❷ 克羅馬努人，也就是「智人」，是現代人眞正的祖先。
❸ 尼安德特人，古人類的一支。

象，以及他們製作的雕像。

當然，我並不是說科學家的研究出現了失誤，我只是認為我們對那段時期並沒有足夠的瞭解，沒有辦法把歐洲早期社會的全部模樣準確地展現給大家。所以，為了能夠避免對自己不瞭解的事情添加佐料，隨意編造，我選擇避開這些事情。

此外，還有一些朋友告訴我，我的論述有失公允。他們質問我為什麼避開了愛爾蘭、保加利亞、泰國，反而在荷蘭、冰島、瑞士等國家上花費了大量的篇幅。

對此，我必須要說，我之所以花費大量篇幅談論這些國家，並不是因為我的個人偏好，這些國家都是在我論述的過程中自然流露出來的，我沒有辦法避而不談。為了能夠使我的寫作觀點更加清楚，我會通過以下幾點加以說明。

在我的創作中，有一條原則是不變的：「這個國家或者這個人創造出的新思想是否足以推動文明的發展進程，或者是否足以改變歷史的發展。」這一原則要求我們在做事的時候必須像計算數學問題一樣從容淡定，避免摻雜任何個人的感情。

舉例說明。亞述的提格拉·帕拉薩❹一生坎坷，如同戲劇一般，但是我們在敘述的過程中卻沒有談及他。同樣的，荷蘭共和國卻因為北海邊的防海大壩使其歷史具有了更加重大的意義，這

---

❹ 提格拉·帕拉薩，亞述國王。

和德·勒伊特[5]的水兵在泰晤士河畔垂釣的事情沒有什麼關係。這個地方曾經是很多奇怪的人的避難所，很多政見不同或者是信仰不同的人都會藏身在那裡。

雅典和佛羅倫斯位於地中海盆地，它們發展到鼎盛時期時，人口也只有堪薩斯城的十分之一，城邦很小，但是它們卻推動了文明的發展，至於密蘇里河畔的堪薩斯城雖然是一個大城市，但在歷史上卻沒有取得任何突出的成就（至於懷恩多特縣[6]的善人們，我只能說對不起了）。

現在，我已經無法避開主動的選擇了，只能更深一步地說明一些問題。

如果我們患病，在就診之前一定會去瞭解主治醫生的一些情況，至少瞭解他究竟是個外科大夫還是門診專家，究竟喜歡順勢療法還是信仰療法，這樣才能夠清楚他的治療方式是否適合我們的病情。其實，歷史學家也是如此，選擇他們應當像選擇醫生一樣謹慎。很多人對此滿不在乎。但是我們可以設想一下，如果一個作者出生在蘇格蘭農村，從小生長在規矩嚴明的長老會教派家庭中，而另一個從小就聽著羅伯特·英格索爾[7]的言論長大，相信世界上根本沒有鬼怪一說的鄰居，那麼這兩個人在人生觀世界觀上一定會有很大的差異。當他們長大後，基本都會遠離教堂或

---

[5] 德·勒伊特，17世紀荷蘭將領。

[6] 懷恩多特縣，位於美國堪薩斯州。

[7] 羅伯特·英格索爾，19世紀後期美國演說家，政治家，無神論者。

者演說大廳，他們對於小時候的經歷也會慢慢忘記。但是他們在童年時期接受的這些模糊觀念會給他們留下隱隱約約的印象，這些意識會長期潛藏在他們的腦海中，當他們寫作、聊天或者做事的時候，就會不由自主地顯現出來。

但是，在這本書的前言中，我已經說過了，作爲一個歷史嚮導，我也可能會出現錯誤。現在，這本書的創作馬上就要完成了，我依然需要重申這一點。達爾文和19世紀的科學家們造就了老派自由主義，我就是在這種環境中成長起來的。我的叔叔十分崇拜16世紀法國散文家蒙田，是他的忠實讀者和作品收藏者，我就是跟著叔叔長大的。我出生在鹿特丹，之後在古達市唸書，但是，伊拉斯謨對我來說更加熟悉。這位偉大的人物改變了我，積極倡導寬容的他漸漸改變了原本不太寬容的我，甚至征服了我，至於原因，我現在還不是很清楚。曾經有一段時間，我沉迷於阿納托利・法朗士❽。一次意外的機會，我閱讀了薩克雷❾的《亨利・艾斯蒙》，那是我第一次體驗英語文學。這本小說給我留下了深刻的印象，在我的記憶中打下了深深的烙印，是任何英語作品都比不了的。

如果我在美國出生，那麼我一定會沉迷於小時候耳畔經常響起的讚美詩。但是，我初次體驗

❽阿納托利・法朗士，法國作家，評論家，曾經獲得一九二一年諾貝爾文學獎。

❾薩克雷，英國作家，代表作爲《名利場》。

到音樂卻是在童年時期的一個下午。那天，我和母親去聽人演奏巴赫的賦格曲⑩。這位新教音樂家的精美和圓滿深深打動了我，所以，之後我每次在祈禱會上聽到讚美詩時，都感到難以忍受。

如果我出生在意大利，從小就享受亞諾河畔谷地的燦爛陽光，我就會十分喜歡那些光鮮亮麗的畫作。但實際上，我對這種畫作毫無感受，因爲我從小生活在故國的陰霾中。在那裡，大雨過後，天空放晴，坑坑窪窪的道路上會被耀眼的陽光照射著，甚至有些刺眼，所有的一切都有著強烈的明暗對照。

我專門講解我的這些現實情況，就是爲了讓你們瞭解我的意識取向。這也許會讓你對這本書有更深入的瞭解。

上面我說的都是一些看似無關的話題，但是我認爲十分必要，現在，我們開始談論我創作這本書50年前的歷史。這段時間內，發生了很多事情，但是只有個別幾件事情具有至關重要的價值。很多強大的國家已經不再是純粹的政治機構了，而轉變爲大

⑩賦格曲，復調樂曲的一種形式。

征服西部

型的商業集團。它們積極建築鐵路，開闢航線、拉電報線等，希望各個地區能夠聯合起來，成爲一個整體。它們在每一寸領地上大肆擴張殖民地，一點也不懈怠。亞洲、非洲和其他地方的大量土地都已經被某些強大的國家占有了。阿爾及爾、馬達加斯加、安南、東京⓫等地歸屬於法國。非洲的西南部和東部地區被德國占據了，同時，德國人還在非洲西海岸的喀麥隆、新幾內亞和太平洋的諸多島嶼駐軍，以傳教士被殺害爲理由霸占了中國黃海沿岸的膠州灣。意大利人攻占阿比尼西亞⓬，但卻遇到了尼格斯⓭戰士們的反抗，於是它只能把目光轉向北非的黎波里，這本是土耳其人的領地。俄羅斯已經把魔爪伸向了西伯利亞，同時，強占了中國旅順。

一八九五年，甲午戰爭爆發，日本奪取了台灣，一九〇五年，日本又占領了朝鮮。一八八三年，埃及受到了英國的「保護」，英國可以說是當時最具有野心的殖民大帝國。一八六八年，蘇伊士運河開通後，埃及就一直被外國侵略者所垂涎，但是英國的「保護」使埃及獲得了一線生機，它通過販賣文明遺跡獲得了可觀的利潤。英國占領埃及後，僅用30年的時間便在全世界範圍內打響了殖民戰爭。

⓫東京，這裡是指越南北部灣。
⓬阿比尼西亞，現在的埃塞俄比亞。
⓭尼格斯，阿比尼西亞國王。

一九〇二年，通過三年的長期戰爭，英國占領了布爾人⓮的德蘭士瓦，統治了奧蘭治自由邦。同時，在它的指使下，西西爾．羅德建立了一個龐大的非洲聯邦。聯邦國家的權勢範圍從好望角起到尼羅河止，只要是那些歐洲侵略者沒有占領的島嶼和地區，全部包括在內。

一八八五年，比利時國王利奧波德藉助探險家亨利．斯坦利的探險成果使剛果自由國得以建立。這裡本是一個君主專制的強大帝國。但是該地統治腐敗，一九〇八年，比利時強行占領該地為自己的殖民地，將國王趕下台。這位國王掌權時隨心所欲地使用自己的權力，甚至願意用百姓的生命交換象牙和天然橡膠。

美國的國土面積很大，所以他們並不著急擴張領土。但是看到西班牙人極其混亂地統治著它在西半球的最後一片殖民地古巴，那裡的局勢十分混亂，華盛頓對此忍無可忍，決定採取措施。很快，雙方開戰，但又快速地結束了這場戰鬥，一切就像從未發生過一樣，西班牙人在戰爭中失敗了，古巴、波多黎、菲律賓群島等地成為美國的殖民地。

世界格局的變化方式，自然有其道理。英國、法國、德國的工廠數量急遽增加，它們需要的原材料也不斷增加。當歐洲各個工廠的工人不斷增多時，人們需要的食物也越來越多。可以說，沒有一個利益集團不希望得到更大的市場，他們都希望得到交通便利的煤礦、鐵礦、橡膠種植園

⓮ 布爾人，南非的荷蘭移民後裔。

和油田，希望得到更多更加優質的糧食。

一些人開始籌備在維多利亞湖上開闢汽船航線，在中國山東修建鐵路線。他們很明白，歐洲社會已經問題重重，但是他們對這些純粹的政治性事件沒有什麼興趣，也毫不在乎。這種滿不在乎的心態讓他們的後代感到痛苦，讓他們的後代的內心充滿了仇恨。

幾百年來，歐洲的東南地區從未停止過動亂和流血事件。19世紀70年代，自由保衛戰的號角再次在塞爾維亞、保加利亞、黑山和羅馬尼亞吹響，但是最終卻被土耳其人鎮壓了，因爲他們得到了西歐國家的援助。

一八七六年，一場殘忍的屠殺活動在保加利亞展開。這場屠殺震驚了俄羅斯人，他們派兵干預此事，就像是美國麥金萊總統派兵干預威利將軍在哈瓦那的屠殺類似。一八七七年4月，俄羅斯軍隊渡過多瑙河，翻越什帕卡山，攻占普列文⑮。之後俄羅斯軍隊一路南下，一直抵達君士坦丁堡的城門。

在混亂的狀況下，土耳其寫信向英國求救。英國政府對土耳其蘇丹表示支持，民衆對此抱怨很多，但是，英國首相迪士雷利卻對俄羅斯人蹂躪猶太人的行爲十分惱怒，他不顧民衆的反對選擇進軍，一八七八年，俄羅斯人在英國人的強迫下籤訂了《聖斯特法諾和約》。同年6、7月，

⑮普列文，保加利亞北部的一座城市。

柏林會議召開，目的是爲瞭解決遺留的巴爾幹問題。

柏林會議被迪士雷利全盤掌控著。這個人十分聰明，即便是鐵血宰相俾斯麥也要對他禮讓三分。他油頭粉面、態度傲慢，擅長奉承他人。在柏林會議上，他費盡心思爲土耳其說好話。最終使黑山、塞爾維亞、羅馬尼亞得以獨立。保加利亞被沙皇亞歷山大二世的侄子、巴騰堡的亞歷山大親王統治了。但是由於英國對土耳其蘇丹另眼相看，這些國家都沒能取得進一步的發展。在英國人的眼中，想要控制野心強大的俄羅斯，最好的辦法就是尋求土耳其的幫助。

但是，在柏林會議上，波斯尼亞、黑塞哥維那等地本屬於土耳其的領地，現在卻劃歸奧地利哈布斯堡王室所有。這兩個地區長時間以來都沒有人重視，但是在奧地利的治理下卻井然有序。不過，居住在這裡的大部分都是塞爾維亞人，他們似乎對現狀並不滿意。很久之前，斯蒂芬·杜山的大塞爾維亞帝國統治著這裡。14世紀初，土耳其的軍隊敗在杜山手下。在哥倫布發現新大陸一百五十年前，帝國的首都斯科普里⑯就是世界文明的中心。塞爾維亞人始終無法忘記曾經的燦爛與強大，他們固守傳統觀念，一直堅稱這些領土是他們的。

一九一四年6月28日，奧地利的斐迪南親王在波斯尼亞的首都薩拉熱窩遇刺，兇手是一名塞爾維亞的大學生，他這麼做無非是因爲太熱愛自己的國家了。

---

⑯斯科普里，位於南斯拉夫東南部。

這成爲第一次世界大戰的導火索，但這災難性的一幕並不是唯一的導火索。狂熱的塞爾維亞學生並非是始作俑者，我們也不能把事情的全部責任推給奧地利受害者，要說最早引發這一事件的應該是柏林會議了。在物質利益的誘惑下，歐洲人唯利是圖，他們根本看不到巴爾幹半島上一個古老民族曾經對文明的憧憬。

第六十三章 美好的新世界

——持續戰鬥，為更美好的新世界努力奮鬥。

引發法國大革命的熱血青年中，最崇高的一位是德·孔多塞侯爵❶，他奮鬥一生的目標不過是希望窮困的百姓們能夠過上好日子。他曾協助達朗貝爾、狄德羅編寫《百科全書》，在大革命初期，他還是國民公會中溫和派的領導人物。

在國王和保皇派密謀叛國的時候，國王被激進派人士利用了，激進派成功奪取國家政權，大肆屠殺政敵。孔多塞侯爵是一個內心善良寬厚的人，但是對於革命理想從未動搖過，以致激進派分子將其定性爲非法分子。這代表著他就是國家的罪犯，只要是一個愛國者，就可以殺害他。很多朋友想要給他提供幫助，甚至不惜一切代價幫助他躲避追殺，但是孔多塞並沒有接受。他離開

❶德·孔多塞侯爵，法國哲學家，數學家，起草了吉倫特憲法。

巴黎，開始了逃亡生涯，一路向故鄉跑去。他在荒野中逃亡了三天三夜，傷痕纍纍，發現路邊有一家酒店，便前往尋找食物。人們看著他十分可疑，於是開始搜身，最終在他的身上發現了一本詩集，這是拉丁詩人賀拉斯的作品。如此珍貴的詩集代表著這是一個出身不一般的人，他就這樣在馬路上流浪，其中必然存在一些問題。於是，他們捆綁了孔多塞，堵住他的嘴巴，把他囚禁在鄉村監獄中。次日清晨，那些追捕孔多塞的警察趕到了這裡，希望能夠帶他回巴黎，執行絞刑，但是前往監獄查看時，他們發現孔多塞已經在鄉村監獄中去世了。

孔多塞的一生都在爲百姓的幸福生活奮鬥，爲此他失去了一切，但最終卻沒有得到好的結果。他完全有理由對人類徹底失望，但他並沒有。他曾說過一段著名的言論，留給了後代，時至今日，我們讀起來都像是一百三十年前那樣鏗鏘有力。現在，我把這段話寫在這裡，希望大家能夠牢記：

「大自然賞賜給人類無窮無盡的希望。人類早已擺脫了愚昧的約束，他們朝著眞理、美德和幸福的方向堅定前進。對於富有哲學的人來說，這一定是一幅充滿陽光的、能夠讓人感到欣慰，看到未來的美好畫面。雖然這個世界上依然充滿了各種失誤、罪行和不公正。」

世界大戰給全世界人民帶來了一場災難，與此相比，法國大革命更像是一個小小的衝突。戰爭讓人們陷入了困境，泯滅了很多人對未來的嚮往。爲了人類不斷發展進步，勞動人民付出了巨大的代價，但是他們經受的卻是持續了四年的戰爭和殺戮，並沒有迎來自己渴望的和平。他們內

戰爭

心開始懷疑：「我們這樣做有意義嗎？我們不辭辛勞地努力，難道就是爲了讓這些野蠻人感到滿足嗎？然而他們內心的慾望永遠也得不到滿足。」

其實，結論只有一個——

那就是「有意義」！

雖然世界大戰給人們帶來了深重的災難，但並不意味著這就是世界末日。這對我們來說，反而拉開了新的一幕，讓我們看到了一個嶄新的時代。

如果想要創作一部古代希臘、羅馬或者中世紀的歷史，難度並不大。因爲那個時代已經過去很久了，人們已經記不清那些細節上的事情了，至於當事人也早已不在，我們需要做的事情僅僅是羅列那些客觀的歷史事實，並稍加評論。我們可以發表任何評論，因爲當事人早已不在，不管評論如何，都不會對他們造成傷害。

但是，想要評價當代社會發生的事情，卻存在一定的難度。生活在同一時代的我們對很多問題都感到疑惑，甚至有些無奈。通過這些事情我們切實感到了傷害或者愉悅，所以，想要做到客觀公正實在是太難了。但是想要記述歷史，一定要做到客觀公正，除非你有意宣傳某種意識形態。雖然事實如此，但是我還要對孔多塞追求美好未來的信念表示支持。

在之前的論述中，我已經強調了很多次，我們一定要儘力避免對某一特定的歷史階段產生誤解。一般來說，人們通常按照歷史分期法把歷史明確地劃分成了四個階段：古代、中世紀、文藝復興和宗教改革、現代。

需要強調的是，最後一個階段的劃分有些冒險。「現代」其實意味著公元20世紀的人們獲取的成功，這是人類文明發展巔峰的代表。英國的自由派領袖人物格拉斯通在五十年前就表示，第二次改革法案通過後，代議制民主政府不斷發展完善，全部工人和他們僱主的政治權利已經實現了平等。迪士雷利和保守派官員認爲他們是「在黑暗中盲目做事」，自由派的人士對此回應說：「不」！他們堅信，各個階級會團結在一起，共同推進政府向更好的方向發展。但是，後來發生的事情讓那些在世的自由派人士意識到了當時的自己有多麼天真、多麼可笑。

歷史從未給人類什麼絕對的答案。

生活在每一個時代的人都需要依靠自己重新開始，不然他們就會像史前的很多動物一樣，因爲沒有及時改變自己而導致滅亡。

在歷史領域，這條眞理也是適用的。接下來，我們繼續前行，如果我們現在正站在公元一萬年，站在我們子孫後代站立的位置上。如果他們也在研究歷史，他們又會對我們四千年的短暫歷史做出怎樣的評價呢？也許在他們的眼中，拿破崙和亞述的征服者提格拉・帕拉薩是生活在同一時代的人，又或許他們會把拿破崙當成是和成吉思汗、馬其頓、亞歷山大生活在同一時代的人。我們眼中的世界大戰或許在他們眼中就只是一次商業衝突，就和羅馬與迦太基之間的商業戰爭一樣，這場戰爭整整持續了一百二十八年，目的是爭奪地中海的經濟利益。19世紀時期的巴爾幹衝突（塞爾維亞、保加利亞、希臘和黑山的獨立戰爭）也許在他們的眼中就只是大遷徙的進一步發展。他們看著蘭斯大教堂❷戰爭後一片荒蕪的狀況，就像是我們看到的雅典衛城一片荒蕪的照片一樣。我們害怕死亡，在他們看來是一件多麼可笑的事情啊，直到一六九二年，人們依然堅信應該把女巫燒死。我們因爲現代的醫院、實驗室、手術室而感到驕傲，但是在他們看來，這些不過只是江湖郎中手工作坊的另一種形式而已。

其實，引發這種狀況的原因很簡單，那就是我們自認爲自己是現代人，但實際上我們並不夠「現代」，甚至可以說我們還處於原始人發展的最後階段。前不久，我們才湊合著建立起新時代的根基。人類想要眞正成爲文明人，還需要鼓起勇氣，對現有的某些事物抱持懷疑的態度，想要建設人類社會，知識和寬容才是根本。在這個新的世界中，世界大戰是爲成長付出的慘痛代價。

很快，對第一次世界大戰的解釋會在各種歷史書籍中出現。社會主義者撰寫的歷史書中會嚴

❷蘭斯大教堂，是法國歷任國王舉行加冕儀式的大教堂之一。

厲批評那些資產階級，將這場戰爭描述爲侵略戰爭，將其原因描述爲資產階級爭奪剩餘價值。資產階級對此當然會有所反詰，他們會反駁說，這場戰爭使他們失去了心愛的孩子，其實每個國家的銀行家都在拼盡全力阻止這場戰爭的發展。在法國歷史學家的眼中，德國在這場戰爭中犯下了不可饒恕的罪行，從查理曼大帝開始，到霍亨索倫家族的威廉統治時期結束，德國歷代政府都犯下了罪不可赦的惡行。德國歷史學家當然不會這麼認爲，在他們的眼中，從查理曼大帝開始，到普恩加來總統❸當政，法國歷代政府的罪行可謂罄竹難書。最後，大家都會明確表示自己並不應當爲這場戰爭承擔責任。無論是去世的，還是在世的各個國家的政治家們都會用文字闡述他們爲了避免戰爭爆發曾經做出的一切努力，他們都是在敵人的逼迫下無奈加入戰爭的。

但是，百年之後的歷史學家們對於現在這些蒼白無力的解釋會怎樣看待呢？相信他們會透過現象，認清事物的本質。他很清楚，導致這場戰爭的根本原因並非是哪個人的野心或者私慾，這兩者之間沒有密切的聯繫。眞正引發災難的是科學家們的行爲。科學家們奮鬥半生的目標不過是創造一個新的世界，一個充滿了鋼鐵、化學和電力的世界，但是他們卻忽略了一點，那就是人類思想的發展甚至要比我們熟知的寓言故事中的烏龜的速度慢得多，他們忘記了那些爲數不多的勇敢的文明先驅們的思想雖然先進，但人類總體的發展要比這些人的思想落後幾百年。

---

❸普恩加來總統，在一戰期間擔任法國總統。

祖魯人❹即便是穿上西裝革履也只是一個祖魯人，同理，一個思想早已禁錮在16世紀商業思維模式中的商人，即便駕駛著勞斯萊斯，他也還是16世紀的商人。

如果你沒能完全理解我的意思，那麼就請你重新閱讀以上內容。只有你真的記住了這些東西，你才會在不久的將來幡然醒悟，看清楚從一九一四年到現在爲止所發生的一切，你才能夠看清楚這些事物的本質。

或許我再舉一個常見的例子能夠讓人們更加明白。我們在電影院裡的銀幕上，會看到很多有意思的解說詞。下次前往影院的時候，請你仔細觀察台下的觀衆。他們眞正體會到電影含義的時間是有差別的，有些人只需要一秒鐘，有些人可能會慢一些，有些人則需要20秒到30秒的時間。當然，還有一些胸無點墨的觀衆，可能只有在他人解讀了字幕之後才能勉強理解電影的含義。這一點其實和人類的歷史十分相似。

我在前面就說過了，雖然羅馬帝國的最後一位皇帝去世了，但是在歐洲人的心中，羅馬帝國的概念卻持續存在了一千年。在這種觀念的驅使下，後世人建立了很多准羅馬帝國。這使羅馬主教成爲教會的領袖，因爲羅馬就代表著權力中心。它導致生性善良的蠻族人大範圍屠殺，因爲羅馬代表著富貴。其實，教皇、皇帝、普通士兵，所有這些人和我們之間的區別並不大。但是，在

---

❹祖魯人，土著人，生活在非洲東南部。

他們的心中羅馬的傳統觀念一刻也不曾消失過，一代又一代的後繼者們對此記憶深刻，他們積極傳遞著這些觀念。他們甚至爲了這一觀念展開了你死我活的鬥爭，這是現代人們做不出來的。

我前面曾說過，在宗教改革結束了一個世紀之後，宗教戰爭爆發了。如果我們對比描述三十年戰爭和發明創造的章節內容，你會發現，大屠殺爆發的同時，科學家的實驗室正在發明第一台笨重的蒸汽機。但是，人們對於蒸汽機並沒有太多好奇，他們迷戀的是神學討論。如果把這種討論放在當今社會，恐怕沒有人會感到憤怒，人們只會覺得有些無趣。

這就是現實。如果讓一千年以後的歷史學家們對19世紀歐洲的狀況進行分析，恐怕他們得到的結論也是如此。他會意識到，當人們都在爲民族戰爭出謀劃策時，竟然還有人潛心在實驗室中做實驗，對政治絲毫不在意。他們一心一意地想要探尋大自然的奧秘。即便他們得知的也只是衆多祕密中的一小部分，他們也毫不介意。

也許，你已經慢慢體會到我想表達的意思了。工程師、科學家和化學家們使得歐洲、美洲和亞洲等地佈滿了大型機器、電報、飛行器、煤焦油產品，這期間只經過了一代人。他們在現實生活中創造出了一個全新的世界，一個完全可以忽略時空差距的新世界。他們發明創造了無數新的工業產品和生活用品，但同時又把它們的價格不斷壓低，直到最低。其實，我在前面已經說過這一點了，但由於它太過重要，現在，我需要重新強調。

工廠想要正常運轉，對原材料和煤的需求量就很多，尤其是煤。但此時大多數人都認爲國家是一種權力機構，這是16、17世紀人們的傳統思想。這個中世紀的機構現在要解決的是機械化、工業化的問題，這些問題全部都是現代問題，但是他們的做事原則依然是幾個世紀之前制定的。很多國家建立陸軍和海軍，期望通過這種手段拓展海外殖民地，爭奪原材料。只要那塊土地還沒有被瓜分，英國、法國、德國或者俄國就會以最快的速度占領，將其發展成殖民地。如果有人不服，就採取武力征服。但是他們也沒有遇到什麼頑強的抵抗。在原住民的眼中，只要他們還牢牢掌控著鑽石礦、煤礦、油田、金礦或者橡膠園的開發權，他們就會悠閒度日，更別說他們還可以從殖民者的手中賺取部分利潤了。

有些情況下，當兩個尋找原材料的國家看上了同一片土地，那麼戰爭便一觸即發。15年前，俄羅斯和日本的戰爭就是這樣爆發的，他們都看上了中國的一塊土地。但這是極個別的情況，因爲一般情況下大家都希望和平。20世紀初，調用大量陸軍、軍艦、潛水艇加入激烈的戰爭，這在大多數人的眼中都是一件十分荒誕的事情。他們認爲，只有古代的人們爭奪君權時才會使用到武裝力量。他們全部的注意力都在報紙上，或者是新的發明產生了，或者是英國、美國、德國的科學家們聯合促進了醫學、天文學的發展，這些消息讓他們興奮不已。他們生活在一個充滿商業、貿易、工業的時代。但是，卻沒有人注意到。國家（志同道合的人構成的集團）制度和時代相比，已經落後了幾百年。那些有先見之明的人希望能夠使大多數人醒悟，但是他們卻絲毫不在意，他們關心的只是和自己相關的事情。

我已經多次比喻過這件事情，但是我還要再用一件事比喻，希望你能夠體諒我。由埃及人、希臘人、羅馬人、威尼斯人、17世紀投機商人建造起來的「國家之船」（這種比喻雖然歷史悠久，但是卻很妥當，生動形象）木材優良、船體穩固，船長對船員和船的性能瞭如指掌，他很清楚人們一直以來使用的航海技術並不完美。

當鋼鐵和機器建造起來的新時代到來時，歷史悠久的「國家之船」便開始出現變化。它的體積不斷增加，風帆消失，蒸汽機廣泛使用，客艙重新裝修，煥然一新，但是人們的活動範圍卻被約束在了鍋爐艙中。現在人們的工作條件越來越好，工資越來越高，但是人們對此並不滿意，因爲他們對危險的工作本就充滿了牴觸情緒。最終，一不小心，現代遠洋客輪取代了歷史悠久的木船。但是，船長和他的助手們卻從未改變過，他們任命或者選舉職務時，使用的依然是延續了千百年的歷史悠久的方法，他們使用的航海技術也是從15世紀傳過來的，年代久遠。掛在船艙裡的航海地圖和號旗還是路易十四和腓特烈大帝時期使用的。換句話說，他們雖然並沒有做錯什麼，但是他們的能力已經無法繼續擔任這一職務了。

如果把國際政治比作海洋，那麼它的面積其實並不大，現在，無數帝國和殖民地的大小船隻蜂擁而至，在這片海洋中追逐打鬧，怎麼可能會相安無事呢？事故如期而至。如果你無所畏懼地進入了這片海洋，那麼，你一定能夠看到遺留在海底的船隻的殘存物。

我說的這個故事，寓意其實很簡單。現在，我們迫切地需要一位能夠跟隨時代潮流的領軍人物，他高瞻遠矚，他很清楚我們的征途才剛剛開始，他對現代航海技術頗有研究。

他只有經過長時間的學習，不斷積累知識，克服種種困難，才能夠成爲最終的領軍人物。一旦他成了領軍人物，開始指揮衆人，船員們的嫉妒心理就會發作，他們會叛變，甚至可能會殺害領軍人物。但是，總有一天這個人會出現，他會帶領船員們將輪船安全地駛入海港，他會成爲新時代的英雄人物。

第六十四章　不變的真理

「通過深入思考生活中的各種問題，我更加相信，我們最優秀的陪審團和法官就是諷刺和同情，就像是女神伊西斯和內弗提斯是古代埃及人去世後的評論者一樣。

「人們生活中最好的幫手就是諷刺和同情，諷刺引發的微笑會讓我們的生活充滿陽光，同情導致的哭泣會讓我們的生活更加潔淨無瑕。

「我信仰的諷刺並不是殘忍之神。她從來不會諷刺愛和美。她溫柔善良，她的微笑讓我們的內心回歸平靜。她教導我們一定要竭盡全力諷刺那些無賴和奸佞小人，如果沒有她，我們可能會變得懦弱，我們對這些人只能是輕視和怨恨。」

——這段話出自偉大的法國人，頗有深意，最後，我就把這段話贈送給各位吧！

國家圖書館出版品預行編目資料

人類的故事／亨德里克・威廉・房龍著　辛怡譯
-- 初 版 -- 新北市：新潮社文化事業有限公司，
2022.10
面；　公分
譯自：The story of Mankind
ISBN　978-986-316-844-7（平裝）
1. CST：文明史　2. CST：世界史

713　　111011661

人類的故事

[美] 亨德里克・威廉・房龍／著
辛怡／譯

【策　劃】林郁
【制　作】天蠍座文創
【出　版】新潮社文化事業有限公司
電話：(02) 8666-5711
傳真：(02) 8666-5833
E-mail：service@xcsbook.com.tw

【總經銷】創智文化有限公司
新北市土城區忠承路 89 號 6F（永寧科技園區）
電話：2268-3489
傳真：2269-6560

印前作業　菩薩蠻、東豪印刷事業有限公司

初　版　2022 年 11 月